마하르쉬의 복된 가르침

옮긴이 ● 대성(大晟)

선불교와 비이원적 베단타의 내적 동질성에 관심을 가지고 라마나 마하르쉬의 '아루나찰라 총서'와 마하라지 계열의 '마하라지 전서'를 집중 번역하면서, 성엄선사의 『마음의 노래』, 『지혜의 검』, 『선의 지혜』, 『대의단의 타파, 무방법의 방법』, 『부처 마음 얻기』, 『비추는 침묵』 등 '성엄선서' 시리즈와 『눈 속의 발자국』, 『바른 믿음의 불교』를 번역했다. 그 밖에도 중국 허운선사의 『참선요지』와 『방편개시』, 감산대사의 『감산자전』, 혜능대사의 『그대가 부처다: 영어와 함께 보는 육조단경, 금강경구결』 등을 옮겼다.

마하르쉬의 복된 가르침

지은이 | 라마나 마하르쉬
옮긴이 | 대성(大晟)
펴낸이 | 이효정
펴낸곳 | 도서출판 탐구사

초판 발행일 2019년 9월 23일

등록 | 2007년 5월 25일(제208-90-12722호)
주소 | 04097 서울 마포구 광성로 28, 102동 703호(신수동, 마포벽산 이-솔렌스힐)
전화 | 02-702-3557 Fax | 02-702-3558
e-mail | tamgusa@naver.com

값은 뒤표지에 있습니다. 잘못된 책은 바꾸어 드립니다.

ISBN 978-89-89942-50-4 03270

이 도서의 국립중앙도서관 출판예정도서목록(CIP)은 서지정보유통지원시스템 홈페이지(http://seoji.nl.go.kr)와 국가자료종합목록 구축시스템(http://kolis-net.nl.go.kr)에서 이용하실 수 있습니다. (CIP제어번호: CIP2019035177)

아루나찰라 총서 11

마하르쉬의 복된 가르침

라마나 마하르쉬 外 지음 — 대성 옮김

탐구사

1_ **Maharshi's Gospel**
   The Teachings of Sri Ramana Maharshi

2_ **Glimpses of the Life and Teachings of Sri Ramana Maharshi**
   By Frank H. Humphreys

3_ **'The Talks' in Sat-Darshana Bhashya**
   By K.

4_ **Sri Ramana Gita of B. V. Narasimha Swami**
   Compiled by B. V. Narasimha Swami

5_ **A Dialogue with the Maharshi**
   By B. V. Narasimha Swami

6_ **Crumbs from His Table**
   By Ramanananda Swarnagiri

Published by V. S. Ramanan,
President,
Sri Ramanasramam, Tiruvannamalai,
Tamil Nadu 606 603, INDIA

Copyright ⓒ Sri Ramanasramam
Korean translation copyright ⓒ 2019 Tamgusa Publishing

이 책의 한국어판 저작권은 Sri Ramanasramam과의 계약으로 탐구사에 있습니다. 저작권법에 의해 보호받는 저작물이므로 사전 허락 없이 전재하거나 복사하는 것은 허용되지 않습니다.

차례

1. 마하르쉬의 복음
Maharshi's Gospel

한국어판 서문 · 15
서문 · 17

제1권
1. 일과 세속포기 · 20
2. 침묵과 홀로 있음 · 30
3. 마음 제어 · 33
4. 헌신과 지知 · 40
5. 진아와 개인성 · 43
6. 진아 깨달음 · 48
7. 스승과 그의 은총 · 54
8. 평안과 행복 · 61

제2권
1. 자기탐구 · 64
2. 수행과 은총 · 73
3. 진인과 세계 · 78
4. 심장이 진아이다 · 89
5. 심장의 자리 · 94
6. 아我와 아상我相 · 101

부록 : 바가반 스리 라마나 마하르쉬 · 109

2. 마하르쉬의 삶과 가르침에 대한 견문
Glimpses of the Life and Teachings of Sri Ramana Maharshi

서언 · 117
머리말 · 121

I. 더 진정한 마하트마들 · 127
  1. 글머리에 · 127
  2. 프랭크가 첫 스승을 만나다 · 127
  3. 프랭크가 마하르쉬를 방문하다 · 129
  4. 프랭크의 두 번째 마하르쉬 방문 · 131
  5. 스승과 접촉하여 생겨난 두려움 없음과 안전감 · 132
  6. 프랭크가 전하는 마하르쉬의 가르침 · 133

II. 마하트마의 계속된 가르침 · 135
  1. 성취 · 135
  2. 종교 · 136
  3. 신 · 136
  4. 깨달음 · 137
  5. 죄 · 139
  6. 숭배 · 140

III. 마하르쉬 · 142
  1. 부름은 어떻게 왔는가 · 142
  2. 산굴에서는 어떻게 시간을 보냈나 · 143
  3. 기드온과 양털의 힌두적 버전 · 144
  4. 마하르쉬의 12년 묵언을 트게 한 마하트마 · 144
  5. 샤스뜨리아르의 학식 · 146
  6. 샤스뜨리아르의 투시력과 심령적 천품 · 146
  7. 마하르쉬는 호기심 많은 사람들에게 어떻게 답변하는가 · 148

3. 해탈요담 解脫要談
'The Talks' in *Sat-Darshana Bhashya*

서언 · 151
 1. 처음 의문들 · 153
 2. 생각을 물리치기 · 154
 3. 탐구와 은총 · 155
 4. 참스승 · 156
 5. 내면의 진아가 그대를 기다린다 · 158
 6. 비非지적인 내적 탐구 · 160
 7. 지知의 성취는 무활동이 아니다 · 161
 8. 무상삼매와 본연삼매 · 162
 9. 브라만은 저 너머인가? · 163
10. 몸 안의 물러나는 처소 · 164
11. 지금 무엇이 나의 자아인가? · 168
12. 진아의 비밀스러운 장소 · 169
13. 깨달음과 신체적 경험 · 172
14. 해탈자와 싯디 · 175
15. 그대의 짐을 하느님께 넘겨드려라 · 178
16. 아쉬람들과 사회적 규칙 · 180
17. 사회와 인류의 목표 · 181
18. 진인의 평등성 · 183
19. 샥띠와 샥따: 영원한 힘과 불변의 현존 · 184

4. 스리 라마나 기타 — 나라싱하본本
Sri Ramana Gita of B. V. Narasimha Swami

간행사 · 189
서문 · 190
머리말 · 193

  제1장 까비야깐타의 질문들 · 194
  제2장 스와미의 시 · 200
  제3장 삶의 주된 목표 · 202
  제4장 진지眞知, 곧 깨달음의 본질은 무엇인가? · 206
  제5장 흐리다얌(심장 혹은 중심)이란 무엇인가? · 209
  제6장 심멸心滅이란 무엇인가? · 215
  제7장 자기탐구, 능력과 구성요소들 · 219
  제9장 매듭이란 무엇인가? · 230
제12장 우주론과 샥띠 · 234
제13장 여성과 진아 깨달음 · 238
제14장 생전해탈 · 240
제15장 청문 · 성찰 · 일여내관이란 무엇인가? · 243
제16장 헌신 · 245

5. 마하르쉬와의 대화
A Dialogue with the Maharshi

서언 · 251
마하르쉬와의 대화 · 252

6. 마하르쉬의 친존親存에서 얻은 가르침
Crumbs from His Table

제3판 간행사 · 284
서문 · 285
 1. 스리 라마나스라맘을 방문함 · 288
 2. 감로 방울들 · 291
 3. 당신의 메신저 · 294
 4. 약간의 체험과 봉헌 · 296
 5. 스승님 곁에서 살기 · 300
 6. 열의 혹은 믿음 · 303
 7. 마음의 제어 · 305
 8. 마음의 제어 대對 마음의 소멸 · 308
 9. 진아 깨달음 · 312
10. 장애와 하타 요가 · 319
11. 꿈, 잠 그리고 삼매 · 324
12. 물러남과 포기 · 328
13. 몇 가지 놀라운 사건 · 330
14. 세 번째 방문 · 332
15. 맺음말 · 336

용어 해설 · 341
옮긴이의 말 · 349

일러두기

1. 본문의 괄호 안에 있는 말 중 본문과 비슷한 크기의 것은 원문에 있는 것이고, 본문보다 작은 글자로 된 것은 역자가 문맥을 보충한 것이다.
2. 본문에서 **돋움체**로 표시된 말은 원문에서 대문자로 시작하거나 대문자로만 표기된 것이다. 원문에서 이탤릭체로 강조한 단어는 약간 **굵은 글씨**로 표시하였다.
3. 옮긴이의 각주는 *T.*(Translator의 약자)로 표시하였다.

1
마하르쉬의 복음

Maharshi's Gospel

The Teachings of Sri Ramana Maharshi

First published on the occasion of the 60th Jayanti
of **Bhagavan Sri Ramana Maharshi**
27th December 1939

(17th edition, 2016)

한국어판 서문

이 한국어판에 서문의 말로서 새로 더 보탤 것은 거의 없다. 그러나 우리는 세상의 많은 사람들이, 보편적 성격을 지닌 스리 마하르쉬의 영적인 메시지를 날이 갈수록 더 필요로 하고 있다는 것만은 자신 있게 말할 수 있을 것이다.

우리는 한국의 탐구사가 한국어를 사용하는 사람들 사이에서 스리 마하르쉬의 가르침을 전파하는 일을 통해, 적극적인 자세로 영적인 대의의 실천에 나서고 있는 것을 더할 나위 없이 기쁘게 생각하는 바이다.

스리 라마나스라맘 총재
V. S. 라마난

서문

우리는 바가반 스리 라마나의 수많은 헌신자들의 진지한 바람에 부응하여, 질문자들이 때때로 당신에게 드렸던 질문들 중 일부에 대한 답변들을 뽑아서, 세상 사람들의 이익을 위해 『마하르쉬의 복음』이라는 제목을 붙여 책의 형태로 출판하게 되었다.

이런 질문들은 우리 가운데 너무나 많은 사람에게 일어나며, 우리는 그것을 해결하기 위해 우리 자신의 내면에서 분투한다. 마하르쉬님이 주신 답변들은 **신적 지혜**의 정수精髓로서, 당신의 직접적인 지知와 체험에 기초한 것이다. 당신의 답변들은 진지한 **진리** 추구자들에게 헤아릴 수 없는 가치가 있다.

오직 하나인 **실재**(Reality)는 절대적 진아 혹은 **브라만**이라는 심오한 비이원론(Advaita)의 진리가 이 책에서만큼 명료하게 설해진 곳은 어디에도 없었다. 왜냐하면, 한편으로 바가반 스리 라마나가 말씀하시는 것은 당신의 위없는 체험에 기초해 있기 때문이고, 다른 한편으로 구도자가 진리를 알고자 하는 것은 그 재가자의 평범한 이해의 관점에서 나오기 때문이다.

진리는 어느 누구에게나 동일하며, 스리 바가반은 진지한 구도자에게 그 자신의 친숙한 경험('나' 또는 '내가 있다'는 느낌)을 탐구하면서 비판적으로 점검하고, 자기 존재의 핵심인 **심장**을 스스로 추구하도록 이끌어주신다.

이 **심장**은, 보이거나 알려지는 다른 모든 것이 그것의 한 현상적 나툼(현현)일 뿐인 단 하나의 **궁극적 실재**와 영원히 동일하다.

이 **진인**眞人의 입에서 나오는 단어 하나하나가 우파니샤드적 지혜의 진수이며, 당신 자신이 그것의 **지고한 화신**이기도 하다.1)

신심 있는 독자는 이 책에서 실제적 조언을 발견할 것이고, 자신의 본질적 성품이 **신적**이라는 확신을 얻게 될 것이다.

---

1) 독자들은 109쪽 이하 스리 스와미 싯데스와라난다의 글을 참조하기 바란다.

제1권

1. 일과 세속포기

문: 인간에게 영적인 체험의 최고 목표는 무엇입니까?

답: 진아 깨달음(Self-realization)입니다.[1]

문: 결혼한 사람이 진아眞我를 깨달을 수 있습니까?

답: 물론입니다. 결혼했든 하지 않았든 인간은 진아를 깨달을 수 있습니다. 왜냐하면 그것(That)이 지금 여기 있기 때문입니다. 만일 그렇지 않고 그것이 어떤 노력으로 언젠가 성취할 수 있는 것이라면, 그리고 그것이 새로운 것이고 획득해야 하는 것이라면, 그것은 추구할 만한 가치가 없을 것입니다. 왜냐하면 본래적이지 않은 것은 영구적이지도 않기 때문입니다. 그러나 제 말은, 진아가 지금 여기에 있고, 그것만이 있다는 것입니다.[2]

문: 바다 속으로 뛰어드는 소금인형(salt-doll)은 방수피복으로 보호되지 않을 것입니다. 우리가 날이면 날마다 힘들게 일해야 하는 이 세상이 그 바다와 같습니다.

답: 예, 마음이 그 방수피복입니다.[3]

문: 그렇다면 우리는 일을 하면서도 욕망에서 벗어나 자신의 홀로 있

---

1) T. 이 문답은 『라마나 마하르쉬와의 대담』(이하, 『대담』), 대담 135 참조.
2) T. 이 문답은 『대담』, 대담 17 참조.
3) T. 이 문답은 『대담』, 대담 5 참조. 『대담』에서는 "몸이 그 방수피복"이라고 했다.

음(solitude)을 유지할 수 있겠군요? 그러나 살면서 해야 할 일들 때문에 앉아서 명상할 시간이 거의 없고, 기도할 시간도 없습니다.

답: 예. 집착을 가지고 하는 일은 하나의 족쇄인 반면, 무집착으로 하는 일은 그 일을 하는 사람에게 영향을 주지 않습니다. 그는 일을 하는 동안에도 홀로 있는 것입니다.4) 그대가 해야 할 일을 하는 것이 참된 절(namaskar)입니다. … 그리고 신 안에 안주하는 것(abidance in God)이 단 하나의 참된 자세(asana)입니다.5)

문: 저는 출가하면 안 됩니까?

답: 그것이 그대의 운명이었다면, 그 질문이 일어나지 않았겠지요.

문: 그러면 당신께서는 청소년기에 왜 집을 떠나셨습니까?

답: 신의 섭리에 의하지 않고는 어떤 일도 일어나지 않습니다. 이번 생에 우리의 행위 노선은 우리의 발현업發現業(prarabdha-금생에 발현되는 업)에 의해 결정됩니다.6)

문: 저의 모든 시간을 진아에 대한 탐색에 바치는 것은 좋습니까? 만일 그것이 불가능하다면, 그저 침묵을 지켜야 합니까?

답: 그대가 다른 어떤 것도 추구하지 않고 침묵을 지킬 수 있다면 그건 아주 좋습니다. 만일 그럴 수 없다면, 깨달음에 관한 한 침묵하고 있는 것이 무슨 소용 있습니까? 사람이 활동을 해야 한다면, 진아를 깨달으려는 노력을 포기하지 말아야 합니다.7)

문: 우리의 행위가 다음 생生들에서 우리에게 영향을 주지 않습니까?

답: 그대가 지금 태어납니까? 왜 다른 생들에 대해 생각합니까? 사실

---

4) T. 이 문답은 『대담』, 대담 20 참조.
5) T. 앞 문장은 대담 227, 뒤의 문장은 대담 234 참조.
6) T. 이 문답은 대담 251 참조.
7) T. 이 문답은 대담 255 참조.

은 탄생도 없고 죽음도 없습니다. 태어나는 사람에게, 죽음과 그 고통을 더는 법을 생각하라 하십시오!8)

문: 당신께서는 저희들에게 죽은 사람들을 보여주실 수 있습니까?

답: 가족 친지들이 태어나기 전에 그대가 그들을 알고 있었기에, 그들이 죽은 뒤 그들을 알려고 하는 것입니까?9)

문: 재가자(grihastha)는 해탈(moksha)을 추구하는 공부를 어떻게 해나갑니까? 해탈을 성취하기 위해서는 반드시 탁발수행자가 되어야 하지 않습니까?

답: 왜 그대가 재가자라고 생각합니까? 설사 그대가 출가자(sannyasin)로 나선다 해도, 자신이 출가자라는 생각이 그대를 따라다닐 것입니다. 가정생활을 계속하든, 가정을 버리고 숲속으로 들어가든, 그대의 마음은 그대를 따라다닙니다. 에고가 생각의 근원입니다. 그것이 몸과 세계를 만들어내고, 그대가 재가자라는 생각을 하게 만듭니다. 만약 출가를 한다면, 재가라는 생각을 출가라는 생각으로, 가정이라는 환경을 밀림이라는 환경으로 대체할 뿐입니다. 그러나 마음의 장애들은 그대에게 늘 있을 것입니다. 심지어 그것이 새로운 환경에서 크게 늘어날 수도 있습니다. 환경을 바꾸는 것은 아무 도움이 되지 않습니다. 단 하나의 장애물은 마음인데, 집에서든 숲속에서든 그것을 극복해야 합니다. 숲속에서 그렇게 할 수 있다면, 집에서는 왜 못하겠습니까? 그러니 환경을 왜 바꿉니까? 환경이 어떠하든, 바로 지금 그대가 노력할 수 있습니다.10)

문: 세간적 일로 바쁜 가운데서도 삼매三昧를 즐길 수 있습니까?

답: "내가 일한다"는 느낌이 장애물입니다. "누가 일하는가?" 하고 자

---
8) T. 이 문답은 대담 17 참조.
9) T. 이 문답은 대담 36 참조.
10) T. 이 문답은 대담 54 참조.

문해 보십시오. 그대가 누구인지를 기억하십시오. 그러면 그 일이 그대를 속박하지 않을 것이고, 그것이 자동적으로 진행될 것입니다. 일을 하려고 노력하거나 (일을) 포기하려고 노력하지 마십시오. 그대의 노력이 속박입니다. 일어나게 되어 있는 일은 일어나겠지요. 만일 그대가 일을 하지 않을 운명이라면, 일거리를 찾는다 해도 얻지 못할 것입니다. 만일 일을 할 운명이라면 그것을 피할 수 없을 것이고, 그 일을 하지 않을 수 없게 될 것입니다. 그러니 그것은 더 높은 힘에게 맡겨 두십시오. 그대가 선택하는 대로 포기하거나 붙들고 있을 수가 없습니다.11)

문: 바가반께서는 어제, 우리가 '내면의' 신을 찾고 있는 동안에도 '외적인' 일은 자동적으로 진행될 거라고 말씀하셨습니다. 스리 짜이따니야(Sri Chaitanya)12)의 일대기에서, 그는 제자들에게 강의를 하는 동안에도 실제로 내면에서는 **크리슈나**를 추구하여, 자신의 몸에 대해서는 일체를 잊어버리고 **크리슈나**에 대해서만 계속 이야기했다고 합니다. 그렇다면 과연 일을 그냥 내버려두어도 괜찮을지 의문이 생깁니다. 신체적인 일에 부분적인 주의라도 기울이고 있어야 합니까?13)

답: 진아는 모든 것입니다. 그대는 **진아**와 별개입니까? 아니면 그 일이 진아 없이 진행될 수 있습니까? **진아**는 없는 곳이 없습니다. 따라서 모든 행위들은 그대가 그것을 하려고 애를 쓰든 않든 진행될 것입니다. 그 일은 저절로 진행될 것입니다. 그래서 (『바가바드 기타』에서) **크리슈나**는 아르주나(Arjuna)에게, 까우라바 일족(Kauravas)을 죽이는 것을 고민할 필요가 없다고 말한 것입니다. 그들은 신에 의해 이미 살해되었다고 말입니다. 그가 할 일은, 그 일을 하겠다고 결심하고 그에 대해 걱정하는 것

---

11) *T.* 이 답변은 대담 268 참조.
12) *T.* 벵골 출신의 힌두 성자·헌신가(1486-1534).
13) *T.* 이 '문'부터 28쪽 첫 번째 '답'까지는 대담 313 참조.

이 아니라, 그 자신의 성품이 더 높은 힘의 의지를 수행하도록 허용하는 것이었습니다.14)

문: 그러나 제가 주의를 기울이지 않으면 그 일이 잘 되지 않을지도 모릅니다.

답: 진아에 주의를 기울이는 것이 그 일에 주의를 기울이는 것을 의미합니다. 그대는 자신을 몸과 동일시하기 때문에, 일을 그대가 한다고 생각합니다. 그러나 그 일을 포함해서, 몸과 몸의 활동들은 진아와 별개가 아닙니다. 그대가 그 일을 보살피든 않든 무슨 상관이 있습니까? 그대가 한 장소에서 다른 장소로 걸어간다고 합시다. 그대는 자신이 딛는 발걸음에 주의하지 않습니다. 하지만 얼마 후 목적지에 도착해 있습니다. 그대가 주의를 기울이지 않아도 걷는 일이 어떻게 진행되는지 보십시오. 다른 종류의 일들도 마찬가지입니다.

문: 그러면 그것은 몽유병과 같습니다.

답: 몽유병과 같다고요? 정말 그렇지요. 아이가 곤히 잠들었을 때 엄마가 음식을 먹이면 아이는 완전히 깨어있을 때처럼 그 음식을 먹습니다. 그러나 다음날 아침 아이가 엄마에게 말합니다. "엄마, 나 어젯밤에 음식을 안 먹었어." 엄마와 남들은 아이가 먹었다는 것을 알지만, 아이는 먹지 않았다고 합니다. 아이는 (자신이 먹는 것을) 의식하지 못했습니다. 그래도 그 행위는 진행되었습니다.

한 여행자가 소달구지 안에서 잠이 들었습니다. 소들은 (목적지로 가는) 여정의 도중에 움직이기도 하고, 가만히 서 있기도 하고, (목적지에 도착하여) 멍에가 끌러지기도 합니다. 그는 이런 일들이 일어나는 것을 모르지

---

14) T. 여기서 '더 높은 힘의 의지를 수행한다' 함은 자기 의지의 개입 없이 신이 자신에게 부여한 직분을 다한다는 뜻이다. 그러나 에고의 의지를 신의 의지로 호도해서는 안 된다.

만, 깨어난 뒤에 자신이 다른 곳에 와 있는 것을 발견합니다. 그는 도중에 일어난 일들을 모른 채 행복하게 잠들어 있었으나, 그 여정은 끝나 있습니다. 한 사람의 **진아**도 마찬가지입니다. 항상 깨어 있는 **진아**는 달구지 안에서 잠이 든 여행자에 비유됩니다. 생시 상태는 소들이 움직이는 것이고, 삼매는 소들이 가만히 서 있는 것입니다[왜냐하면 삼매는 '생시-잠(*jagrat-sushupti*)', 다시 말해서 그 사람이 자각하고 있으나 그 행위(소들의 움직임과 멈춤)에 신경 쓰지 않고, 황소들은 멍에를 지고 있지만 움직이지 않는 상태를 뜻하기 때문이다]. 잠은 황소들의 멍에를 끌러주는 것인데, 왜냐하면 황소들이 멍에에서 풀려남에 상응하여 (소들의) 활동이 완전히 정지하기 때문입니다.

또 영화의 예를 들어봅시다. 영화에서는 스크린 위에 화면들이 영사됩니다. 그러나 그 움직이는 화면들은 스크린에 영향을 주거나 그것을 변화시키지 못합니다. 관객은 화면에 주목하고 스크린에 주목하지 않습니다. 화면들은 스크린과 별개로 존재할 수 없지만, 스크린은 무시됩니다. 마찬가지로 **진아**는 그 화면들, 활동들 따위가 그 위에서 진행되는 스크린입니다. 인간은 그 장면과 활동들은 알지만 본질적인 **진아**를 모릅니다. 그렇기는 해도 그 화면들의 세계는 **진아**와 별개가 아닙니다. 그가 스크린을 자각하든 못하든, 그 행위들은 계속될 것입니다.

문: 그러나 영화에는 작동자(상영자)가 있습니다!

답: 영화는 지각력 없는 재료들로 만들어집니다. 전등·화면들·스크린 등은 모두 지각력이 없고, 그래서 작동자, 곧 지각력 있는 행위자를 필요로 합니다. 반면에 **진아**는 절대적 의식이고, 따라서 자기충족적입니다. **진아**와 별개의 작동자가 있을 수 없습니다.

문: 저는 몸을 작동자와 혼동하지는 않습니다. 그보다는 『기타』 제18장 제61연에 나오는 **크리슈나**의 이 말씀을 이야기하는 것입니다.

*īśvarah sarva-bhūtānām hrd-deśe'rjuna tisthati,
bhrāmayan sarva-bhūtāni yantrārūdhāni māyayā.*

이스와라는 모든 존재들의 **심장** 안에 거주한다, 아르주나여.

기계 위에 올려진 듯한 모든 존재를 환력幻力으로 빙빙 돌리면서.

답: 작동자의 필요성과 관계되는 몸의 기능들을 염두에 둔 거지요. 몸은 지각력이 없기에(*jada*) 지각력 있는 작동자가 필요합니다. 사람들이 자신을 개아個我(*jivas*)라고 생각하기 때문에, **크리슈나**는 신이 개아들의 작동자로서 **심장** 안에 거주한다고 말한 것입니다. 사실은 어떤 개아도 없고, 말하자면 그들 바깥에 어떤 작동자도 없습니다. 진아는 모든 것을 포함합니다. 그것이 스크린이고, 화면들이고, 보는 자이고, 행위자이고, 작동자이며, 불빛이고, 극장이고, 기타 모든 것입니다. 그대가 **자기**(진아)를 몸과 혼동하여 그대 자신을 행위자라고 상상하는 것은, 보는 자가 자신을 그 영화 속의 한 배우로 자신을 표현하는 것과 같습니다. 그 배우가 (영화 속에서) 스크린 없이도 자신이 어떤 장면을 연기할 수 있느냐고 묻는다고 상상해 보십시오! 자신의 행위들이 진아와 별개라고 생각하는 사람의 경우가 그와 같습니다.

문: 다른 한편, 그것은 관객에게 그 영화 화면 안에서 연기해 달라고 하는 것과 같습니다. 그러니 우리는 몽유병을 배워야 하는군요!

답: 행위들과 (의식의) 상태들은 우리의 관점에 따른 것입니다. 까마귀·코끼리·뱀은 각기 신체기관 하나를 두 가지 용도로 사용합니다. 까마귀는 눈 하나로 양쪽을 보고, 코끼리는 코를 손과 코의 두 가지 용도로 쓰며, 뱀은 눈을 가지고 보기도 하고 듣기도 합니다.[15] 까마귀 눈을 하나라 하든 둘이라 하든, 코끼리 코를 '손'이라 하든 '코'라 하든, 혹은

---

15) *T*. 까마귀와 뱀에 대한 이런 이야기는 예로부터 전해지던 남인도의 미신에 속한다.

뱀의 눈을 뱀의 귀라고 하든, 그것은 모두 같은 의미입니다. 마찬가지로 진인(*jnani*)의 경우에, 잠-생시(sleep-waking)든, 생시-잠(waking-sleep)이든, 꿈-잠(dream-sleep)이든, 꿈꾸는 생시(dreaming-wakefulness)든, 모두 거의 같은 것입니다.16)

문: 그러나 우리는 물리적인 생시의 세계에서 하나의 육신을 다루어야 합니다! 만약 일이 진행되고 있는 동안에 우리가 잠을 잔다거나, 잠들어 있는 동안에 일을 하려고 한다면, 그 일은 잘못될 것입니다.

답: 잠은 무지가 아닙니다. 그것은 그대의 순수한 상태입니다. 생시는 지知가 아닙니다. 그것은 무지입니다. 잠 속에서도 완전한 자각이 있고, 생시 속에도 전적인 무지가 있습니다. 그대의 진정한 성품은 둘 다를 포괄하고, 그 너머까지 이어집니다. 진아는 지知와 무지 둘 다를 넘어섭니다. 잠·꿈·생시의 상태들은 진아 앞을 지나가는 양상들일 뿐입니다. 그대가 그것을 알든 모르든 그것들은 진행됩니다. 그것이 진인의 상태이며, 그의 안에서 삼매·생시·꿈·깊은 잠의 상태들이 지나갑니다. 마치 여행자가 (달구지 안에서) 잠들어 있는 동안 황소들이 움직이고, 서 있고, 멍에가 끌러지듯이 말입니다. 그런 답변들은 무지인(*ajnani*)의 관점에서 나오는 것입니다. 그렇지 않으면 그런 질문들이 일어나지 않겠지요.

문: 물론 진아에게는 그런 질문들이 일어날 수 없습니다. 질문할 누가 있겠습니까? 그러나 불행히도 저는 아직 진아를 깨닫지 못했습니다!

답: 그것이 바로 그대를 가로막는 장애물입니다. 그대는 자신이 한 사람의 무지인이고 아직 진아를 깨닫지 못했다고 하는 그 관념을 없애야

---

16) *T.* '잠-생시'란 깨어있으면서도 마치 잠에 빠진 듯이 진아에 몰입한 상태이며, '생시-잠'이란 깊은 잠 속에서도 의식이 완전히 깨어있는 것으로 '깨어있는 잠'이라고도 한다. '꿈-잠'이란 잠 속에서도 그 상태를 마치 하나의 꿈처럼 인식하는 것이고, '꿈꾸는 생시'란 생시의 상태에서 그 상태를 하나의 꿈으로 보는 것이다.

합니다. 그대가 곧 **진아**입니다. 그대가 그 **자기**(진아)를 자각하지 못하는 때가 한 번이라도 있었습니까?

문: 그러니까 우리는 잠-생시를… 아니면 백일몽을 실험해 봐야겠군요?

답: (웃음).

문: 저는 **진아**에 대한 끊임없는 **내관**內觀(contemplation)[17]의 결과로 삼매에 잠겨 있는 사람의 육신은, 그로 인해 움직임이 없어질 수 있다고 주장합니다. 그것은 활동할 수도 있고 활동하지 않을 수도 있습니다. 그런 '내관'에 자리 잡은 마음은 몸이나 감각기관들의 움직임에 영향을 받지 않을 것이고, 마음이 어지럽다고 해서 신체적 활동이 뒤따르지도 않을 것입니다. 반면에 다른 사람은 신체적 활동이 확실히 삼매를, 곧 끊임없는 '내관'을 가로막는다고 주장합니다. 바가반의 견해는 어떻습니까? 당신께서는 제가 한 말에 대한 변함없는 증거이십니다.[18]

답: 두 사람 다 맞습니다. 그대는 본연무상삼매本然無相三昧(*sahaja nirvikalpa samadhi*)를 말하고 있고, 그 사람은 합일무상삼매知合一無相三昧(*kevala nirvikalpa samadhi*)를 말하고 있습니다. 후자의 경우에 마음은 **진아**의 빛 안에 잠겨 있고(반면에 깊은 잠 속에서는 마음이 무지의 어둠 속에 놓여 있고), 그 주체는 삼매와 삼매에서 깨어난 후의 활동을 구분합니다. 더욱이 몸·시각視覺·생기·마음의 활동과 대상들에 대한 인식, 이 모든 것은 합일무상삼매를 실현하려는 사람에게 방해물입니다.

---

17) 내관이란 단어는 종종 의식적인 집중 상태를 가리키는 말로 쓰이지만, 삼매는 (의식적인) 노력을 넘어서 있다. 그러나 기독교 신비주의의 언어 용법에서는 '내관'이란 언제나 삼매에 대한 동의어로서 쓰이는데, 여기서는 이러한 의미로 쓴 것이다.
   T. '진아에 대한 끊임없는 내관'이란 '일여내관一如內觀'을 가리킨다.
18) T. 바가반이 그가 한 말의 '변함없는 증거'라는 것은, 바가반 자신이 신체적 활동의 유무에 관계없이 늘 '진아에 대한 내관'에 자리 잡고 있는 사람의 구체적 실례라는 뜻이다. 이 문단부터 끝까지는 대담 187 참조. 이 문답과 비슷한 다른 버전은 279쪽 마지막 문답 참조.

그러나 본연삼매本然三昧(sahaja samadhi)에서는 마음이 진아 속으로 해소되어 없어졌습니다. 따라서 앞에서 말한 차별상과 방해물들이 여기서는 존재하지 않습니다. 그런 존재가 하는 활동들은 잠자는 아이에게 무엇을 먹일 때처럼, 곁에서 보는 사람은 지각할 수 있지만 그 주체는 지각하지 못합니다. 움직이는 달구지 안에서 잠이 든 여행자는 달구지의 움직임을 알지 못합니다. 그의 마음이 어둠 속에 빠져 있기 때문입니다. 반면에 본연적 진인(sahaja jnani)은 자신의 신체적 활동을 의식하지 못합니다. 왜냐하면 그의 마음이 찌다난다(chidananda)[진아의 지복]의 황홀경 속으로 해소되어 죽어 있기 때문입니다.19)

---

19) 잠, 합일무상삼매, 본연무상삼매 간의 구분은 스리 바가반이 제시한 다음과 같은 도표 형태로 명료하게 표현될 수 있다.

잠	합일무상삼매	본연무상삼매
1. 마음이 살아 있음	1. 마음이 살아 있음	1. 마음이 죽었음
2. 망각에 빠져 있음	2. 빛 속에 잠겨 있음	2. 진아 속으로 해소됨
	3. 끈이 달린 채 우물 안에 잠겨 있는 두레박 같음	3. 바다로 들어간 강과 같이 개체성이 상실됨
	4. 끈을 잡고 다시 꺼낼 수 있음.	4. 강은 다시 바다에서 되돌릴 수 없음.

진아를 깨달은 진인의 마음은 완전히 소멸된다. 그것은 죽어 있다. 그러나 곁에서 보는 사람에게는 그도 범부와 같이 마음을 가지고 있는 것처럼 보일 수 있다. 그래서 진인의 '나'는 단지 외관상의 '객관적 실재성'만 가지고 있다. 그러나 사실 그것은 주관적 존재성도 없고 객관적 실재성도 없다.

2. 침묵과 홀로 있음

문: 침묵(묵언)의 맹세는 쓸모가 있습니까?

답: 내적인 침묵이 자기순복(self-surrender)입니다. 그리고 그것이 에고 의식 없이 사는 것입니다.

문: 출가자(sannyasin)에게는 홀로 있음(solitude)이 필요합니까?[1]

답: 홀로 있음은 사람의 마음속에 있습니다. 어떤 사람은 세간의 번잡한 곳에 있으면서도 완전한 마음의 평온을 유지할 수 있습니다. 그런 사람은 홀로 있는 것입니다. 어떤 사람은 숲 속에 있어도 여전히 자신의 마음을 제어하지 못합니다. 그 사람은 홀로 있다고 할 수 없습니다. 홀로 있음은 마음의 한 태도입니다. 세간사에 집착하는 사람은 어디에 있어도 홀로 있음을 얻지 못합니다. 집착 없는 사람은 늘 홀로 있습니다.

문: 어떤 것이 침묵(mouna)입니까?[2]

답: 말과 생각을 초월한 그 상태가 침묵입니다. 그것은 마음 활동이 없는 명상입니다. 마음을 조복調伏받는 것이 명상이고, 깊은 명상은 영원한 말(침묵)입니다. 침묵은 늘 말을 하고 있습니다. 그것은 '언어'의 영속적인 흐름입니다. 그 흐름이 말하기에 의해 중단되는데, 왜냐하면 말이

---
1) T. 이 문답은 『라마나 마하르쉬와의 대담』, 대담 20 참조.
2) T. 이 문답과 그 다음 문답은 위의 책 대담 231, 대담 246, 대담 20, 대담 238에서 일부씩 발췌한 것이다.

이 무언의 '언어'를 방해하기 때문입니다. 강설講說은 개인들을 몇 시간 동안 즐겁게 해줄지 모르지만 그들을 향상시키지 못할 수 있습니다. 반면에 침묵은 영구적이며 전 인류에게 이익을 줍니다. ··· 침묵이라는 것은 웅변을 의미합니다. 말로 하는 강설은 침묵만큼 웅변적이지 않습니다. 침묵은 끊임없는 웅변입니다. ··· 그것은 최상의 언어입니다.

말이 그치고 침묵이 지배하는 상태가 있습니다.

문: 그럴 때 우리는 생각을 서로 어떻게 소통할 수 있습니까?

답: 이원성의 느낌이 존재한다면 그것(의사소통)이 필요해지지요.

문: 왜 바가반께서는 돌아다니시면서 일반 사람들에게 진리를 설하지 않으십니까?3)

답: 그대는 제가 그렇게 하고 있지 않다는 것을 어떻게 압니까? 설법이란 것이, 연단에 올라가서 주위 사람들에게 장광설을 늘어놓는 것입니까? 설법은 지知의 단순한 소통이며, 그것은 **침묵** 속에서만 실제로 이루어질 수 있습니다. 한 시간 동안 가르침을 듣고도 자기 삶을 바꿀 만큼 감명을 받지 못하고 돌아가는 사람을 그대는 어떻게 생각합니까? 그런 사람과, (스승의) 성스러운 친존親存(presence)에 앉아 있다가 얼마 후에 자기 삶의 안목이 완전히 바뀌어서 돌아가는 사람을 비교해 보십시오. 효과 없이 큰 소리로 설법하는 것과, 말없이 앉아서 내적인 힘을 방출하는 것, 어느 쪽이 더 낫습니까?

또 말은 어떻게 일어납니까? 추상적인 지知가 있는데, 여기서 에고가 일어나고, 그것이 다시 생각을 일으키며, 생각이 말을 일으킵니다. 그래서 말은 원래 근원의 증손자입니다. 그 말이 효과를 낼 수 있다면, 스스로 판단해 보십시오, 침묵을 통한 설법은 얼마나 더 강력하겠는지!

---

3) *T.* 이 질문과, 이어지는 답변의 처음 두 문단은 앞의 책, 대담 285 참조.

그러나 사람들은 이 단순하고 적나라한 진리, 곧 그들의 일상적이고 항상 존재하며 영원한 체험이기도 한 그 진리를 이해하지 못합니다. 이 진리는 **자기**(진아)의 진리입니다. **자기**를 모르는 사람이 누가 있습니까? 그러나 그들은 이 진리를 듣는 것조차도 좋아하지 않고, 저 너머에 있는 것, 천당·지옥·환생 같은 것을 알려고 열심입니다.

그들은 신비를 사랑할 뿐 진리를 사랑하지 않기 때문에 종교들은 그들의 구미를 맞춰주지만, 이는 그들에게 **진아**를 납득시키기 위한 것일 뿐입니다. 그대가 어떤 수단(수행법)을 사용하든, 마침내 **진아**로 돌아가야 합니다. 그러니 왜 지금 여기에서 **진아**에 안주하지 않습니까? 다른 세계를 구경하거나 추측해 보려면 **자기**(진아)가 필요합니다. 따라서 그 세계들은 **진아**와 다르지 않습니다. 무지한 사람조차도 대상들을 볼 때는 **진아**를 볼 뿐입니다.4)

---

4) *T.* 이 마지막 두 문단은 대담 145 참조.

3. 마음 제어

문: 제가 마음을 어떻게 제어할 수 있습니까?

답: 진아를 깨달으면 제어할 마음이 없습니다. 마음이 사라지면 진아가 빛을 발합니다. 깨달은 사람에게서는 마음이 작용할 수도 있고 작용하지 않을 수도 있지만, (그에게는) 진아만이 존재합니다. 왜냐하면 마음·몸·세계는 진아와 별개가 아니기 때문입니다. 그리고 그것들은 진아와 별개로 남아 있을 수도 없습니다. 그것들이 진아 아닌 것일 수가 있습니까? 진아를 자각하고 있다면, 그런 그림자들에 대해 왜 걱정해야 합니까? 그것들이 어떻게 진아에 영향을 미칩니까?[1]

문: 만약 마음이 하나의 그림자에 불과하다면, 우리는 어떻게 진아를 알 수 있습니까?

답: 진아는 심장(Heart)이며, 스스로 빛납니다. 비춤(illumination)은 심장에서 일어나 두뇌에 도달하는데, 그곳이 마음의 자리입니다. 우리는 마음을 가지고 세계를 봅니다. 즉, 그대는 진아의 반사된 빛에 의해 세계를 봅니다. 세계는 마음의 작용에 의해 지각됩니다. 마음이 (진아의) 빛을 받으면 그것이 세계를 지각합니다. 그렇게 빛을 받지 않으면 그것이 세계를 모릅니다.

---

1) *T*. 이 문답은 앞의 책, 대담 97 참조.

만약 마음이 비춤의 근원을 향해 안으로 돌려지면, 대상적인 앎이 그치고, **진아**만이 **심장**으로서 빛을 발합니다.

달은 햇빛을 반사하여 빛납니다. 해가 지고 나면 사물들을 드러내는 데 달이 유용합니다. 그러나 해가 뜨고 나면 아무도 달을 필요로 하지 않습니다. 둥근 달이 하늘에 떠 있는 것이 보인다 해도 말입니다. 마음과 **심장**도 그와 마찬가지입니다. 마음은 **심장**의 반사된 빛에 의해 쓸모 있게 됩니다. 그것은 사물들을 보는 데 사용됩니다. 마음이 내면으로 향해지면 비춤의 근원 속으로 합일되는데, 이 근원은 **그 스스로** 빛나며, 이때 마음은 한낮의 달과 같습니다.2)

어두울 때는 빛을 주는 등불이 필요합니다. 그러나 해가 뜨면 등불은 필요 없고, 사물들이 그냥 보입니다. 또 해를 보기 위해서는 등불이 필요 없습니다. 스스로 빛나는 해를 향해 눈을 돌리기만 하면 됩니다. 마음도 그와 마찬가지입니다. 사물을 보기 위해서는 마음이라는 반사된 빛이 필요하지만, **심장**을 보기 위해서는 마음이 **심장** 쪽을 향하기만 하면 됩니다. 그러면 마음은 중요하지 않게 되고, **심장**이 밝게 빛납니다.3)

문: 10월에 이 아쉬람을 떠난 뒤, 저는 스리 바가반의 친존에 편재해 있는 그 **평안**이 근 열흘간 저를 감싸고 있는 것을 자각했습니다. 일을 하면서 바쁜 가운데서도 내내 그 단일성의 평안이라는 저변의 흐름이 있었습니다. 그것은 지루한 강의를 들으면서 반쯤 자고 있을 때 경험하는 이중 의식과 거의 비슷했습니다. 그러다가 그것이 완전히 사라지고, 대신 예전의 어리석은 면들이 들어왔습니다. 일을 하다 보면 따로 명상할 시간이 없습니다. 일을 하는 중에 부단히 자신에게 "내가 있다(I AM)"를

---

2) *T.* 답변의 이 세 문단은 대담 97 참조.
3) *T.* 이 문단은 대담 98 참조.

상기시키는 것으로 충분합니까?

답: (잠시 있다가). 마음의 힘을 키우면 그 평안이 내내 지속될 것입니다. 그것의 지속시간은 거듭된 수행으로 얻어진 마음의 힘에 비례합니다. 그리고 그런 마음은 그 흐름을 꽉 붙들 수 있습니다. 그런 경우에, 일을 하고 있든 하지 않든 그 흐름은 영향을 받지도 않고 중단되지도 않을 것입니다. 방해하는 것은 일이 아니라, 그 일을 하고 있는 것이 그대라는 관념입니다.

문: 마음의 힘을 키우기 위해서는 정규적 명상이 필요합니까?

답: 그것(그대가 하는 일)이 그대의 일이 아니라는 생각을 늘 목전에서 유지할 수 있다면, 그럴 필요가 없습니다. 처음에는 스스로 그것을 상기하는 노력이 필요하지만, 나중에는 그것이 자연스럽게, 지속적으로 됩니다. 그 일은 저절로 진행될 것이고, 그대의 평안은 방해받지 않고 유지될 것입니다. 명상은 그대의 참된 성품입니다. 그대가 지금 그것을 명상이라고 부르는 것은, 다른 생각들이 그대를 한눈팔게 하기 때문입니다. 이런 생각들을 몰아내면 그대가 홀로―즉, 생각에서 벗어난 명상의 상태에 머무르게 됩니다. 그것이 그대가 지금 다른 생각들을 멀리하여 얻으려고 하는 그대의 참된 성품입니다. 이처럼 다른 생각들을 멀리하는 것을 지금 명상이라고 합니다. 그러나 그 수행이 확고해지면 참된 성품이 참된 명상으로서 스스로 드러납니다.

문: 명상을 하려고 하면 다른 생각들이 더 강하게 일어납니다!

답: 예, 명상 중에는 온갖 생각들이 일어납니다. 그것은 당연합니다. 그대의 안에 숨어 있던 것이 나오기 때문입니다. 만약 그것들이 일어나지 않는다면, 그것이 어떻게 소멸될 수 있겠습니까? 생각들은 말하자면 자연발생적으로 일어나지만 때가 되면 소멸하게 되어 있고, 그리하여 마

음의 힘을 강화해 줍니다.[4]

문: 사람과 사물들이 마치 꿈속에서처럼 희미하게, 거의 투명한 형태로 보일 때가 더러 있습니다. 저는 더 이상 그들을 바깥에서 바라보지는 않지만 그들의 존재를 수동적으로는 의식하는데, 이때 어떤 종류의 자아성도 능동적으로 의식하지는 않습니다. 마음속에는 깊은 고요함이 있습니다. 그럴 때 저는 진아 속으로 뛰어들 준비가 된 것입니까? 아니면 이런 상태는 불건강한, 자기최면의 결과입니까? 일시적 평안을 얻는 수단으로서 그것이 권장되어야 합니까?

답: 마음의 고요함과 함께 의식이 있습니다. 이것이 정확히 그대가 목표해야 할 상태입니다. 그러나 그것이 진아인 것을 깨닫지 못하고 이 점에 대해 질문을 한다는 사실 자체가, 그 상태는 안정되어 있지 않고 우발적이라는 것을 보여줍니다.

'뛰어들기'란 말은, 밖으로 향하는 마음의 습習이 있을 때, 따라서 마음을 내면으로 향하게 해야 할 때 적합한 표현입니다. 이때는 외부적 현상의 표면 아래로 잠기기가 있습니다. 그러나 의식을 방해함이 없이 고요함이 지배한다면, 뛰어들 필요가 어디 있습니까? 만약 그 상태가 진아라는 것을 깨닫지 못했다면, 그렇게 하려는 노력을 '뛰어들기'라고 부를 수 있겠지요. 이런 의미에서 그 상태를 깨달음이나 '뛰어들기'에 적합하다고 할 수도 있습니다. 그래서 그대가 한 마지막 두 질문은 일어날 일이 없습니다.

문: 마음이 계속 어린아이들을 편애하는 쪽으로 쏠린다고 느껴지는데, 아마도 아이의 형상이 이상理想을 인격화하는 데 이따금 사용되기 때문인 것 같습니다. 이러한 선호를 어떻게 넘어설 수 있습니까?

---

4) *T.* 이상의 문답들은 대담 310 참조.

답: 진아를 꽉 붙드십시오. 왜 아이들과, 그들에 대한 그대의 반응을 생각합니까?

문: 이번에 세 번째로 띠루반나말라이에 온 것이 제 안의 에고 의식을 강화하고, 명상을 더 어렵게 만든 것 같습니다. 이것은 대수롭지 않은, 지나가는 국면입니까, 아니면 앞으로는 그런 곳들(다른 방문지들)을 피해야 한다는 징표입니까?

답: 그것은 상상입니다. 이곳이나 다른 곳은 그대의 안에 있습니다. 그런 상상들이 끝나야 합니다. 그 장소들 자체는 마음의 활동과 무관하기 때문입니다. 또한 그대의 주위 환경은 그대의 개인적 선택의 문제에 불과한 것이 아닙니다. 그것은 당연한 것으로서 있습니다. 그것들을 넘어서서, 거기에 말려들지 않아야 합니다.5)

(여덟 살 반 된 소년이 오후 5시경에 회당에 앉아 있었는데, 이때 스리 바가반은 산에 올라가셨다. 당신이 안 계실 때 이 소년은 요가와 베단타(Vedanta)에 관해서 순수하고 단순하며 문학적인 타밀어로, 여러 성자들과 신성한 경전들의 말을 자유자재로 인용하면서 이야기를 했다. 거의 45분쯤 뒤에 스리 바가반이 회당에 들어오셨을 때는 침묵만이 지배하고 있었다. 20분 동안 소년은 스리 바가반의 친존에 앉아서 말 한 마디 없이 그저 당신을 응시하기만 했다. 그러더니 그의 눈에서 눈물이 흘러내렸다. 그는 왼손으로 눈물을 닦고 나서, 이내 자기는 아직도 진아 깨달음을 기다린다고 하면서 거기를 떠났다.)

문: 저 아이의 비범한 특징들을 우리는 어떻게 설명해야 합니까?

답: 그는 지난 생의 특징들이 강합니다. 그러나 그것이 아무리 강하다 해도, 그것은 차분하고 고요한 마음속에서가 아니면 나타나지 않습니다.

---

5) *T*. 이 문답은 대담 348 참조.

때로는 우리가 기억을 되살려 보려 해도 안 되는데, 마음이 차분하고 고요할 때는 어떤 것이 순간적으로 떠오르기도 한다는 것은 모두가 경험하는 일입니다.

문: 어떻게 하면 말 안 듣는 마음이 차분하고 평온해지겠습니까?

답: 그 근원을 보아서 마음이 사라지게 하거나, 아니면 그대 자신을 순복시켜 (스승에 의해) 그것이 파괴되게 하십시오.

자기순복은 **진아지**眞我知(Self-knowledge)와 같고, 어느 것도 반드시 자기 절제를 내포합니다. 에고는 그것이 더 **높은 힘**을 인정할 때만 내맡겨질 수 있습니다.6)

문: 마음을 가만히 있지 못하게 하는 실제적 원인인 것처럼 보이는 세간世間(samsara)에서 저는 어떻게 벗어날 수 있습니까? 출가는 마음의 고요함을 깨닫는 효과적인 수단 아닙니까?

답: 세간은 그대의 마음속에 있을 뿐입니다. 세계는 "여기 세계인 내가 있다"고 소리치지 않습니다. 만약 그런다면 세계는 늘 존재할 것이고, 그대는 잠 속에서도 세계의 존재를 느끼겠지요. 그러나 잠 속에서는 세계가 없기 때문에, 그것은 영구적이지 않습니다. 영구적이지 않으니 그것은 실재성이 없습니다. **진아**와 별개의 실재성이 없기 때문에 그것은 진아에 의해 쉽게 정복됩니다. 진아만이 영구적입니다. 출가란 **자기**(진아)를 비非**진아**(not-Self)와 동일시하지 않는 것입니다. **자기**를 비진아와 동일시하는 무지가 제거되면 비진아는 존재하지 않게 되며, 그것이 참된 출가입니다.7)

문: 우리는 그런 포기를 하지 않더라도 집착 없이 행위할 수 있지 않

---

6) *T*. 이 문답은 대담 398 참조.
7) *T*. 이 문답은 대담 251 참조.

습니까?

답: 진아지자眞我知者(atma-jnani)만이 훌륭한 행위요기(karma-yogi)일 수 있습니다.

문: 바가반께서는 이원론 철학을 비난하십니까?

답: 이원론(dvaita)은 그대가 **자기**를 비진아와 동일시할 때만 존립할 수 있습니다. 비이원론(advaita)은 비동일시입니다.

4. 헌신과 지知

문: 『스리 바가바따(Sri Bhagavata)』에서는 심장 속에서 크리슈나를 발견하는 방법으로서, 모든 것을 경배하고 모든 것을 하느님 자신으로 보는 방법을 제시하고 있습니다. 이것은 진아 깨달음으로 이끄는 바른 길입니까? "나는 누구인가?" 하는 정신적 탐구를 통해 초超정신적인 것을 추구하기보다, 마음이 접하는 모든 것 속에서 바가반(신, 곧 크리슈나)을 숭배하는 것이 더 쉽지 않겠습니까?

답: 예, 하지만 모든 것 속에서 신을 볼 때, 그대는 신을 생각합니까, 생각하지 않습니까? 그대 주위의 모든 것을 신으로 보려면, 확실히 신을 생각해야 합니다. 마음속에 신을 간직하는 것은 명상(dhyana)이 되고, 명상은 깨달음의 전단계입니다. 깨달음은 진아 안에서만, 그리고 진아의 것으로서만 가능합니다. 그것은 결코 진아와 별개일 수 없고, 명상이 깨달음에 선행해야 합니다. 신에 대해서 명상하느냐, 진아에 대해서 명상하느냐는 중요하지 않습니다. 목표는 동일하기 때문입니다. 그대는 어떤 수단으로도 진아를 벗어날 수 없습니다. 그대는 모든 것에서 신을 보려고 하지만, 그대 자신에게서는 보지 않습니까? 만약 모든 것이 신이라면, 그대는 그 모든 것에 포함되지 않습니까? 그대 자신이 신인데, 모든 것이 신이라고 해서 뭐가 놀랍습니까? 이것이 『스리 바가바따』에서 조언하

고, 다른 데서도 남들이 이야기하는 방법입니다. 그러나 이 수행을 하려고 해도 보는 자나 생각하는 자가 있어야 합니다. 그는 누구입니까?1)

문: 모든 것에 편재하는 신을 어떻게 볼 수 있습니까?

답: 신을 본다는 것은 곧 신이 되는 것입니다. 신과 별개여서 그가 편재하는 어떤 '모든 것'도 없습니다. 그만이 있습니다.

문: 우리는 『기타(Gita)』를 가끔씩 읽어야 합니까?

답: 늘 읽어야지요.2)

문: 지知와 헌신(bhakti)의 관계는 어떤 것입니까?

답: 진아에 안주하는 영원하고 끊임없고 본래적인 상태가 지知(jnana)입니다. 진아에 안주하려면 진아를 사랑해야 합니다. 신은 진실로 진아이기에, 진아를 사랑하는 것이 신을 사랑하는 것입니다. 그리고 그것이 헌신입니다. 지知와 헌신은 그래서 똑같은 하나입니다.

문: 저는 명호염송名號念誦(nama-japa)을 할 때 그것을 한 시간이나 그 이상 계속하면 잠 비슷한 상태에 떨어집니다. 깨어나면 제 염송(japa)이 중단되어 있다는 것을 상기합니다. 그래서 다시 시도합니다.

답: "잠 비슷하다", 맞습니다. 그것이 본래적 상태입니다. 그대는 지금 에고와 연관되어 있기 때문에, 그 본래적 상태를 그대의 공부에 방해가 되는 것으로 여깁니다. 그래서 그것이 그대의 본래적 상태라는 것을 깨달을 때까지 그 체험이 거듭되게 해야 합니다. 그러면 염송 등은 밖에서 온 것이라는 것을 알게 됩니다. 그런데도 그것은 자동적으로 계속될 것입니다. 그대의 지금 의문은 그 그릇된 정체성(identity), 즉 그대 자신을 그 염송을 하는 마음과 동일시하는 데 기인합니다. 염송이란 한 생각을

---

1) T. 이 문답은 앞의 책, 대담 254 참조.
2) T. 『기타』에 관한 이 문답은 대담 164 참조.

고수하여 다른 모든 생각을 물리치는 것을 뜻합니다. 그것이 염송의 목적입니다. 염송은 명상(dhyana)으로 이어지고, 그것은 진아 깨달음, 즉 진지眞知(jnana)로 끝납니다.3)

문: 명호염송은 어떻게 해 나가야 합니까?

답: 헌신의 감정 없이 신의 이름을 기계적으로, 피상적으로 사용해서는 안 됩니다. 신의 이름을 사용하려면 그리움으로 그를 부르고, 그에게 무조건 순복順服해야 합니다. 그런 순복을 한 뒤에야 신의 명호가 부단히 그 사람과 함께할 것입니다.4)

문: 그러면 탐구(vichara)를 할 필요가 어디 있습니까?

답: 순복은 진정한 순복이 무엇을 의미하는지에 대한 온전한 지知를 가지고 있을 때만 효과를 발휘할 수 있습니다. 그런 지知는 탐구와 성찰을 한 뒤에 오며, 어김없이 자기순복으로 끝납니다. 진지眞知와 하느님에 대한 절대적 순복, 즉 생각과 말과 행동이 오롯이 일치하는 순복 간에는 차이가 없습니다.5) 순복이 완전하려면 묻고 따지지 않는 것이어야 합니다. 헌신자는 하느님과 흥정하거나 그의 손으로 편의를 봐 달라고 할 수 없습니다. 그러한 전적인 순복은 일체를 포괄합니다. 그것이 진지(jnana)이자 무욕(vairagya)이고, 헌신이자 사랑입니다.

---

3) *T*. 명호염송에 관한 이 문답은 대담 413 참조.
4) *T*. 이 문답은 대담 426 참조.
5) *T*. 이 답변의 여기까지는 대담 462 참조. 이어지는 한 문장은 대담 472에 나온다.

5. 진아와 개인성

문: 강물이 바다로 들어가면 강이라는 개체성을 상실하듯이, 사람도 죽으면 개인성이 해체되어 환생(rebirth)이란 있을 수 없지 않습니까?

답: 그러나 그 물이 증발하면 비가 되어 산야에 내리고, 다시 한 번 강의 형태로 흘러서 바다로 들어가듯이, 사람들도 잠이 들면 개인으로서의 별개성을 상실하지만 (깨어나면) 그들의 상습常習(samskaras)[과거의 습習]에 따라 개인들로 돌아갑니다. 마찬가지로 사람이 죽을 때도, 상습을 가진 사람의 개인성은 상실되지 않습니다.

문: 어떻게 그럴 수 있습니까?

답: 가지가 잘린 나무가 어떻게 다시 자라는지 보십시오. 그 나무의 뿌리가 손상되지 않고 남아 있는 한 나무는 계속 자랄 것입니다. 마찬가지로, 죽음을 맞아 심장 속에 가라앉았을 뿐, 그로 인해 소멸된 것은 아닌 상습들은 적당한 때가 오면 환생을 일으킵니다. 그렇게 해서 개아個我(jivas)들은 다시 태어납니다.

문: 어떻게 그 무수한 개아들과, 그 존재가 개아들의 존재와 서로 연관되어 있는 이 광대한 우주가, 심장 속에 가라앉은 그런 미세한 상습들로부터 솟아날 수 있습니까?

답: 거대한 반얀나무가 하나의 작은 씨앗에서 솟아나듯이, 이름과 형

상을 가진 개아들과 전체 우주도 마찬가지입니다.[1]

문: 절대적 진아에서 어떻게 개인성이 방출되며, 그것이 (진아로) 다시 돌아가는 것(즉, 깨달음)은 어떻게 가능해집니까?

답: 마치 불에서 불꽃이 일어나듯, 절대적 진아에서 개인성이 방사됩니다. 그 불꽃을 에고라고 합니다. 무지인(ajnani)의 경우에, 에고는 일어남과 동시에 자신을 어떤 대상과 동일시합니다. 그것은 대상들과의 그런 연관 없이는 남아 있지 못합니다.

이 연관은 무지(ajnana)에서 비롯되며, 그것을 소멸하는 것이 우리가 노력하는 목표입니다. 자신을 대상들과 동일시하는 이 습習이 소멸되면 에고는 순수해지고, 그런 다음 그 근원으로 합일됩니다. 자신을 몸과 그릇되게 동일시하는 것이 육체아肉體我 관념(dehatma-buddhi)['나는 몸이다'라는 관념]입니다. 이것이 사라져야 좋은 결과가 나올 수 있습니다.

문: 그것을 제가 어떻게 뿌리 뽑습니까?

답: 그대는 잠(sushupti) 속에서 몸·마음과 연관됨이 없이 존재하지만, 다른 두 가지 상태(꿈과 생시)에서는 그것들과 연관됩니다. 만약 몸과 하나라면, 어떻게 그대가 깊은 잠 속에서는 몸 없이 존재할 수 있겠습니까? 그대는 그대에게 외적인 것으로부터 그대 자신을 분리할 수 있지만 그대와 하나인 것으로부터는 그럴 수 없습니다. 그래서 에고는 몸과 하나일 수 없습니다. 생시의 상태에서 이것을 깨달아야 합니다. 세 가지 상태는 이 지知를 얻기 위해 공부하는 것입니다.

문: 두 가지 상태에 제한되어 있는 에고가 어떻게 세 가지 상태 모두를 포괄하는 그것(That)을 깨달으려고 노력할 수 있습니까?

답: 순수한 에고는 두 가지 상태 혹은 두 가지 생각 사이의 틈새에서

---

1) T. 이상의 문답들은 앞의 책, 대담 108 참조.

경험됩니다. 에고는 다른 것을 붙든 뒤에야 먼저 붙든 것을 놓는 벌레와 같습니다. 에고의 참된 성품은 그것이 대상이나 생각들과의 접촉을 벗어났을 때 알 수 있습니다. 생시(*jagrat*) · 꿈(*swapna*) · 잠(*sushupti*)의 세 가지 상태를 공부하여 얻은 확신을 통해 이 틈새를 상주불변하는 **실재**(Reality), 즉 그대의 참된 **존재**(Being)로 깨달아야 합니다.

문: 제가 잠 속에 제가 원하는 만큼 오래 머무르고, 또한 생시 상태에서 제가 그렇듯이 잠 속에 마음대로 있을 수는 없습니까? 이 세 가지 상태에 대한 진인의 체험은 어떤 것입니까?

답: 잠은 그대의 생시 상태에서도 존재합니다. 그대는 바로 지금도 잠 속에 있습니다. 바로 이 생시의 상태에서, 의식하면서 그 속으로 들어가고 거기에 도달해야 합니다. 실은 거기로 들어감도 없고 거기서 나옴도 없습니다. 생시 상태에서 잠을 자각하는 것이 생시-잠(*jagrat-sushupti*)이고, 그것이 삼매입니다.

무지인이 잠 속에 오래 머무를 수 없는 것은, 성품상 거기서 나오지 않을 수 없기 때문입니다. 그의 에고가 죽지 않았으니 그것은 거듭거듭 일어날 것입니다. 그러나 진인은 에고를 그 근원에서 분쇄합니다. 그의 경우에도 마치 발현업(*prarabdha*)에 의해 추동되듯 그것이 일어나는 것처럼 보일지 모릅니다. 즉, 진인의 경우에도 모든 외부적 목적을 위해서 무지인의 경우와 같이 발현업이 에고를 떠받치거나 유지하는 듯이 보일 수 있습니다. 그러나 이런 근본적 차이가 있습니다. 즉, 무지인의 에고는 그것이 일어날 때(실은 깊은 잠 속에서 외에는 그것이 가라앉지도 않았지만) 자신의 근원을 전혀 모릅니다. 바꾸어 말해서, 무지인은 꿈이나 생시의 상태에서는 잠을 자각하지 못합니다. 그에 반해 진인의 경우에는, 에고가 일어나고 존재하는 것이 외관상으로만 그런 것일 뿐, 그는 에고의 그런 외관상 일어남이나 존재에도 불구하고 자신의 주시처(lakshya)를 늘 근원에 두면서 끊임없고 초월적인 체험을 즐깁니다. 이 에고는 무해합니다. 그것은 단지 불에 타버린 노끈의 잔해와 같습니다. 그것은 노끈의 형태를 하고 있기는 하지만 무엇을 묶는 데는 아무 쓸모가 없습니다. 우리의 주의(주시처)를 부단히 그 근원에 두고 있으면, 에고는 마치 바다 속의 소금인형처럼 그 근원에서 해소됩니다.2)

문: (예수의) 십자가 못박힘의 의미는 무엇입니까?

답: 몸이 십자가입니다. 사람의 아들 예수는 에고, 곧 "나는 몸이다"라는 관념입니다. 이 사람의 아들이 십자가에 못 박힐 때, 에고는 죽고 살아남는 것은 절대적 존재입니다. 그것이 영광된 진아의, 곧 그리스도─신의 아들─의 부활입니다.3)

문: 그러나 십자가형을 어떻게 정당화할 수 있습니까? 살인은 끔찍한 범죄 아닙니까?

답: 누구나 자기살해(자살)를 저지르고 있습니다. 영원하고, 지복스럽고, 본래적인 상태가 이 무지한 삶에 의해 질식되어 왔습니다. 이런 식으로 현재의 삶은, 영원하고 실증적인 존재(existence)를 살해하는 것에 기인합니다. 이것은 실은 자기살해의 한 경우 아닙니까? 그러니 살해 등을 왜 걱정합니까?

문: 스리 라마크리슈나(Sri Ramakrishna)가 말하기를, 무상삼매(nirvikalpa samadhi)는 21일 이상 지속될 수 없다고 합니다. 만약 지속되면 그 사람이 죽는다는 것입니다. 그것이 사실입니까?

답: 발현업이 소진되면 그 에고는 완전히 해체되고, 아무 흔적도 남기

---
2) *T.* 이상의 문답들은 대담 286 참조.
3) *T.* 이 문답은 대담 86과 대담 396 참조.

지 않습니다. 이것이 최종적 해탈[열반(*nirvana*)]입니다. 만약 발현업이 소진되지 않았으면 에고가 다시 일어날 것입니다. 생존해탈자(*jivanmuktas*)들의 경우에 그러는 것처럼 보이듯이 말입니다.

6. 진아 깨달음

문: 어떻게 하면 제가 진아 깨달음을 성취할 수 있습니까?

답: 깨달음은 새로 얻어야 할 그 무엇도 아닙니다. 그것은 이미 있습니다. "나는 깨닫지 못했다"라는 생각을 없애는 것이 필요한 전부입니다.

고요함 또는 평안이 깨달음입니다. 진아가 없는 순간은 없습니다. 깨닫지 못했다는 느낌이나 의심이 있는 한, 그런 생각들을 없애려고 노력해야 합니다. 그런 생각은 자기(진아)를 비진아와 동일시하는 데서 나옵니다. 비진아가 사라지면 진아만 남습니다. 공간을 만들려면 거추장스런 물건들을 치우기만 하면 됩니다. 공간을 다른 데서 들여오지 않습니다.1)

문: 깨달음은 원습소멸(vasana-kshaya) 없이는 가능하지 않은데, 원습原習(vasanas)이 여지없이 소멸되는 그 상태를 제가 어떻게 깨닫습니까?

답: 그대는 지금 그 상태에 있습니다!

문: 그것은, 진아를 꽉 붙듦으로써 원습들이 나타날 때마다 그것을 소멸시켜야 한다는 뜻입니까?

답: 그대가 있는 그대로 머무르면 그것들은 스스로 소멸될 것입니다.2)

문: 어떻게 하면 제가 진아에 도달하겠습니까?

---

1) *T*. 이 문답은 앞의 책, 대담 245 참조.
2) *T*. 이상의 문답들은 대담 219 참조.

답: 진아에 도달한다는 것은 없습니다. 만일 진아에 도달해야 한다면, 이는 진아가 지금 여기에 없고, 아직 그것을 얻지 못했다는 의미가 되겠지요. 새롭게 얻는 것은 또한 상실될 것입니다. 따라서 그것은 영구적이지 않을 것이고, 영구적이지 않은 것은 얻으려고 애쓸 가치가 없습니다. 그래서 제가 진아에는 도달하는 것이 아니라고 하는 것입니다. 그대가 진아이고, 그대가 이미 그것(That)입니다.

실은 그대는 자신의 지복스러운 상태를 모르고 있습니다. 무지가 잇따라 일어나서 그 순수한 진아, 즉 지복 위에 하나의 베일을 드리웁니다. 그릇된 앎이라고 하는 이 무지의 막을 제거하기만 하면 됩니다. 노력은 이 무지의 베일을 제거하는 데로 향해질 뿐인데, 그 베일은 자기(진아)를 몸·마음 등과 거짓되게 동일시하는 것입니다. 이 거짓된 동일시가 사라져야 하며, 그러고 나면 진아만이 남습니다.

따라서 깨달음은 모두에게 가능합니다. 깨달음은 구도자들 간에 차별을 두지 없습니다. 자신이 과연 깨달을 수 있을까 하는 바로 그 의심과, "나는 깨닫지 못했다"라는 관념 자체가 장애물입니다. 이 장애물로부터도 벗어나십시오.3)

문: 삼매가 무슨 소용 있으며, 그럴 때도 생각이 지속됩니까?

답: 삼매만이 진리를 드러낼 수 있습니다. 생각들이 실재 위에 베일을 드리우고 있기 때문에, 삼매 아닌 상태에서는 그것이 있는 그대로 깨달아지지 않습니다.

삼매 속에는 "내가 있다(I AM)"는 느낌만 있고, 아무 생각이 없습니다. "내가 있다"의 체험이 '고요히 있음'입니다.4)

---

3) *T.* 이상의 문답은 대담 251 참조.
4) *T.* 이상의 문답은 대담 226 참조.

문: 어떻게 하면 삼매의 체험, 즉 여기서 얻는 이 고요함을 제가 다시 가질 수 있겠습니까?

답: 그대가 현재 하는 체험은 그대가 와 있는 여기 분위기의 영향 때문입니다. 이 분위기 밖에서 그것을 체험할 수 있습니까? 그 체험은 단속적斷續的입니다. 그것이 영속적인 것이 될 때까지는 수행이 필요합니다.5)

문: 저는 때때로 생생한 의식의 섬광들을 체험하는데, 그 의식은 중심이 정상적 자아의 바깥에 있고, 일체를 포용하는 것으로 보입니다. 저희가 철학적 개념들에 신경 쓸 일 없이, 바가반께서는 제가 그런 흔치 않은 섬광을 얻고, 유지하고, 확장하는 쪽으로 어떻게 노력하라고 조언해주시겠습니까? 그런 체험 속의 수행(abhyasa)에는 물러남이 필요합니까?

답: 바깥이라! 누구에게 안이나 밖이 있습니까? 안과 밖은 주체와 대상이 있는 한에서만 존재할 수 있습니다. 또 이 주체와 대상은 누구에게 있습니까? 탐구해 보면 그것들이 주체 속으로 해소될 뿐임을 발견할 것입니다. 그 주체가 누구인지를 살펴보십시오. 그러면 이 탐구가 그대를 주체 너머의 순수한 의식으로 이끌어줍니다.

정상적 자아란 마음입니다. 이 마음은 한계가 있습니다. 그러나 순수한 의식은 한계들 너머이고, 앞에서 대략 말한 탐구에 의해 도달할 수 있습니다.

얻는다: 진아는 늘 있습니다. 그대는 진아가 드러나는 것을 막는 베일을 제거하기만 하면 됩니다.

유지한다: 일단 진아를 깨달으면, 그것은 그대의 직접적이고 즉각적인 체험이 됩니다. 그것은 결코 잃어버릴 수 없습니다.

---

5) *T.* 이 답변은 대담 24 참조.

확장한다: 진아를 확장한다는 것은 없습니다. 그것은 수축이나 팽창 없이 항상 그대로 있기 때문입니다.

물러남: 진아에 안주하는 것이 홀로 있음입니다. 왜냐하면 진아에게 낯선 것은 아무것도 없기 때문입니다. 물러남이란 한 장소나 상태에서 다른 장소나 상태로 물러나는 것이지만, 진아와 별개인 '하나'도 없고 '다른 하나'도 없습니다. 모든 것이 진아이므로 물러남이란 불가능하고 생각할 수도 없습니다.

수행(abhyasa)이란 내재적 평안을 어지럽히는 것을 막는 것일 뿐입니다. 수행을 하든 하지 않든, 그대는 늘 그대의 본래적 상태에 있습니다. … 질문이나 의문 없이, 있는 그대로 머무르는 것이 그대의 본래적 상태입니다.6)

문: 삼매를 성취하면 싯디(siddhis)도 함께 얻지 않습니까?

답: 싯디를 과시하기 위해서는 그것을 인정해 줄 남들이 있어야 합니다. 그 말은, 그것을 과시하는 사람에게는 진지(jnana)가 없다는 뜻입니다. 따라서 싯디는 일고의 가치도 없습니다. 진지만을 목표하고 그것을 얻어야 합니다.7)

문: 저의 깨달음이 남들에게 도움이 됩니까?8)

답: 예, 그리고 그것이 어쩌면 그대가 남들에게 해줄 수 있는 최선의 도움입니다. 위대한 진리들을 발견한 사람들은 진아의 고요한 심처深處에서 그렇게 했습니다.9) 그러나 실은 도와줄 남들이 전혀 없습니다. 왜냐하면, 금 세공인이 금으로 만들어진 다양한 장신구들에서 금만을 평가하

---

6) *T.* 이 문답은 대담 42 참조.
7) *T.* 이 답변은 대담 57 참조.
8) *T.* 이 문답은 대담 13 참조.
9) *T.* 이 한 문장은 대담 146에서 가져온 것이다. 문맥의 흐름과 별개이다.

듯이, 깨달은 존재들은 진아만을 보기 때문입니다. 그대가 자신을 몸과 동일시할 때는 이름과 형상이 있습니다. 그러나 그대가 육체의식을 초월하면, '남들'도 사라집니다. 깨달은 자는 세계를 그 자신과 다르게 보지 않습니다.10)

문: 성자들이 남들과 섞여 살면 더 좋지 않을까요?

답: 섞여 살 '남들'이 없습니다. 진아가 유일한 실재입니다.

문: 고통 받는 세상을 도우려고 제가 노력해야 하지 않습니까?

답: 그대를 창조한 힘이 세계도 창조했습니다. 그 힘이 그대를 돌볼 수 있다면, 마찬가지로 세계도 돌볼 수 있겠지요. … 만약 신이 세계를 창조했다면, 그것을 돌보는 것은 그의 일이지 그대의 일이 아닙니다.

문: 애국자가 되어야 하는 것이 우리의 임무 아닙니까?

답: 그대가 해야 할 일은 존재하는 것(to be)이지, 이것이나 저것이 되는 것이 아닙니다. "나는 내가 있다는 것이다(I AM THAT I AM)"가 진리 전체를 요약해 줍니다. 그 방법은 '고요히 있으라(be still)'로 요약됩니다.11)

그런데 고요함이 무엇을 의미합니까? 그것은 "그대 자신을 소멸하라"는 뜻입니다. 왜냐하면 모든 이름과 형상이 문제의 원인이기 때문입니다. '나-나'가 진아입니다. "나는 이것이다"는 에고입니다. '나'가 '나로서만 유지될 때, 그것이 진아입니다. 그것이 옆길로 벗어나서 "나는 이것이나 저것이다, 나는 이러이러하다"라고 말할 때, 그것은 에고입니다.12)

문: 그러면 누가 신입니까?

---

10) T. 이 한 문장은 대담 20에서 가져온 것이다. 이어지는 두 문답은 같은 대담 20 참조.
11) T. 성서, 「출애굽기」 3:14에서 모세가 여호와에게 그의 이름을 묻자 여호와가 "I am that I am"이라고 대답했다. 한편 「시편」 46:10에는 "고요히 있으라. 그리고 내가 하느님임을 알라(Be still and know that I am God)"는 구절이 있다. 바가반이 즐겨 사용한 타밀어 표현 "숨마 이루(Summa iru)"도 "고요히 있으라"의 뜻이다.
12) T. 이 답부터 이어지는 문답까지는 대담 363 참조.

답: 진아가 신입니다. "내가 있다"가 신입니다. 만약 신이 진아와 별개라면, 그는 자기 없는 신(Selfless God)이여야 하는데, 이것은 말이 되지 않습니다.

진아를 깨닫기 위해 필요한 것은 '고요히 있음'이 전부입니다. 어떤 것이 그보다 더 쉬울 수 있겠습니까? 그래서 진아지(Atma vidya)가 가장 성취하기 쉬운 것입니다.13)

---

13) *T.* 이 한 문단은 대담 379 참조.

7. 스승과 그의 은총

문: 스승의 은총(*guru kripa*)이란 무엇입니까? 그것은 어떻게 진아 깨달음으로 이끕니까?

답: 스승은 진아입니다. ··· 사람은 자신의 삶에서 때로 불만을 느끼는데, 그가 가진 것에 만족하지 못할 때는 신에 대한 기도를 통해 자신의 욕망을 충족하려고 합니다. 그러면 그의 마음이 점차 정화되어 신을 알고자 열망하게 되고, 세속적 욕망을 충족하기보다 그의 은총을 얻고자 하게 됩니다. 그럴 때 신의 은총이 나타나기 시작합니다. 신은 스승의 형상을 취해 그 헌신자에게 나타나서 진리를 가르치고, 나아가 그와의 친교를 통해 그의 마음을 정화합니다. 헌신자의 마음은 힘을 얻어 내면으로 향할 수 있게 되고, 그것은 명상에 의해 더욱 정화되어 잔물결 하나 없이 고요해집니다. 그 고요히 펼쳐진 공간이 진아입니다.

스승은 '밖'에도 있고 '안'에도 있습니다. '밖'에서는 마음이 내면으로 향하도록 밀어 넣고, '안'에서는 마음을 진아 쪽으로 끌어당겨 마음이 고요해지도록 돕습니다. 그것이 스승의 은총입니다. 신·스승·진아 사이에는 아무 차이가 없습니다.[1]

문: 신지학회(Theosophical Society) 사람들은 그들을 인도해 줄 스승들을

---

[1] *T.* 이 문답은 앞의 책, 대담 198 참조.

찾기 위해 명상을 합니다.

답: 스승은 안에 있습니다. 명상은 스승이 밖에만 있다는 무지한 관념을 없애기 위한 것입니다. 만일 스승이 그대가 기다리는 어떤 낯선 사람이라면, 그는 또한 사라지게 되어 있습니다. 그와 같이 일시적인 존재가 무슨 소용 있습니까? 그러나 그대가 자신을 별개라고 생각하거나 자신이 몸이라고 생각하는 한, '바깥의' 스승도 필요하고, 그는 마치 하나의 몸을 가지고 있는 것처럼 나타날 것입니다. 자신이 몸이라는 그릇된 동일시가 그치면 스승이 다름 아닌 진아임을 발견할 것입니다.[2]

문: 스승은 입문(initiation) 같은 것을 통해서 우리가 진아를 알 수 있도록 도와줍니까?

답: 스승이 그대의 손을 잡고 귓속말이라도 해줍니까? 그대는 스승도 그대 자신과 같을 거라고 상상할지 모르겠습니다. 그대는 자신이 몸을 가졌다고 생각하기 때문에, 스승도 그대에게 뭔가 구체적인 것을 해주기 위해 하나의 몸을 가지고 있다고 생각합니다. 그의 작업은 내면에서, 즉 영적인 영역에서 이루어집니다.

문: 스승을 어떻게 발견합니까?

답: 내면에 있는 신은 그의 은총으로, 자신을 사랑하는 헌신자에게 연민을 느끼고 그 헌신자의 발전 정도에 따라 그 자신을 나툽니다. 헌신자는 그를 한 인간으로 생각하고 두 육신 간의 어떤 관계를 기대합니다. 그러나 신 또는 진아의 화신인 스승은 내면에서 작업하여, 그 사람이 자기 방식의 오류를 발견하도록 돕고 그를 올바른 길로 인도합니다. 결국 그는 내면의 진아를 깨닫습니다.

문: 그러면 헌신자는 무엇을 해야 합니까?

---

2) *T.* 이 문답은 대담 363 참조.

답: 스승의 말씀대로 행하고 내면에서 작업하기만 하면 됩니다. 스승은 '안'에도 있고 '밖'에도 있습니다. 그래서 그는 (외적인) 조건들을 창출하여 그대를 내면으로 몰아넣고, '내면'을 준비시켜 그대를 중심으로 끌어당깁니다. 이처럼 그는 '밖'에서 밀고 '안'에서 끌어당겨 그대가 중심에 고정될 수 있게 합니다.

그대는 자신의 노력으로 세계를 정복할 수 있다고 생각합니다. 바깥에서 좌절당해 내면으로 들어가지 않을 수 없을 때, 그대는 "오! 인간보다 더 높은 힘이 있구나!" 하고 느낍니다.

에고는 힘이 아주 센 코끼리 같아서 사자만큼 힘이 세지 않으면 누구도 그것을 제어할 수 없습니다. 이 경우 그 사자는 다름 아닌 스승이며, 그가 바라보기만 해도 코끼리 같은 에고는 벌벌 떨다가 죽습니다.

그대는 때가 되면 그대(에고)가 더 이상 존재하지 않는 곳에 그대의 영광이 있다는 것을 알게 될 것입니다. 그 상태를 얻기 위해서는 그대 자신을 (스승에게) 내맡겨야 합니다. 그러면 스승은 그대가 가르침을 받기에 적합한 상태에 있음을 보고, 그대를 인도합니다.

문: 전수(입문)도 시켜주지 않고 다른 어떤 구체적인 행위도 하지 않는 스승의 침묵이 어떻게 그의 말씀 등의 수단보다 더 강력할 수 있습니까? 그러한 침묵이 어떻게 경전 공부보다 더 나을 수 있습니까?

답: 침묵은 가장 강력한 작업 형태입니다. 경전이 아무리 방대하고 힘 있는 내용이라 해도 효과 면에서 떨어집니다. 스승이 고요하면 모두에게 은총이 지배합니다. 이 침묵은 모든 경전을 합친 것보다도 더 방대하고 더 힘이 있습니다.[3]

문: 그러나 그 헌신자가 행복을 얻을 수 있습니까?

---

3) *T.* 이상의 문답들은 대담 398 참조.

답: 헌신자는 스승에게 그 자신을 내맡기는데, 그것은 그가 개인성의 어떤 자취도 지니고 있지 않다는 것을 뜻합니다. 만약 그 순복(내맡김)이 완전하면 모든 자아감이 상실되며, 그러면 어떤 불행이나 슬픔도 있을 수 없습니다.

영원한 존재는 행복일 뿐입니다. 그것은 하나의 계시로서 옵니다.4)

문: 제가 은총을 어떻게 얻을 수 있습니까?

답: 은총은 곧 진아입니다. 그것 역시 얻어지는 것이 아닙니다. 그것이 존재한다는 것을 알기만 하면 됩니다.

해는 밝음일 뿐입니다. 그것은 어둠을 보지 않습니다. 하지만 그대는 해가 다가오면 어둠이 달아난다고 이야기합니다. 마찬가지로 헌신자의 무지도, 어둠이라는 허깨비처럼 스승이 바라보는 순간 사라집니다. 그대는 햇빛에 둘러싸여 있습니다. 하지만 만약 해를 보고 싶다면, 해 방향으로 돌아서서 그것을 바라보아야 합니다. 그와 마찬가지로, 은총도 지금 여기에 있지만, 적절한 접근방식에 의해서 발견됩니다.5)

문: 은총이 구도자의 성숙도를 촉진시킬 수 있지 않습니까?

답: 그것은 모두 스승에게 맡겨두십시오. 거리낌 없이 그에게 순복하십시오. 두 가지 중 하나를 해야 합니다. 그대가 자신의 무능력을 인정하고, 그대를 도와줄 더 높은 힘이 필요함을 깨달아 순복하든지, 아니면 불행의 원인을 탐구하여 그 근원으로 들어가서 진아에 합일되십시오. 어느 쪽이든 그대는 불행에서 벗어날 것입니다. 신이나 스승은 순복한 사람을 결코 저버리지 않습니다.

문: 스승이나 신에 대한 절(prostration)은 어떤 의미가 있습니까?

---

4) *T.* 이 답은 대담 350 참조.
5) *T.* 이 답은 대담 354 참조.

답: 절은 에고의 가라앉음을 의미하는데, 그것은 **근원** 속에 합일된다는 뜻입니다. 신이나 스승은 외적인 무릎 꿇기, 허리 굽히기, 엎드려 절하기에 속지 않습니다. 그는 에고가 있는지 없는지를 봅니다.6)

문: 바가반께서는 당신의 은총의 표시로 저에게 당신의 엽반葉盤(나뭇잎 식판)에서 쁘라사드(*prasad*)를 좀 주시지 않겠습니까?

답: 에고가 하는 생각 없이 드십시오. 그러면 그대가 먹는 것이 바가반의 쁘라사드가 됩니다.7)

문: 유식한 사람은 스승의 은총을 받을 필요가 없다는 의미에서 **깨달음**을 얻기에 더 나은 자격을 가진 것 아닙니까?

답: 유식한 사람조차도 일자무식인 **진인** 앞에서 절을 해야 합니다. 일자무식은 무지이고, **교육**(학식)은 배운 무지입니다. 그들은 공히 참된 목표를 모릅니다. 진인은 다른 면에서 무지합니다. 진인이 무지한 것은, 그에게는 '남(타자)'이 없기 때문입니다.8)

문: 스승께 선물을 바치는 것은 스승의 **은총**을 얻기 위해서 아닙니까? 그래서 방문객들이 바가반께 선물을 바칩니다.

답: 그들은 왜 선물을 가지고 옵니까? 제가 그런 것을 원합니까? 제가 마다해도 그들은 선물을 저에게 떠안깁니다! 무엇 때문입니까? 그것은 고기를 잡으려고 미끼를 던지는 것과 같지 않습니까? 낚시꾼이 고기들에게 먹이를 주고 싶어 합니까? 아니지요, 자기가 고기를 먹고 싶은 것입니다!9)

문: 해탈을 성취할 때까지 (스승이 제자에게) 계속해서 전수를 해준다고

---

6) *T*. 이 문답은 대담 363 참조.
7) *T*. 이 문답은 대담 228 참조.
8) *T*. 이 문답은 대담 355 참조.
9) *T*. 이 문답은 대담 389 참조.

하는 신지학적 관념은 올바른 것입니까?

답: 한 생에서 해탈을 성취하는 사람들은 전생에 그 모든 전수를 다 거쳤음이 분명합니다.

문: 신지학에서 말하기를, 진인들은 죽은 뒤에 네댓 가지 업무 분야를 선택해야 하는데, 반드시 이 세상에서 그런 것은 아니라고 합니다. 바가반의 견해는 어떠하십니까?

답: 어떤 이들은 업무를 맡을 수도 있지만, 모두 그런 것은 아닙니다.

문: 당신께서는 보이지 않는 리쉬들(Rishis)의 어떤 형제애를 의식하고 계십니까?

답: 만약 보이지 않는다면, 그들을 어떻게 볼 수 있습니까?

문: 의식 속에서요.

답: 의식 안에는 외적인 것이 아무것도 없습니다.10)

문: 제가 그들을 깨달을 수 있습니까?

답: 만일 그대 자신의 **실재**를 깨달으면, 리쉬들과 스승들의 **실재**가 그대에게 분명해질 것입니다. 단 하나의 스승이 있는데, 그것이 **진아**입니다.11)

문: 환생은 참됩니까?

답: 환생은 무지가 있는 한에서만 존재합니다. 실은 지금이나 이전이나 전혀 어떤 환생도 없고, 앞으로도 없을 것입니다. 이것이 진리입니다.12)

문: 요기는 자신의 전생들을 알 수 있습니까?

---

10) T. '리쉬들' 관련한 두 문답은 대담 176 참조.
11) T. 이 답은 대담 164 참조. "그들을 깨달을 수 있는가?"라는 질문은 "깨달아서 그들을 볼 수 있는가?"라는 뜻이지만, 이 질문은 문맥을 잇기 위해 편자가 넣은 것일 수 있다.
12) T. 이 문답은 대담 363 참조.

답: 그대는 금생을 알기에 과거를 알고 싶어 합니까? 현재를 발견하십시오. 그러면 나머지는 따라오겠지요. 현재 우리의 한정된 지식만으로도 우리는 너무나 고통 받습니다. 왜 더 많은 지식으로 자신에게 짐을 지우려 합니까? 더 고통 받기 위해서입니까?13)

문: 바가반께서는 남들이 진아를 깨닫게 하기 위해 신비한 능력(occult powers)을 사용하십니까? 아니면 바가반의 깨달음이라는 단순한 사실만으로도 그렇게 하는 데 충분합니까?

답: 진아 깨달음의 영적인 힘은 모든 신비한 능력들을 다 사용하는 것보다 훨씬 강력합니다. 진인에게 에고가 없는 만큼, 그에게는 '남들'이 없습니다. 그대에게 줄 수 있는 최상의 이익이 무엇입니까? 그것은 행복이고, 행복은 평안에서 나옵니다. 평안은 어지러움(번뇌)이 없는 곳에서만 지배적일 수 있는데, 어지러움은 마음속에서 일어나는 생각들에 기인합니다. 마음 자체가 없을 때, 완전한 평안이 있게 됩니다. 사람이 자신의 마음을 절멸하지 못했다면, 평안을 얻고 행복해질 수 없습니다. 그 자신이 행복하지 않다면 '남들'에게 행복을 줄 수 없습니다. 그러나 아무 마음이 없는 진인에게는 '남들'이 없기 때문에, 그의 진아 깨달음이라는 사실 자체만으로도 '남들'을 행복하게 만드는 데 충분합니다.14)

---

13) *T.* 이 문답은 대담 170 참조.
14) *T.* 이 문답은 대담 597 참조.

8. 평안과 행복

문: 어떻게 하면 제가 평안을 얻을 수 있습니까? 자기탐구(*vichara*)로는 제가 평안을 얻을 것 같지 않습니다.

답: 평안은 그대의 본래적 상태입니다. 그 본래적 상태를 방해하는 것은 마음입니다. 그대의 자기탐구는 마음 안에서만 이루어졌습니다. 마음이 무엇인지 탐구해 보십시오. 그러면 그것은 사라질 것입니다. 생각과 별개인 마음 같은 것은 없습니다. 그런데도 생각이 일어나기 때문에, 그대는 생각의 시발점인 뭔가가 있다고 추측하고, 그것을 마음이라고 부릅니다. 그것이 무엇인지를 탐색해 보면, 마음 같은 것은 실제로 있지 않다는 것을 발견합니다. 이렇게 해서 마음이 사라지고 나면, 영원한 평안을 깨닫습니다.[1)]

문: 시·음악·염송·바잔(*bhajana*)·아름다운 풍경 보기·영적인 시구 읽기 등을 통해서, 우리는 이따금 모든 것이 하나라는 참다운 느낌을 체험하기도 합니다. (개인적 자아가 들어설 자리가 없는) 그 깊고 지복스러운 고요함의 느낌이 바가반께서 말씀하시는 '**심장 속으로 들어가기**'와 같습니까? 그것을 수행하면 더 깊은 삼매에 이르고, 그래서 궁극적으로 실재를 온전히 보게 됩니까?

---

1) *T.* 이 문답은 앞의 책, 대담 238 참조.

답: 기분 좋은 것들이 마음에 다가오면 행복감이 있습니다. 그것은 진아에 내재한 행복이며, 다른 어떤 행복도 없습니다. 그리고 그것은 낯설고 멀리 있는 것이 아닙니다. 그대가 즐겁다고 여기는 그런 경우들에도 그대는 **진아** 안으로 뛰어 들고 있습니다. 그렇게 뛰어들면 스스로 존재하는 지복이 일어납니다. 그러나 관념의 연상(어떤 것을 다른 것과 늘 결부시켜 생각하는 것)으로 인해, 그 지복이 다른 사물이나 사건들에서 온다고 생각하게 됩니다. 사실 그 지복은 그대 안에 있습니다. 이러한 경우들에서도 그대는 비록 무의식적이기는 하나, **진아** 속으로 뛰어드는 것입니다. 만일 그대가 그 행복과—즉, 진실로 **진아**이고 단 하나의 **실재**인 행복과—동일하다는 체험에서 나오는 확신을 가지고 의식적으로 그렇게 한다면, 그것을 **깨달음**이라고 합니다. 저는 그대가 의식적으로 **진아** 속으로, 즉 심장 속으로 뛰어들기를 바랍니다.2)

---

2) *T*. 이 문답은 대담 254 참조.

제 2 권

1. 자기탐구

문: 어떻게 하면 제가 진아를 깨닫습니까?

답: 누구의 진아입니까? 알아내십시오.

문: 저의 진아입니다만, 저는 누구입니까?

답: 그대 자신이 알아내십시오.

문: 어떻게 해야 할지 모르겠습니다.

답: 그 물음에 대해 생각을 해 보십시오. "나는 모른다"고 말하는 것은 누구입니까? 그대의 말에서 그 '나'는 누구입니까? 무엇을 모릅니까?

문: 제 안의 어떤 사람 아니면 어떤 것입니다.

답: 그 어떤 사람이 누구입니까? 누구 안의?

문: 아마 어떤 힘이겠지요.

답: 알아내십시오.

문: 제가 왜 태어났습니까?

답: 누가 태어났습니까? 그 답은 그대의 모든 질문에 대해 동일합니다.

문: 그러면 저는 누구입니까?

답: (미소를 지으며.) 그대는 저를 시험하러 왔습니까? 그대가 누구인지는 그대가 말해야 합니다.[1]

---

[1] T. 이상의 문답들은 앞의 책, 대담 56 참조.

문: 아무리 애를 써도, 저는 그 '나'를 붙잡지 못하는 것 같습니다. 그것은 분명하게 식별되지도 않습니다.

답: 그 '나'가 식별되지 않는다고 말하는 것은 누구입니까? 그대 안에 두 개의 '나'가 있어서, 하나가 다른 하나에 의해 식별되지 않습니까?[2]

문: "나는 누구인가?"를 탐구하는 대신 저 자신에게 "너는 누구냐?"라는 물음을 던져도 됩니까? 왜냐하면 그럴 때는 제 마음이, 스승의 형상을 하신 신이라고 제가 생각하는 당신께 고정될지 모르기 때문입니다. 어쩌면 저 자신에게 "나는 누구인가?" 하고 묻기보다 그런 탐구를 하면 제가 추구하는 목표에 더 가까워질지도 모릅니다.

답: 그대의 탐구가 어떤 형태를 취하든, 결국 하나인 나, 즉 **진아**에 도달해야 합니다.

'나'와 '너', 스승과 제자 등의 이런 모든 구분은 우리가 무지하다는 하나의 징표에 불과합니다. **지고의 나**만이 있습니다. 이와 달리 생각하는 것은 자신을 미혹시키는 것입니다.

진인 리부(Ribhu)와 그의 제자 니다가(Nidagha)에 관한 뿌라나(힌두 경전)의 이야기는 이런 맥락에서 특히 교훈적입니다.

리부는 둘이 없는 단 **하나의 브라만**에 대한 위없는 **진리**를 제자에게 가르쳤으나, 니다가는 박식함과 이해력을 가졌음에도 지知(jnana)의 길을 받아들여 따르기에 충분한 확신을 얻지 못한 채, 자기 고향 읍에 정착하여 의식儀式 위주의 종교에 전념하는 삶을 영위했습니다.

그러나 이 진인은 제자가 그를 존경하는 만큼 제자를 깊이 사랑했습니다. 리부는 연로했음에도 불구하고, 제자가 의식주의에서 얼마나 벗어났는지를 살펴보기 위해 제자가 사는 읍으로 몸소 찾아가곤 했습니다.

---

2) *T.* 이 문답은 대담 49 참조.

어떤 때는 변장을 하고 갔는데, 그것은 니다가가 자기 스승이 지켜보는 줄 모를 때 어떻게 행동할지 관찰하기 위해서였습니다.

한번은 리부가 시골 사람의 모습으로 변장하고 가서 보니, 니다가가 왕의 행차를 골똘히 구경하고 있었습니다. 읍내 거주자인 니다가가 자기를 알아보지 못하자, 시골 사람(리부)이 그에게 저 소란이 무엇이냐고 물었습니다. 니다가는 왕이 행차하는 중이라고 대답했습니다.

"오! 왕이군. 왕이 행차하는군. 그러나 그는 어디 있소?"

"저기 코끼리 위에요." 니다가가 말했습니다.

"왕이 코끼리 위에 있다고. 그래요, 둘 다 보이네. 그런데 어느 것이 왕이고 어느 것이 코끼리요?" 시골 사람이 말했습니다.

"뭐라고요!" 니다가가 소리쳤습니다. "둘 다 보인다면서 위에 있는 사람이 왕이고 아래에 있는 동물이 코끼리인 것을 모른다고요? 당신 같은 사람하고 이야기해 봐야 무슨 소용 있겠어요?"

"부디 나같이 무식한 사람한테 화를 내지 마시오." 시골 사람이 사정했습니다. "그러나 당신은 '위'와 '아래'라고 말했는데, 그게 무슨 뜻이오?"

니다가는 더 이상 참을 수 없었습니다. "당신도 왕과 코끼리가 하나는 위에 있고, 다른 하나는 아래에 있는 것 보이지요? 그런데도 '위'와 '아래'가 무슨 뜻인지 알고 싶다고요?" 니다가가 소리를 질렀습니다. "눈에 보이는 것과 제가 하는 말이 당신에게 별 의미를 전달하지 못한다면, 행동으로 가르쳐 드릴 수밖에 없군요. 몸을 앞으로 구부려 보세요. 그러면 아주 잘 아시게 될 테니까요."

시골 사람은 하라는 대로 했습니다. 니다가가 그의 어깨에 올라타고 말했습니다. "이제 아시겠지요. 저는 왕으로서 위에 있고, 당신은 코끼리로서 아래에 있습니다. 충분히 이해됩니까?"

"아니, 아직은 아니오." 시골 사람이 조용히 대답했습니다. "당신은 왕처럼 위에 있고 나는 코끼리처럼 아래에 있다고 했는데, '왕'이니 '코끼리'니, '위'니 '아래'니 하는 것을 아직 모르겠소. 그러니 당신이 '나'와 '당신'이라고 할 때 그것이 무슨 뜻인지 부디 말해 주시오."

이렇게 니다가 갑자기 '나'와 별개로 '당신'을 정의해야 할 난감한 문제에 직면하자, 마음에 언뜻 스치는 것이 있었습니다. 그는 즉시 뛰어내려 자기 스승의 발아래 몸을 던지며 말했습니다. "존경하는 저의 리부 스승님 말고, 누가 이렇게 물리적 존재의 겉모습에서 제 마음을 끌어내어 진아의 참된 존재로 데려가실 수 있겠습니까? 오! 자비로우신 스승님, 당신의 은총을 열망합니다."

따라서 그대의 목표는 **자기탐구**(atma vichara)를 통해 지금 여기서 물리적 존재의 이러한 겉모습을 초월하려는 것인데, 몸에 속할 뿐인 '너'와 '나'를 구분할 여지가 어디 있습니까? 그대가 마음을 내면으로 돌려 생각의 근원을 탐구할 때, '너'가 어디 있고 '나'가 어디 있습니까?

모든 것을 포함하는 진아를 추구하여 진아가 되어야 합니다.

문: 그러나 '나'가 '나'를 찾아야 한다는 것은 이상하지 않습니까? "나는 누구인가?" 하는 탐구는 결국 하나의 공허한 공식으로 귀결되지 않을까요? 아니면, 저 자신에게 이 물음을 끝없이 던지면서, 그것을 어떤 진언(mantra) 염하듯이 해야 합니까?

답: 자기탐구(Self-enquiry)는 확실히 공허한 공식이 아니고, 그것은 어떤 진언을 염하는 것 이상입니다. 만일 "나는 누구인가?" 하는 탐구가 마음속으로 묻는 것에 불과하다면, 그것은 큰 가치가 없을 것입니다. 자기탐구의 목적 자체가 온 마음을 그것의 근원에 집중시키는 것입니다. 따라

서 그것은 한 '나'가 또 다른 '나'를 찾는 것이 아닙니다.

자기탐구는 더더욱 공허한 공식이 아닌 것이, 이것은 마음을 순수한 **자기자각**(Self-awareness)에 꾸준히 자리 잡게 하는 온 마음의 강렬한 활동과 관계되기 때문입니다.

자기탐구는 조건지워지지 않은 **절대적 존재**로서의 진정한 그대 자신을 깨닫는 단 하나의 틀림없는 수단이며 유일한 직접적 수단입니다.

문: 왜 **자기탐구**만을 진지(jnana)에 이르는 직접적 수단이라고 보아야 합니까?

답: **자기탐구** 수행(sadhana) 외의 모든 수행은 그 수행을 해나가기 위한 도구로서의 마음이 유지되는 것을 전제하며, 마음이 없이는 그것을 닦을 수 없기 때문입니다. 에고는 수행의 여러 단계에서 더 미세한 여러 가지 형태를 취할 수 있지만, 그 자체는 결코 소멸되지 않습니다.

자나까(Janaka-고대 인도의 왕)가 "그동안 내내 나를 망쳐 온 도둑을 이제 발견했다. 이놈은 즉결처분 될 것이다"라고 외쳤을 때, 그것은 실은 에고 혹은 마음을 가리켜 한 말이었습니다.

문: 그러나 그 도둑은 다른 수행법들로도 거뜬히 체포될지 모릅니다.

답: **자기탐구** 아닌 수행법으로 에고나 마음을 소멸하려고 하는 것은 마치 도둑이 경찰관으로 변장하여 도둑, 즉 자기 자신을 잡으려고 하는 것과 같습니다. **자기탐구**만이 에고도 마음도 실제로는 존재하지 않는다는 진리를 드러낼 수 있고, 우리가 **진아**, 곧 **절대자**의 순수하고 무차별한 **존재**(Being)를 깨닫게 해줄 수 있습니다.

진아를 깨닫고 나면 알아야 할 것이 아무것도 남지 않습니다. 왜냐하면 그것은 완전한 **지복**이고, **모든 것**이기 때문입니다.

문: 한계들로 에워싸인 이 삶 속에서 제가 과연 **진아**의 지복을 깨달을

수 있겠습니까?

답: 그 진아의 지복은 늘 그대와 함께하며, 만약 열심히 추구하면 그대 스스로 그것을 발견할 것입니다.

그대의 불행의 원인은 바깥의 삶에 있지 않고, 에고로서의 그대 안에 있습니다. 그대는 자기 자신에게 한계들을 부과한 다음 그것을 초월하기 위해 헛되이 분투합니다. 모든 불행은 에고에 기인하며, 에고와 함께 그대의 모든 문제가 찾아옵니다. 실은 그대의 안에 있는 불행의 원인을 삶 속에서 일어나는 사건들에 있다고 해 본들 무슨 소용 있습니까? 그대 자신의 바깥에 있는 것들에서 무슨 행복을 얻을 수 있습니까? 얻는다 해도 그것이 얼마나 오래 가겠습니까?

만약 에고를 부인하고 그것을 무시하여 고사시키면, 그대는 자유로워질 것입니다. 만약 에고를 받아들이면, 그것은 그대에게 한계들을 부과하고, 그대가 그 한계들을 초월하기 위해 헛되이 분투하게 만들 것입니다. 그런 식으로 그 도둑이 자나까 왕을 '망치려고' 했던 것입니다.

진정으로 그대인 진아가 되는 것이, 항상 그대의 것인 그 지복을 깨닫는 유일한 수단입니다.

문: 저는 진아만이 존재한다는 진리를 깨닫지 못했으니, 탐구의 길(vichara marga)보다는 수행의 목적상 더 적합한 헌신과 요가의 길을 택해야 하지 않습니까? 자신의 절대적 존재, 즉 브라만의 지知(Brahma jnana)[3]를 깨닫는 것은 저 같은 속인에게 거의 불가능한 일 아닙니까?

답: 브라만의 지知는 얻을 수 있는 지식, 즉 그것을 얻으면 행복을 얻을 수 있는 그런 지식이 아닙니다. 그렇다고 포기해야 한다는 것은 무지한 소견입니다. 그대가 알고자 하는 진아는 진실로 그대 자신입니다. 그

---

[3] *T.* 지고의 실재인 브라만에 대한 참된 지知. 진아지 혹은 실재지와 같은 뜻이다.

대가 상상한 무지가 그대에게 불필요한 슬픔을 야기하는 것은, 마치 열 명의 어리석은 사람들이 결코 잃어버리지 않은 열 번째 사람을 '잃어버렸다고' 슬퍼하는 것과 같습니다.

그 우화에서 열 명의 어리석은 사람이 한 하천을 건넜는데, 건너편에 도착하자 전원이 무사히 건너왔는지 확인하고 싶었습니다. 열 명 중 한 명이 인원을 세기 시작했지만, 남들을 세면서 자신은 빼먹었습니다. "아홉 명 뿐이네. 분명히 한 명을 잃어버렸어. 그게 누굴까?" 그가 말했습니다. 다른 사람이 "정확하게 세었나?" 하고는 그 자신도 세어 보았으나, 그도 아홉밖에 세지 못했습니다. 열 명이 번갈아 세어 보았지만, 자신을 빼먹었기 때문에 모두 아홉만 세었습니다. "우리는 아홉 명뿐이야. 그런데 없어진 사람이 누구지?" 그들은 서로 물었습니다. '잃어버린' 사람을 발견하려고 갖은 노력을 다 했으나 찾지 못했습니다. 열 명의 바보들 중 가장 감성적인 사람이 "익사한 것이 누구든 우리는 그를 잃어버렸어" 하면서 눈물을 쏟자, 나머지 아홉 명도 따라 울었습니다.

그들이 강둑 위에서 울고 있는 것을 보고 가엾게 여긴 한 행인이 그 이유를 물었습니다. 그들은 전후 사정을 들려주며, 자신들이 몇 번을 세었지만 아홉 명 이상은 발견하지 못했다고 했습니다. 그 이야기를 듣고 자기 앞에 있는 열 명 모두를 본 행인은 상황을 짐작했습니다. 그는 그들이 실제로 열 명이고, 모두 무사히 건너왔다는 것을 그들이 스스로 알게 하기 위해 이렇게 말했습니다. "내가 한 사람을 한 번씩 때릴 테니, 각자가 자신을 세되 한 사람씩 순서대로 하나, 둘, 셋 이렇게 세어, 모두가 그 셈에 포함되고 단 한 번씩만 포함된 것을 확인하도록 하시오. 그러면 '잃어버린' 열 번째 사람이 발견될 거요." 이 말을 듣자 그들은 '잃어버린' 동지를 찾는다는 생각에 기뻐하면서, 행인이 제안한 그 방법을 받아들였습니다.

그 친절한 행인이 열 명을 차례로 한 번씩 때리는 동안 맞는 사람은 큰 소리로 자신을 세었습니다. 마지막 사람이 자기 차례가 되어 마지막으로 맞자 "열" 하고 말했습니다. 어리둥절해진 그들은 서로를 쳐다보며 이구동성으로 "우리 열 명이네"라고 말했고, 그들의 슬픔을 가시게 해준 행인에게 고마워했습니다.

그것이 그 우화입니다. 열 번째 사람을 어디서 데려왔습니까? 그를 잃어버리기는 했습니까? 그가 내내 거기 있었다는 사실을 앎으로써 그들이 뭔가 새로운 것을 알게 되었습니까? 그들이 슬퍼한 원인은 열 명 중 한 명을 실제로 잃어버린 것이 아니라 그들 자신의 무지, 정확히는 그들이 아홉 명만 세었기 때문에 한 명을 잃어버렸다고(그것이 누구인지는 발견하지 못했지만) 상상한 것뿐이었습니다.

그대의 경우도 마찬가지입니다. 진실로 그대가 비참하거나 불행할 아무 이유가 없습니다. **무한한 존재**라는 그대의 참된 성품에 그대 자신이 한계들을 부과하고 나서, 자신이 한 유한한 존재일 뿐이라고 웁니다. 그런 다음 존재하지 않는 그 한계를 초월하려고 이런 저런 수행을 합니다. 그러나 그 수행 자체가 한계들의 존재를 가정하고 있다면, 그것이 어떻게 그대가 그 한계를 초월하는 데 도움이 될 수 있습니까?

그래서 저는, 그대가 실제로 **무한자**이고, 순수한 존재이며, 절대적 **진아**임을 알라고 말합니다. 그대는 늘 그 진아이고, 그 진아일 뿐입니다. 따라서 그대는 결코 실제로 **진아**에 대해 무지할 수 없습니다. 그대의 무지는 바보 열 명의 '잃어버린' 열 번째 사람에 대한 무지와 같은 형식적 무지에 불과합니다. 그들의 슬픔을 야기한 것이 이런 무지였습니다.

참된 지知란 그대에게 어떤 새로운 **존재**를 창조해 주는 것이 아니라,

그대의 '뭘 모르는 무지(ignorant ignorance)'를 없애줄 뿐이라는 것을 아십시오. **지복**은 그대의 성품에 더해지는 것이 아니라, 영원불멸인 그대의 참된 본래적 상태로서 그저 드러날 뿐입니다. 그대의 슬픔을 없애는 유일한 길은 **진아**를 알고 진아가 되는 것입니다. 그것이 어찌 성취 불가능한 것일 수 있습니까?

2. 수행과 은총

문: 신에 대한 탐색은 아득한 옛적부터 진행되어 왔습니다. 최종 결론이 나왔습니까?

답: (한 동안 침묵함.)

문: (의아하여) 스리 바가반의 침묵을 저의 질문에 대한 답변으로 간주해야 합니까?

답: 예. 침묵이 신의 참된 성품입니다(Mouna is Iswara-svarupa). 그래서 경전에서, "침묵의 말로 지고한 브라만의 진리를 드러내시고(maunavyākhyā prakatita parabrahma tattvam)"[1)]라고 했습니다.

문: 붓다는 신에 대한 그러한 질문들을 무시해 버렸다고 합니다.

답: 그리고 그 때문에 그는 '공사空師(sunya vadin-공을 설하는 사람)'로 불렸지요. 사실 붓다는 신 등에 대한 학적인 논의보다는 그 구도자가 지금 여기서 지복을 깨닫도록 이끄는 데 더 관심이 있었습니다.

문: 신은 현현자로도 묘사되고 미현현자로도 묘사됩니다. 전자로서 그는 세계를 그의 존재의 일부로 포함하고 있다고 합니다. 만약 그렇다면 그 세계의 일부인 우리는 현현된 형상의 그를 쉽게 알았어야 합니다.

---

1) T. 샹까라짜리야의 「다끄쉬나무르띠 송찬(Sri Dakshinamurti Stotra)」, 제1연 첫 구절이다. 이 저작은 바가반 자신이 타밀어로 번역하기도 했다(『라마나 마하르쉬 저작전집』 참조).

답: 신과 세계의 본질에 대해 판단하려고 하기 전에 먼저 그대 자신을 아십시오.

문: 저 자신을 아는 것이 신을 아는 것을 의미합니까?

답: 그렇지요. 신은 그대의 내면에 있습니다.

문: 그렇다면 무엇이 제가 저 자신이나 신을 아는 것을 방해합니까?

답: 그대의 헤매는 마음과 비뚤어진 습관입니다.

문: 저는 약한 중생입니다. 그런데 왜 내면에 있는 하느님의 우월한 힘이 장애들을 제거해 주지 않습니까?

답: 예, 그가 그러겠지요. 그대에게 그 열망이 있다면 말입니다.

문: 그가 저의 안에서 그 열망을 일으켜 주면 안 됩니까?

답: 그러면 그대 자신을 내맡기십시오.

문: 만약 저 자신을 내맡기면 신에 대한 기도는 필요 없습니까?

답: 내맡김(순복) 그 자체가 하나의 강력한 기도입니다.

문: 그러나 우리가 자신을 내맡기기 전에 그의 본질을 이해하는 것이 필요하지 않습니까?

답: 그대가 신에게 바라는 모든 것을 그가 그대를 위해 해줄 거라고 믿는다면, 그에게 그대 자신을 맡기십시오. 그렇지 않으면, 신은 내버려 두고 그대 자신을 아십시오.

문: 신이나 스승이 저에 대해 어떤 걱정을 가지고 있습니까?

답: 만일 그대가 어느 한쪽을 추구한다면―그들은 실은 둘이 아니라 똑같은 하나이지만―그들은 그대가 상상할 수 있는 것보다 훨씬 더 큰 걱정으로 그대를 찾고 있으니 안심하십시오.

문: 예수님은 잃어버린 동전의 비유를 들려주셨는데, 거기서 그 여인이 그것을 찾다가 결국 찾아냅니다.[2)]

답: 예, 그것은 신이나 스승이 늘 진지한 구도자를 찾고 있다는 진리를 적절히 표현해 줍니다. 그 동전이 쓸모없는 것이라면 그 여인이 그렇게 오래 찾지 않았겠지요. 그것이 무슨 의미인지 알겠습니까? 구도자는 헌신 등을 통해서 자격을 갖추어야 한다는 것입니다.

문: 그러나 우리는 신의 은총을 그다지 확신하지 못할 수 있습니다.

답: 미성숙한 마음이 그의 은총을 느끼지 못해도, 그것은 신의 은총이 없다는 의미가 아닙니다. 왜냐하면 (은총이 없다면) 그것은 신이 때로는 자비롭지 않다, 즉 신이기를 그친다는 것을 의미할 것이기 때문입니다.

문: 그것은 "너희 믿음대로 되리라"(마태복음 9:29)고 한 그리스도의 말씀과 같은 것입니까?

답: 정말 그렇지요.

문: 제가 듣기로, 우파니샤드에서는 아뜨만(Atman)이 선택하는 사람만이 아뜨만을 안다고 말합니다. 아뜨만이 도대체 왜 선택을 해야 합니까? 만약 그것이 선택한다면 왜 특정인을 선택합니까?

답: 해가 뜨면 어떤 꽃봉오리들만 개화하지 모두가 개화하지는 않습니다. 그렇다고 그대가 해를 탓합니까? 또한 그 꽃봉오리가 제 스스로 개화하지도 못합니다. 그것이 개화하려면 햇빛이 필요합니다.

문: 아뜨만의 도움이 필요하다고 말할 수는 없습니까? 왜냐하면 바로 그 아뜨만이 그 자신 위에 마야(maya)의 베일을 드리웠기 때문입니다.

답: 그렇게 말할 수 있겠지요.

문: 만약 아뜨만이 그 자신 위에 베일을 드리웠다면, 그 자신이 그 베일을 제거해야 하지 않습니까?

---

2) T. 성경, 「누가복음」 제15장에 나오는 이야기이다. 한 여인이 10드라크마를 가지고 있다가 1드라크마를 잃어버렸는데, 다시 찾아내고는 기뻐하면서 잔치를 벌인다.

답: 그렇게 하겠지요. 누구에게 그 베일이 있는지를 보십시오.

문: 왜 제가 합니까? 아뜨만 자신이 그 막을 제거하게 해야지요!

답: 만일 아뜨만이 그 베일에 대해 이야기한다면, 아뜨만 자신이 그것을 제거하겠지요.

문: 신은 인격적입니까?

답: 예, 그는 늘 1인칭, 곧 '나'로서 항상 그대 앞에 서 있습니다. 그러나 그대가 세간적인 것들을 우선시하기 때문에, 신은 뒤편으로 물러난 것처럼 보입니다. 만약 다른 모든 것을 포기하고 신만을 추구하면, 그만이 '나', 곧 진아로서 남을 것입니다.

문: 비이원론(*Advaita*)에 따르면 깨달음의 최종적 상태는 신과의 절대적 합일이라 하고, 한정비이원론(*Visishtadvaita*)에 따르면 조건적 합일이라고 합니다. 한편 이원론(*Dvaita*)에서는 전혀 어떤 합일도 없다고 주장합니다. 이 중에서 어느 것을 올바른 견해로 보아야 합니까?

답: 왜 미래의 어떤 때에 무슨 일이 일어날지에 대해 추측합니까? '나'가 존재한다는 데는 모두가 동의합니다. 어느 학파에 속하든, 진지한 구도자라면 먼저 '나'가 무엇인지를 발견하라 하십시오. 그때 가서 그 최종적 상태가 무엇일지, '나'가 **지고의 존재** 안에 합일될지 아니면 그와 별개로 존립할지를 알아도 충분할 것입니다. 결론을 미리 내리지 말고, 열린 마음을 지니도록 합시다.

문: 그러나 최종적 상태에 대한 얼마간의 이해는 구도자에게도 도움이 되는 하나의 지침 아니겠습니까?

답: 깨달음의 최종적 상태가 무엇일 거라고 지금 판단하려고 하는 것은 아무 소용이 없습니다. 그것은 어떤 본질적 가치도 없습니다.

문: 왜 그렇습니까?

답: 왜냐하면 그대가 그릇된 원리에서 출발하기 때문입니다. 그대의 식별은 진아에서 가져오는 빛에 의해서만 빛나는 지성(intellect)에 의존할 수밖에 없습니다. 진아의 한정된 현현일 뿐이고 거기서 빛을 조금 얻어오는 지성이, 그에 대해 판단을 내린다는 것은 주제넘지 않습니까?

진아에 결코 도달할 수 없는 지성이 어떻게 깨달음의 최종적 상태의 본질을 식별할 능력이 있겠으며, 하물며 그것을 판단할 수 있겠습니까? 그것은 촛불의 빛을 기준으로 햇빛을 그 근원에서 가늠해 보려고 하는 것과 같습니다. 촛불이 해 근처에 가기도 전에 초가 녹아버릴 것입니다.

한갓 사변에 빠지지 말고 지금 여기서, 항상 그대 안에 있는 그 진리를 찾는 데 전념하십시오.

3. 진인과 세계

문: 세계가 진인(jnani)에 의해 지각됩니까?

답: 누구에게서 그 질문이 나옵니까? 진인에게서입니까, 무지인(ajnani)에게서입니까?

문: 무지인에게서 나온다는 것을 인정합니다.

답: 세계의 실재성에 대한 문제를 판단하려고 하는 것이 세계입니까? 그 의심은 그대 안에서 일어납니다. 먼저 그 의심하는 자가 누구인지를 아십시오. 그런 다음 세계가 실재하는지 않는지 검토해 봐도 되겠지요.

문: 무지인은 세계와 세계의 대상들을 보고 아는데, 그것들이 그의 촉감·맛 등의 감각기관에 영향을 줍니다. 진인도 비슷한 방식으로 세계를 경험합니까?

답: 그대는 세계를 보는 것과 아는 것에 대해 이야기합니다. 그러나 아는 주체인(그 주체 없이는 대상에 대한 앎도 없는데) 그대 자신을 모르면서, 어떻게 알려지는 대상인 세계의 참된 성품을 알 수 있습니까? 의심할 바 없이, 그 대상들은 몸과 감각기관에 영향을 주지만, 그 질문이 그대의 몸에게 일어납니까? 그 몸이 "나는 대상을 느낀다. 그것은 실재한다"고 말합니까? 아니면 세계가 그대에게 "세계인 나는 실재한다"고 말합니까?

문: 저는 단지 세계에 대한 진인의 관점을 이해하려고 하는 것입니다. 진아 깨달음 뒤에도 세계가 지각됩니까?

답: 그대는 왜 세계에 대해, 그리고 진아 깨달음 뒤에 세계가 어떻게 되는지를 걱정합니까? 먼저 진아를 깨달으십시오. 세계가 지각되든 지각되지 않든 그게 무슨 상관입니까? 잠자는 동안 세계를 지각하지 못한다고 해서 그대의 탐색에 도움이 될 뭔가를 그대가 얻습니까? 반대로, 지금 세계를 지각한다고 해서 그대가 무엇을 잃겠습니까? 진인에게든 무지인에게든 그가 세계를 지각하느냐 않느냐는 별로 중요하지 않습니다. 두 사람 다 세계를 보지만, 그들의 관점은 서로 다릅니다.

문: 진인과 무지인이 비슷한 방식으로 세계를 지각한다면, 그들 간의 차이는 어디에 있습니까?

답: 진인은 세계를 볼 때, 보이는 모든 것의 바탕을 이루는 진아를 봅니다. 무지인은 세계를 보든 안 보든, 자신의 참된 존재(Being), 곧 진아를 모릅니다.

영화에서 스크린 위를 움직이는 화면들의 경우를 봅시다. 영화가 시작되기 전에 그대 앞에는 무엇이 있습니까? 스크린만 있습니다. 그 스크린상에서 그대는 영화 전체를 보는데, 어느 모로 보나 그 화면들은 현실적입니다. 그러나 가서 그것을 붙잡아 보십시오. 무엇을 붙잡게 됩니까? 그 화면들이 그토록 현실적으로 보이던 스크린뿐입니다. 영화가 끝나고 화면들이 사라지면 무엇이 남습니까? 다시 스크린이지요!

진아도 마찬가지입니다. 그것만이 존재하고, 화면들(현상계)은 오고 갑니다. 만일 그대가 진아를 꽉 붙들면 화면들의 겉모습에 속지 않을 것입니다. 화면들이 나타나든 사라지든 그것도 전혀 상관이 없습니다. 무지인은 진아를 도외시하고 세계가 실재한다고 생각하는데, 이는 마치 화면들이 스크린과 별개로 존재하는 것처럼 스크린을 무시하고 화면들만 보는 것과 같습니다. 스크린 없이는 어떤 화면도 없듯이, 보는 자 없이 보이는 것이 아무것도 없다는 것을 알면 미혹되지 않습니다. 진인은 스크린, 화면들, 그리고 그것들을 보는 것[見]이 진아일 뿐이라는 것을 압니다. 화면들이 있을 때는 진아가 드러난 형상으로 있고, 화면이 없을 때는 그것이 드러나지 않은 형상으로 머무릅니다. 진인에게는 진아가 이런 형상이든 저런 형상이든 그것이 별로 중요하지 않습니다. 그는 늘 진아입니다. 그러나 무지인은 진인이 활동하는 것을 보고 혼란스러워합니다.1)

문: 바로 그 점 때문에, 진아를 깨달은 사람도 우리처럼 세계를 지각하는지에 대한 첫 번째 질문을 드리게 된 것입니다. 그리고 만일 지각한다면, 스리 바가반께서는 어제 그 사진이 불가사의하게 사라진 것에 대해 어떻게 느끼셨는지 알고 싶습니다.

답: (미소 지으며) 마두라(Madura) 사원의 그 사진 말이군요. 몇 분 전까지만 해도 그 사진은 그것을 차례로 돌려보던 방문객들의 손을 거쳐가고 있었지요. 분명히 그것은 그들이 찾아보던 어떤 책 같은 것의 페이지 속에 잘못 들어간 것입니다.

문: 예, 그 사건입니다. 바가반께서는 그것을 어떻게 보십니까? 걱정하며 그 사진을 찾았지만 결국 찾지 못했습니다. 바로 그것을 보고 싶어 하는 순간 그 사진이 불가사의하게 사라진 것을 바가반께서는 어떻게 보십니까?

답: 그대가 저를 그대의 먼 고국 폴란드로 데려가는 꿈을 꾼다고 합시다. 그대는 깨어나서 저에게 묻습니다. "저는 이러저러한 꿈을 꾸었습니다. 당신께서도 그런 꿈을 꾸셨는지, 아니면 어떤 다른 방식으로 제가

---

1) *T.* 이상의 문답들은 앞의 책, 대담 65의 더 상세한 버전이다.

당신을 폴란드로 모시고 가는 것을 아셨습니까?" 그런 질문에 그대는 어떤 의미를 부여하겠습니까?

문: 그러나 잃어버린 사진으로 말하자면, 그 사건 전체가 스리 바가반 앞에서 일어났습니다.

답: 사진을 보던 것, 그것이 사라진 것, 그리고 그대가 지금 하는 질문은 모두 마음의 작용에 불과합니다.

뿌라나에 나오는 이야기 하나가 이 점을 잘 보여줍니다. 시따(Sita)가 숲속 암자에서 실종되었을 때, 라마(Rama)는 "오, 시따, 시따!" 하고 울부짖으면서 그녀를 찾아 돌아다녔습니다. 빠르바띠(Parvati)와 빠라메스와라(Parameswara)가 숲 속에서 일어나고 있는 일을 위에서 내려다보았다고 합니다.2) 빠르바띠는 놀라움을 표하며 시바에게 말했습니다. "당신께서는 라마를 완전한 존재라고 칭찬하셨지요. 그가 시따를 잃고 슬퍼하면서 어떻게 행동하는지 보세요!" 시바가 대답했습니다. "만일 라마의 완전성이 의심되면, 그대 스스로 그를 시험해 보시오. 그대의 요가 환술(yoga maya)로 시따의 모습으로 변신해서 라마 앞에 나타나 보시오." 빠르바띠는 그렇게 했습니다. 그녀는 시따와 똑같은 모습으로 라마 앞에 나타났지만, 놀랍게도 라마는 마치 눈이 멀기라도 한 듯이 그녀의 존재를 무시하고 전과 같이 "오 시따, 오 시따!" 하고 부르면서 지나갔습니다.

문: 저는 그 이야기가 말하려는 취지를 이해하지 못하겠습니다.

답: 라마가 실제로 시따의 신체적 존재를 찾고 있었다면, 그는 자기 앞에 서 있던 사람을 자신이 잃어버린 그 시따로 알았겠지요. 그러나 아니었고, 실종된 시따는 그의 눈앞에 나타난 시따와 마찬가지로 실재하지

---

2) *T*. 라마는 비슈누의 화신이고 시따는 그의 반려자이며, 빠라메슈와라는 시바이고 빠르바띠는 그의 반려자이다.

않았습니다. 라마는 실제로 눈이 멀지는 않았지만, 진인인 라마에게는 앞서 암자에 시따가 있었던 것, 그녀가 사라진 것, 그래서 자기가 그녀를 찾고 있는 것은 물론이고, 시따로 변신한 빠르바띠가 실제로 자기 앞에 나타난 것도 모두 똑같이 실재하지 않았던 것입니다. 잃어버린 사진을 어떻게 보는지 이제 이해됩니까?3)

문: 모두 분명하게 이해된다고는 말씀 못 드리겠습니다. 너무나 많은 방식으로 보이고, 느껴지고, 지각되는 이 세계가 하나의 꿈, 하나의 환幻 같은 것입니까?

답: 그대가 진리를, 오직 진리만을 추구한다면, 세계를 실재하지 않는 것으로 받아들이는 것 외에 다른 방도가 없습니다.

문: 왜 그렇습니까?

답: 세계가 실재한다는 관념을 포기하지 않으면, 그대의 마음이 늘 그것을 추구할 것이라는 단순한 이유 때문입니다. 겉모습을 실재하는 것으로 받아들이면 실재 자체를 결코 알지 못할 것입니다. 존재하는 것은 실재뿐인데 말입니다. 이 점은 '밧줄 상의 뱀'의 비유로써 잘 설명됩니다. 그대가 뱀을 보는 한 밧줄 자체를 볼 수 없습니다. 존재하지 않는 뱀이 그대에게 실재하게 되는 반면, 실재하는 밧줄은 밧줄로서는 전혀 존재하지 않는 것처럼 보입니다.

문: 세계가 궁극적으로 실재한다는 것을 잠정적으로 받아들이기는 쉽지만, 그것이 정말로 실재하지 않는다는 확신을 갖기는 어렵습니다.

답: 그대의 꿈 세계도 그대가 꿈을 꾸는 동안은 마찬가지입니다. 그 꿈이 지속되는 한, 거기서 그대가 보고, 느끼고 하는 것 등은 실제적입

---

3) T. '사라진 사진'과 빠르바띠와 라마의 일화에 관한 이상의 문답들은 대담 182의 더 상세한 버전이다.

니다.

문: 그러면 세계는 꿈보다 나을 것이 하나도 없습니까?

답: 꿈을 꾸는 동안 그대가 갖는 실재감에 잘못된 것이 뭐가 있습니까? 그대는 사뭇 불가능한 것, 예컨대 죽은 사람과 즐거운 한담을 나누는 꿈을 꿀 수도 있습니다. 꿈속에서 일순간은 "그는 죽지 않았나?" 하고 의심할지 모르지만, 어떻든 그대의 마음은 그 꿈의 장면을 사실로 받아들이고, 그 사람은 그 꿈의 목적상 살아 있는 것과 마찬가지가 됩니다. 바꾸어 말해서, 그 꿈은 하나의 꿈으로서 그대가 그 실재성을 의심하는 것을 용납하지 않습니다. 그렇기는 하나, 그대는 자신이 생시에 경험하는 세계의 실재성을 의심하지 못합니다. 스스로 세계를 창조한 마음이, 어떻게 그것이 실재하지 않는다고 받아들일 수 있겠습니까? 그것이 생시에 경험하는 세계와 꿈의 세계를 비교해 보는 취지입니다. 둘 다 마음의 창조물일 뿐인데, 마음이 어느 한쪽에 몰두해 있는 동안은, 즉 꿈을 꾸는 동안은 그 꿈 세계의 실재성을, 깨어 있는 동안은 그 생시 세계의 실재성을 부인할 수 없습니다. 반대로, 만약 그대의 마음을 세계로부터 완전히 철수하여 내면으로 돌리고 그렇게 해서 안주하면, 즉 모든 경험들의 바탕인 진아에 대해 그대가 늘 깨어 있으면, 이 세계가―지금 그대는 이것만 인식하고 있지만―꿈속에서 그대가 살던 그 세계만큼이나 실재하지 않는다는 것을 발견할 것입니다.

문: 제가 앞서 말씀드렸듯이, 우리는 세계를 무수한 방식으로 보고, 느끼고, 감각합니다. 이런 감각들은 보이고 느껴지는 대상들에 대한 반응이고, 꿈속에서처럼 사람마다 다를 뿐 아니라 같은 사람의 경우에도 (꿈 꿀 때마다) 다른 마음의 창조물이 아닙니다. 그것이 세계의 객관적 실재성을 충분히 증명해 주지 않습니까?

답: 꿈 속의 경험들이 일관되지 않는다든가 그것이 꿈 세계에 속한다는 이런 모든 이야기는 그대가 깨어 있는 지금 나올 뿐입니다. 그대가 꿈을 꾸는 동안 그 꿈은 하나의 완벽하게 통합된 전체였습니다. 다시 말해서, 그대가 꿈속에서 갈증을 느꼈다면, 환幻의 물을 환으로 마심으로써 환의 갈증이 해소되었습니다. 그러나 그 꿈 자체가 환幻이라는 것을 그대가 알지 못한 한, 그 모든 것은 그대에게 현실적이었고 환幻이 아니었습니다. 생시의 세계도 마찬가지여서, 지금 그대가 가지고 있는 감각들이 장단을 맞추어 세계가 실재한다는 인상을 그대에게 안겨줍니다.

만약 반대로, 세계가 스스로 존재하는 실재라면(그대가 세계의 객관성이라고 하는 것은 분명히 그런 의미이겠지만), 그것이 잠 속에서 그대에게 자신을 드러내지 못하게 막는 것은 무엇입니까? 그대는 잠들었을 때 그대가 존재하지 않았다고는 하지 않지요.

문: 그렇다고 제가 잠들어 있을 때 세계의 존재성을 제가 부인하지도 않습니다. 그것은 내내 존재하고 있었습니다. 제가 자는 동안 세계를 보지 못했다 해도, 자지 않고 있던 남들은 그것을 보았습니다.

답: 잠자는 동안 그대가 존재했다고 말하기 위해, 그대에게 그것을 증명해 주도록 남들의 증언을 끌어들일 필요가 있었습니까? 왜 지금 그들의 증언을 구합니까? 그 '남들'이 (그대가 잠자는 동안) 세계를 보았다고 그대에게 말할 수 있는 것은 그대 자신이 깨어 있을 때뿐입니다. 그대 자신의 존재에 대해서 보자면, 그것은 다릅니다. 깨어나면 그대는 푹 잘 잤다고 말합니다. 그래서 가장 깊은 잠 속에서도 그 정도는 그대가 자신에 대해 알고 있는 반면, 그때 세계의 존재에 대해서는 그대가 전혀 알지 못합니다. 그대가 깨어 있는 바로 지금도, "나는 실재한다"고 말하는 것은 세계입니까, 아니면 그대입니까?

문: 물론 제가 그 말을 합니다만, 저는 세계에 대해 그렇게 말합니다.

답: 그런데, 실재한다고 그대가 말하는 그 세계는, 그대가 자신의 **실재**를 모르면서 세계의 실재성을 증명하려고 하는 것을 실은 조롱하고 있습니다.

그대는 어떻게든 세계가 실재한다고 주장하고 싶어 합니다. 그러나 실재의 기준은 무엇입니까? 그 스스로 존재하고, 그 스스로 자신을 드러내며, 영원하고 변치 않는 것, 그것만이 **실재합니다**.

세계는 그 스스로 존재합니까? 마음의 도움 없이 그것이 보인 적이 있습니까? 잠 속에서는 마음도 없고 세계도 없습니다. 깨어 있을 때는 마음이 있고 세계가 있습니다. 이 불변의 동반성(함께 일어나고 사라짐)은 무엇을 의미합니까? 그대는 과학적 탐구의 기초로 간주되는 귀납적 논리의 원리들에 친숙할 것입니다. 왜 이 세계의 실재성 문제를 그 인정된 논리학 원리들의 견지에서 판단하지 않습니까?

그대 자신에 대해 그대는 "나는 존재한다"고 말할 수 있습니다. 즉, 그대의 존재는 그냥 존재(existence)가 아니라 그대가 그것을 의식하는 존재(Existence)입니다. 실은 그것은 **의식**과 동일한 **존재**입니다.

문: 세계는 그 자신을 의식하지 못할지 모르지만, 그래도 존재합니다.

답: 의식은 늘 **자기의식**(Self-consciousness)입니다. 만일 그대가 무엇을 의식한다면, 그대는 본질적으로 그대 자신을 의식합니다. 비非자기의식적 존재라는 것은 용어상의 모순입니다. 그것은 전혀 존재가 아닙니다. 그것은 단지 속성화된 존재(attributed existence)[4]인 반면, 참된 **존재**, 곧 **사뜨**(sat)는 하나의 속성이 아니라 **본체** 그 자체입니다. 그것은 **실재**(vastu)입

---

[4] T. 존재의 속성이 부여된 존재. 쉽게 말해서, 실재하지 않지만 무지한 마음이 그것을 존재한다고 여김으로써 존재하는 존재이다. 인식하는 주체 없이는 독자적으로 존재하지 않는, 현상계 내의 모든 사물이 여기에 해당된다.

니다. 따라서 실재는 사뜨-찌뜨(sat-chit), 즉 존재-의식으로서 알려지고, 결코 다른 하나를 배제한 어느 하나만이 아닙니다. 세계는 그 스스로 존재하지도 않고, 자신의 존재를 의식하지도 못합니다. 그런 세계가 어떻게 실재한다고 말할 수 있습니까?

그리고 세계의 본성은 무엇입니까? 그것은 부단한 변화이고, 지속적이고 끝이 없는 변천입니다. 의존적이고 비非자기의식적이며, 항상 변하는 세계가 실재할 수는 없습니다.

문: 서양의 경험과학이 세계를 실재한다고 여길 뿐 아니라,5) 베다 등에서도 세계와 그 기원에 관한 정교한 우주론적 묘사를 하고 있습니다. 세계가 실재하지 않는다면 왜 그렇게 하겠습니까?

답: 베다 등의 본질적 목적은 그대에게 불멸하는 아뜨만의 본질을 가르치고, "그대가 그것이다(Thou art That)"라고 권위 있게 선언하기 위해서입니다.

문: 받아들입니다. 그러나 그들이 세계를 실재하지 않는다고 여긴다면, 왜 그렇게 자세히 풀어낸 우주론적 묘사들을 합니까?

답: 그대가 이론상 받아들이는 것을 실제상 채택하고, 나머지는 내버려두십시오. 경전(sastras)은 모든 유형의 진리 추구자들을 인도해야 하는데, 모두가 같은 의식 구조를 가지고 있지는 않습니다. 그대가 받아들일 수 없는 것은 보조적 이론(artha vada)6)으로 취급하십시오.

---

5) 87쪽 이하의 주를 보라.
6) T. 궁극적 가르침을 이해하지 못하는 사람들을 위한 방편적 이론.

주(註)

결국 감각지각의 세계는 시간과 공간이라는 두 범주 속으로 해소되는데, 제임스 진즈 경(Sir James Jeans)은 그의 책 『과학의 새로운 배경(The New Background of Science)』에서 아인슈타인의 상대성 이론에 기초한 실험에서 끌어낸 결론으로 이렇게 말한다.

"우리는, 공간이 대상들에 대한 우리의 지각과 전혀 별개가 아니고, 시간이 사건들에 대한 우리의 경험과 전혀 별개가 아님을 의미한다는 것을 발견한다. 공간은 단지 **우리 자신들의 마음이 창조한 하나의 허구**로서 나타나기 시작하는데(우리의 육신들은 공간 속의 사물들에 불과하다. ―Truth Revealed(「실재사십송」의 한 번역본), 제16연 참조), 그것은 하나의 주관적 개념이 **자연**에까지 부당하게 연장된 것이기는 하나, 우리에게 보이는 사물들의 배열을 우리가 이해하고 묘사하는 것을 도와준다. 한편 시간은 두 번째 허구로서 나타나(과거와 미래가 없다면, 일반적으로 관념되는 시간은 하나의 신화일 뿐이다. ―Truth Revealed, 제15연 참조), 우리에게 일어나는 사건들을 배열하기 위한 비슷한 목적에 이바지한다."

독자들은, 시간과 공간이 현대 과학에 의해 우리의 마음이 창조한 허구에 불과한 것으로 간주될 때는, 대상과 사건들도 그 사실에 의해 마음의 창조물에 불과한 것이 된다는 점을 유념해야 한다(Truth Revealed, 제17, 18연 참조). 왜냐하면 그것들은 시간과 공간 없이는 있을 수 없기 때문이다.

일반인이 물질에 부여하는 고정성에 대해서는, 현대 실험물리학에서 도출된 다음의 결론들이 그 답을 제공한다.

1. 과학은 원자의 구성요소들의 진정한 본질에 관해 아무것도 모른다. 과학은 단지 거기서 나오는 방사(radiations)를 알 뿐, 그 근원 자체는 결코 알지 못한다.
2. 원자는 끊임없이 에너지를 방사하므로, 한 시점의 전자는 다른 시점의 전자와 결코 동일시될 수 없다.
3. "전자는 상식적으로 관념되는 어떤 '사물'의 속성들을 전혀 갖지 않게 된다. 그것은 거기서 에너지가 방사될 수 있는 하나의 영역에 불과하다." ―버트런드 러셀, 『철학의 개요(Outline of Philosophy)』.

다음은 버트런드 러셀이 끌어내는 결론이다. "이제 주로 두 명의 독일 물리학자, 즉 하이젠버그와 슈뢰딩거 덕분에 낡은 고체 원자의 잔재가 녹아 없어졌고, 물질은 심령주의 강신회降神會(seance)의 무엇만큼이나 유령같이 되어 버렸다."

이제 감각지각의 생시 세계가 꿈 세계와 근본적으로 어떻게 다른지 독자들 스스로 판단해 보고, 본 장의 위 본문에서 이야기한 것과 「나는 누구인가?」의 다음 구절을 상기해 보기 바란다: "생시의 상태는 길고, 꿈의 상태는 짧다는 것 외에는 그 둘 사이에 아무 차이도 없습니다." 현대 과학에서 호응하는 이 진리를 에딩턴 박사(Dr. Eddington-영국의 물리학자)는 이렇게 표현한다. "물리적 과학이 그림자들의 세계와 관계하고 있다는 솔직한 깨달음이 가장 의미 있는 진보의 하나이다.⋯ 물리학의 세계에서 우리는, 친숙한 삶의 드라마에 대한 하나의 그림자 그림 공연(shadow-graph performance)(스리 바가반이 말하는, 스크린 상의 영화)을 지켜본다. 내 그림자 팔꿈치가 그림자 책상 위에 있고, 그림자 잉크가 그림자 종이 위를 흐른다." ―『물리적 세계의 본질(The Nature of the Physical World)』.

4. 심장이 진아이다

문: 스리 바가반께서는 심장을 의식의 자리로, 그리고 진아와 동일한 것으로 말씀하십니다. 심장이란 정확히 무엇을 의미합니까?

답: 심장에 대한 질문은 그대가 의식의 근원을 추구하는 데 관심이 있기 때문에 일어납니다. 깊이 생각하는 모든 사람들에게, '나'와 그것의 성품에 관한 탐구는 저항할 수 없는 매력이 있습니다.

그것을 신이라 하든, 진아라 하든, 심장이라 하든, 의식의 자리라 하든, 어떤 이름으로 불러도 마찬가지입니다. 파악해야 할 요점은 이것입니다. 즉, 심장은 우리의 존재의 바로 핵심, 곧 그것 없이는 일체 아무것도 없는 중심을 의미한다는 것입니다.

문: 그러나 스리 바가반께서는 심장이 육신 안의 특정 부위, 즉 가슴의 중심선에서 오른쪽으로 손가락 두 개 폭 지점에 있다고 하셨습니다.

답: 예, 진인들의 증언에 따르면 거기가 영적인 체험의 중심입니다. 이 영적인 심장중심(heart-centre)은 피를 밀어 보내는 같은 이름의 근육성 기관과는 사뭇 다릅니다. 영적인 심장중심은 몸의 한 기관이 아닙니다. 심장에 대해서 그대가 말할 수 있는 것은 그것이 그대의 존재의 바로 핵심이며, 그대가 깨어 있든 잠들어 있든 꿈을 꾸든, 일을 하고 있든 삼매에 몰입해 있든, (그 산스크리트어 단어(104쪽 참조)가 문자적으로 의미하

듯이) 그대가 그것과 실제로 동일하다는 것이 전부입니다.

문: 그렇다면 어떻게 그것이 몸의 어느 부위에 위치한다고 할 수 있겠습니까? 심장에 어떤 장소를 정한다는 것은 공간과 시간을 넘어서 있는 그것에 생리학적 한계를 설정한다는 의미가 될 것입니다.

답: 맞습니다. 그러나 심장의 위치에 대해 질문하는 사람이 자기는 몸을 가지고, 또는 몸 안에 존재한다고 생각하고 있습니다. 지금 이 질문을 할 때, 그대는 자신의 몸만 여기 있고, 이야기는 다른 어디서 하고 있다고 말하겠습니까? 아니지요. 그대는 자신의 신체적 존재를 받아들입니다. 이러한 견지에서 하나의 육신에 대해 어떤 언급을 하게 됩니다.

진실로 말해서, **순수한 의식**(Pure Consciousness)은 분할할 수 없고, 부분이 없습니다. 그것은 형상과 모양이 없고, '안'과 '밖'도 없습니다. 그것에는 '오른쪽'이나 '왼쪽'도 없습니다. 순수한 의식, 즉 심장은 일체를 포함합니다. 그 무엇도 그것의 밖에, 또는 그것과 별개로 있지 않습니다. 그것이 궁극적 진리입니다.

이러한 절대적 견지에서 보자면, 심장, 진아 또는 의식은 육신 안에 따로 배정된 어떤 특정한 부위도 가질 수 없습니다. 그 이유는 무엇입니까? 몸은 그 자체 마음의 한 투사물(projection)[1]에 불과한데, 마음은 눈부시게 빛나는 심장의 보잘것없는 한 반사물일 뿐입니다. 일체가 그 안에 담겨져 있는 **그것이** 어떻게, 단 하나인 **실재**의 극미한 한 현상적 현현물(manifestation)일 뿐인 육신 안의 작은 일부로서 그 자체 국한될 수 있겠습니까?

그러나 사람들은 이것을 이해하지 못합니다. 그들은 육신과 세계의 견지에서 생각할 수밖에 없습니다. 예컨대 그대는 "저는 히말라야 너머에

---

1) *T*. '투사물'이란 마음이 밖으로 생각을 펼쳐내어 만든 것이다. 영화의 화면들과 같다.

있는 저의 나라에서 이 아쉬람까지 먼 길을 왔습니다"라고 말합니다. 그러나 그것은 진실이 아닙니다. 그대의 진정한 실체인, 단 하나이고 모든 것에 편재하는 영靈(순수한 의식)에게, '옴'이나 '감', 혹은 무슨 움직임이라는 것이 어디 있습니까? 그대는 그대가 늘 있는 곳에 있습니다. 그대의 몸이 한 곳에서 다른 곳으로 움직이거나 운반되었고, 결국 그것이 이 아쉬람에 당도한 것입니다.

이것은 단순한 진리이지만, 자신을 대상적 세계 속에 살고 있는 한 주체라고 여기는 사람에게는, 그것이 아예 비현실적인 것으로 보입니다.

심장이 육신 안의 어느 곳에 있다고 하는 것은 보통의 이해 수준으로 내려가서 하는 말입니다.

문: 그러면 심장중심의 체험이 가슴의 특정한 곳에 있다고 하신 스리 바가반의 말씀은 제가 어떻게 이해해야 합니까?

답: 그대가 진정한 절대적 관점에서, **순수한 의식**으로서의 심장이 시공을 넘어서 있다는 것을 일단 인정하면, 그 나머지도 올바른 관점에서 쉽게 이해할 수 있을 것입니다.

문: 제가 심장의 위치에 대해 질문을 드린 것도 그 기반 위에서일 뿐입니다. 저는 스리 바가반의 체험에 대해 여쭈어 보는 것입니다.

답: 육신과 전적으로 무관하며 마음을 초월해 있는 **순수한 의식**은 직접 체험의 문제입니다. 일반인이 자신의 신체적 존재를 알듯이, 진인들은 그들의 몸 없는 영원한 **존재**를 알고 있습니다. 그러나 의식의 체험은 신체적 자각(육체의식)과 함께일 수도 있고 그것이 없을 수도 있습니다. **순수한 의식**의 몸 없는 체험 속에서 **진인**은 시공을 넘어서 있는데, 이때는 심장의 위치에 대한 어떤 물음도 전혀 일어날 수 없습니다.

그러나 육신은 의식과 별개로는 (생명을 가지고) 존속할 수 없기에, 신체적 자각은 순수한 의식에 의해 유지되어야 합니다. 신체적 자각은 성품상 한계가 있고, 무한하고 영원한 순수한 의식과 결코 같은 범위 안에 들 수 없습니다. 육체의식은 순수한 의식의 한 단자(單子)[2] 같은 작은 반사에 지나지 않는데, 진인은 그 순수한 의식을 가지고 자신의 정체성을 깨달았습니다. 따라서 그에게 육체의식은, 스스로 광채를 발하는 무한한 의식의—즉, 그 자신의—말하자면 한 반사광일 뿐입니다. 진인이 자신의 신체적 존재를 자각한다는 것은 이러한 의미에서일 뿐입니다.

진인이 순수한 의식으로서의 심장을 몸 없이 체험하는 동안에는 몸을 전혀 자각하지 못하기 때문에, (심장을 가슴의 특정 부위에서 체험한다는 것은) 그가 신체적 자각을 가지고 있을 때 하는 일종의 느낌-회상에 의해, 그 절대적 체험을 육신의 한계 내에서 어디라고 위치지우는 것입니다.

문: 저같이 심장에 대한 직접적 체험도 없고 그에 따른 기억도 없는 사람에게 그 문제는 이해하기가 좀 어려운 듯합니다. 심장의 위치 그 자체에 대해서는 아마 우리가 일종의 추측에 의존해야 할 것입니다.

답: 만약 심장의 위치 결정이 추측에 의존한다면, 일반인의 경우에서 조차도 그 문제는 확실히 별로 고려할 가치가 없습니다. 아니지요, 그대가 의존해야 할 것은 추측이 아니라 틀림없는 직관입니다.

문: 누구에게 그런 직관이 있습니까?

답: 누구에게나 있지요.

문: 스리 바가반께서는 저도 심장에 대한 그런 직관적 앎을 가지고 있다는 말씀이십니까?

답: 아니, 심장에 대한 것이 아니라, 그대의 정체성(identity)과 관련한 심장의 위치에 대한 직관이지요.

---

[2] T. '단자(monad)'란 더 이상 분할할 수 없는 원자적 단위 개체를 뜻하는 철학 용어이다.

문: 스리 바가반께서는 제가 육신 안의 심장의 위치를 직관적으로 알고 있다는 말씀이십니까?

답: 왜 아니겠습니까?

문: (자기 자신을 가리키며) 스리 바가반께서는 저를 개인적으로 가리켜 말씀하시는 것입니까?

답: 그렇지요. 그것이 직관입니다! 그대는 바로 지금 손짓으로 자신을 어떻게 가리켰습니까? 그대의 손가락을 가슴 오른쪽에 두지 않았습니까? 거기가 정확히 심장중심이 있는 곳입니다.

문: 그렇다면 심장중심에 대한 직접적 앎이 없으면, 저는 이 직관에 의존해야 하겠군요?

답: 그게 뭐가 잘못입니까? 초등학생이 "합계를 맞게 낸 건 저예요" 하거나, 그대에게 "제가 뛰어가서 책을 갖다 드릴까요?" 할 때, 그가 합계를 정확하게 낸 자신의 머리를 가리키거나, 그대에게 책을 갖다 주러 얼른 움직일 자신의 다리를 가리키겠습니까? 아니지요, 두 경우 모두 그의 손가락은 아주 자연스럽게 가슴 오른쪽을 가리키고, 그렇게 해서 그의 안에 있는 '나'인 것(I-ness)의 근원이 거기라는 심오한 진리를 자기도 모르게 표현합니다. 그와 같이 그가 그 자신을, 곧 진아인 심장을 가리키게 하는 것은 하나의 틀림없는 직관입니다. 그 행위는 다분히 무의식적이고 보편적입니다. 다시 말해서, 그것은 모든 사람의 경우에 동일합니다.

육신 안의 심장중심의 위치에 대해, 그대는 이보다 더 강력한 어떤 증거가 필요합니까?

5. 심장의 자리

문: 그러나 저는 어느 성자가 그의 영적인 체험은 양미간의 부위에서 느껴진다고 말했다는 이야기를 들었습니다.

답: 제가 앞서 말했듯이, 주체-대상 관계를 초월하는 것이 궁극적이고 완전한 **깨달음**입니다. 그것을 성취하면 영적인 체험이 어디서 느껴지느냐는 중요하지 않습니다.

문: 그러나 문제는 다음 두 가지 중에서 어느 것이 올바른 견해냐 하는 것입니다. 즉, (1) 영적인 체험의 중심은 양미간의 부위이다. (2) 그것은 심장이다.

답: 수행의 목적을 위해서는 양미간에 집중해도 되는데, 그럴 때 그것은 관법觀法(bhavana),[1] 곧 마음의 상상적 내관內觀이 됩니다. 반면에 그대가 그것과 전적으로 동일시되고, 그 안에서 그대의 개인성이 완전히 해소되는 합일체험(anubhava) 또는 **깨달음**이라는 지고의 상태는 마음을 초월합니다. 그럴 때는, 그와 별개로 분리된 주체로서의 그대가 체험할 어떤 대상화된 중심도 있을 수 없습니다.

문: 저는 제 질문을 조금 다른 말로 드려 보고 싶습니다. 양미간의 부위가 **진아**의 자리라고 말할 수 있습니까?

---

1) *T.* 이미지 관상(mental imagery), 즉 마음속에 어떤 상像을 그리면서 관하는 것을 말한다.

답: 그대는 진아가 의식의 궁극적 근원이라는 것과, 그것은 마음의 세 가지 상태 모두에서 똑같이 지속된다는 것을 받아들입니다. 그러나 명상 중이던 사람이 잠에 빠질 때 어떻게 되는지 보십시오. 잠의 첫 징후로서 그의 머리가 끄덕이기 시작하지만, 만일 진아가 양미간이나 머리의 다른 어떤 곳에 위치한다면 그런 일이 일어날 수 없습니다.

만약 잠을 자는 동안 진아의 체험이 양미간에서 느껴지지 않는다면 그 중심은 진아의 자리라고 부를 수 없지요. 그렇게 부르면 진아가 종종 자신의 처소를 버린다는 의미가 되는데, 이는 말이 안 되기 때문입니다.

실은 그 수행자(sadhaka)는 마음을 집중하는 어느 중심[차크라]에서도 그런 체험을 가질 수 있겠지요. 그러나 그렇다고 해서, 그 체험이 있는 특정 장소가 그 사실만으로 진아의 자리가 되지는 않습니다.

머리가 (그리고 양미간의 자리는 더더욱) 진아의 자리로 간주될 수 없다는 것을 잘 보여주는 실례로, 성자 까비르(Saint Kabir)의 아들인 까말(Kamal)에 관한 흥미로운 이야기가 하나 있습니다.

까비르는 스리 라마에게 열렬히 헌신하고 있었는데, 그가 헌신하는 주님(라마)을 찬미하는 사람들에게는 반드시 음식을 대접했습니다. 그러나 한번은 헌신자들의 그런 회합을 위해 음식을 제공할 자금이 없었습니다. 그러나 그로서는 어떻게든 다음날 아침이 되기 전에 필요한 모든 준비를 하는 것 외에 대안이 있을 수 없었습니다. 그래서 까비르와 그의 아들은 필요한 물자를 확보하러 밤에 출발했습니다.

전하는 이야기로, 아버지와 아들이 어느 상인의 집 벽에 구멍을 내고 들어가서 물자를 꺼낸 뒤, 아들은 그 집 식구들을 깨워 그들의 집이 원칙상으로 도둑에게 털렸다는 것을 말해주려고 그 구멍으로 다시 들어갔습니다. 식구들을 깨운 뒤 이 소년은 그 구멍으로 도망쳐 나와 밖에 있는 아버지와 합류하려 했으나, 몸이 그 구멍에 걸리고 말았습니다. 추적하는 식구들에 의해 신원이 밝혀지는 것을 피하기 위해(왜냐하면 만약 발각되면 다음날 모든 헌신자들을 먹일 수 없을 것이므로) 그는 아버지를 소리쳐 불러 자기 머리를 잘라서 가지고 가라고 했습니다. 그렇게 한 까비르는 훔친 물자와 아들의 머리를 가지고 도망쳐 집으로 갔고, 아들의 머리는 혹시 발각되지 않도록 숨겨두었습니다. 다음날 까비르는 간밤에 일어난 일을 거의 잊고 헌신자들을 잘 대접했습니다. 까비르는 이렇게 혼잣말을 했습니다. "만약 내 아들이 죽는 것이 라마의 뜻이었다면, 그 뜻대로 되기를!" 저녁에 까비르는 그 무리와 함께 평소처럼 헌가(bhajana) 등을 부르며 읍내로 행진해 들어갔습니다.

그러는 동안 도둑맞은 집 주인은 왕에게 신고하고 머리 없는 까말의 시신을 제출했지만, 그것으로는 어떤 단서도 잡을 수 없었습니다. 왕은 그 신원을 판명하기 위해, 그 시신을 묶어서 큰길에 잘 보이게 내놓아 누가 연고자임을 주장하거나 몰래 가져가면(왜냐하면 가족 친지가 장례식을 베풀어주기 전에는 어떤 시신도 버리지 않으므로), 은밀히 잠복해 있던 포졸이 그를 심문하거나 체포할 수 있게 했습니다.

까비르와 그의 무리가 한창 헌가를 부르면서 큰길가에 왔을 때, 놀랍게도 까말의 목 잘린 시신이(아주 죽었다고 여겨지던 것인데) 손뼉을 치면서 헌가대가 부르는 곡조에 박자를 맞추는 것이었습니다.

이 이야기는 머리나 양미간이 진아의 자리라는 견해가 틀렸음을 입증합니다. 또 전장에서 갑자기 강하게 후려친 칼에 교전 중이던 병사의 머리가 몸에서 잘려나가도, 그 몸은 마치 모의전투를 하듯 잠시나마 계속 달려가거나 수족을 놀리다가 결국 넘어져 죽는다는 점도 지적해 둘 수 있겠지요.

문: 그러나 까말의 몸은 여러 시간 전에 죽었는데요?

답: 이른바 죽음이 까말에게는 실제로 전혀 특별한 경험이 아닌 거지요. 그가 더 어릴 때 일어난 일에 대한 이야기는 이렇습니다.

소년 시절 까말은 같은 또래 친구가 있었는데, 까말은 그와 함께 공기놀이 따위를 하며 놀곤 했습니다. 그들이 지키던 일반적 원칙은 만약 한 사람이 상대방에게 한두 게임을 지면, 다음날 그것을 만회해야 한다는 것이었습니다. 어느 날 저녁에는 까말이 한 게임을 이긴 상태에서 헤어졌습니다. 다음날 '게임의 재개'를 선언하기 위해 친구의 집에 간 까말은, 그 소년이 베란다에 누워 있고 가족들이 그의 곁에서 울고 있는 것을 보았습니다.

"무슨 일이에요? 얘는 어제 저녁 저랑 놀면서 한 게임을 빚졌는데요." 까말이 그들에게 물었습니다. 가족들은 더 통곡하면서 소년이 죽었다고 말했습니다. "아니에요. 죽은 게 아니라 저한테 빚진 한 게임을 만회하지 않으려고 죽은 척하는 것뿐이에요." 까말이 말했습니다. 가족들은 그렇지 않다고 하면서 까말에게, 소년이 정말로 죽었다는 것, 몸이 차갑고 뻣뻣하다는 것을 직접 확인해 보라고 했습니다. "하지만 이건 다 얘가 그런 척하는 것뿐이란 걸 저는 알아요. 몸이 뻣뻣하고 차가우면 어때서요? 저도 그렇게 될 수 있어요." 까말은 그렇게 말하고 눕더니 눈 깜짝할 사이에 죽어 버렸습니다.

그때까지 자기네 아이의 죽음을 슬퍼하며 울던 가련한 친지들은 어쩔 줄 모르고 당황했고, 이제는 까말이 죽은 것에 대해서도 울기 시작했습니다. 그러나 까말은 다시 일어나 앉아 이렇게 선언했습니다. "이제 보셨어요? 저는 여러분이 말하는 대로 죽었지만, 다시 일어났고 이렇게 팔팔하게 살아 있다고요. 저 애도 이런 식으로 저를 속이고 싶어 하지만, 이렇게 죽은 척하는 걸로는 제 눈을 속이지 못해요."

결국 그 이야기에서는, 까말의 타고난 성자다움이 죽은 소년을 소생시켰고, 까말은 자신이 이기고 있던 게임으로 돌아갔다고 합니다. 이 이야기의 교훈은 몸이 죽어도 진아가 소멸되지 않는다는 것입니다. 진아와 몸의 관계는 탄생과 죽음에 의해 제한되지 않고, 육신 안의 진아의 자리는 특정한 부위, 예컨대 양미간에서 그 중심에 대한 명상 수행으로 우리가 느끼는 체험에 의해 한정되지 않습니다. **자기자각**(Self-awareness)이라는 지고의 상태는 결코 없는 때가 없습니다. 그것은 마음의 세 가지 상태는 물론이고 삶과 죽음도 초월합니다.

문: 스리 바가반께서, 진아의 자리는 심장 안이지만 어떤 중심[차크라]에서도 작용할 수 있다고 말씀하시니, 그러면 양미간을 강렬하게 집중하거나 명상하는 수행으로 이 중심 자체가 진아의 자리가 되게 하는 것도 가능하지 않습니까?

답: 그것이 그대의 주의를 제어하는 부위를 고정하는 집중 수행의 단계에 불과하다면, 진아의 자리에 대한 어떤 고려도 하나의 이론 구성에 불과할 것입니다. 그대가 자신을 주체, 곧 '보는 자'로 간주하면, 그대가 주의를 집중하는 부위는 '보이는 대상'이 됩니다. 이것은 관법(*bhavana*)에 지나지 않습니다. 반대로 보는 자 자신을 보게 되면, 그대가 진아에 합일되어 그것과 하나가 됩니다. 그것이 심장입니다.

문: 그러면 양미간에 집중하는 수행은 권할 만합니까?

답: 어떤 종류의 명상 수행이건 그 최종 결과는, 그 수행자가 마음을 고정하는 대상이 그 주체와 전혀 다른 별개로는 더 이상 존재하지 않게 된다는 것입니다. 그것들[주체와 대상]은 단 하나의 진아가 되며, 그것이 심장입니다.

양미간의 중심에 집중하는 행법은 수행(sadhana)의 방법 중 하나인데, 그것을 하면 당분간 생각들이 효과적으로 제어됩니다. 그 이유는 이렇습니다. 즉, 모든 생각은 마음의 외향적 활동인데, 생각은 우선 첫째로, 신체적으로든 정신적으로든, '보는 것'[見]을 따르기 때문입니다.

그러나 자신의 주의를 양미간에 집중하는 이 수행은 염송(japa)을 수반해야 한다는 점을 유념해야 합니다. 왜냐하면 마음을 제어하든 마음을 분산시키든, 신체적 눈 다음으로 중요한 것은 신체적 귀이기 때문입니다. 마음을 제어하고 그렇게 해서 그것을 강화하든, 아니면 마음을 분산시키고 그렇게 해서 그것을 소진시키든, 마음의 눈[대상에 대한 심적 형상화] 다음으로 중요한 것은 마음의 귀[말을 마음속으로 되뇌는 것]입니다.

따라서 마음의 눈을 한 중심, 예컨대 양미간에 고정하고 있는 동안, 나마(nama)[명호]나 만트라(mantra)[신성한 음절이나 구절]를 마음속으로 되뇌어야 합니다. 그렇지 않으면 집중의 대상에 대한 장악을 이내 놓쳐 버릴 것입니다.

위에서 묘사한 수행은, **명호**(Name)·**말씀**(Word) 혹은 **진아**를—그것을 뭐라고 부르든—명상의 목적상 선택한 그 중심과 동일시하는 데까지 이릅니다. 순수한 의식, 진아 혹은 심장이 최종적 깨달음입니다.

문: 스리 바가반께서는 왜 저희들에게 어떤 특정한 중심[차크라]에 대한 집중을 닦아 보라고 말씀하지 않으십니까?

답: 요가 경전들은 사하스라라(sahasrara), 곧 두뇌가 진아의 자리라고 말합니다. 『뿌루샤수끄따(Purushasukta)』에서는 **심장**이 그 자리라고 선언합니다. 수행자가 이 점에 대해 혹시 의심하는 일이 없도록 하기 위해, 저는 그에게 '나'임('I-ness) 혹은 '내가 있음('I am'-ness)'을 '실마리'나 단서로 해서 그것을 그 근원까지 따라가 보라고 말합니다. 왜냐하면 첫째로,

누구도 자신의 '나'라는 관념에 대해서는 어떤 의심도 품을 수 없고, 둘째로, 어떤 수행을 택하든 최종 목표는 그대의 경험의 1차적 자료인 '내가 있음'의 근원을 깨닫는 일이기 때문입니다.

따라서 만약 그대가 자기탐구(*atma vichara*)를 닦으면, 진아인 심장에 도달하게 될 것입니다.

6. 아我와 아상我相

문: 에고가 시작하는 탐구로 어떻게 그 자신이 실재하지 않음을 밝혀낼 수 있습니까?

답: 그대가 아상我相(aham-vritti-'나라는 생각)이 일어나는 근원으로 뛰어들면, 에고의 현상적 존재는 초월됩니다.

문: 그러나 아상은 에고가 모습을 드러내는 세 가지 형태 중 하나일 뿐이지 않습니까? 『요가 바쉬슈타(Yoga Vasishtha)』와 여타 옛 문헌들에서는 에고가 세 가지 형태를 가지고 있다고 합니다.

답: 그렇지요. 에고는 세 가지 몸, 즉 조대신粗大身·미세신微細身·원인신原因身[1])을 가진 것으로 묘사되지만, 그것은 분석적 설명을 위한 것일 뿐입니다. 만약 탐구법이 에고의 형태에 의존해야 한다면, 어떤 탐구도 아예 불가능해질 거라고 봐도 되겠지요. 왜냐하면 에고가 취할 수 있는 형태는 무수하기 때문입니다. 따라서 지知 탐구(jnana vichara-자기탐구)의 목적상 에고는 단 한 가지 형태, 즉 아상의 형태만 가지고 있다는 기초 위에서 진행해 가야 합니다.

문: 그러나 그것은 진지眞知(jnana)를 깨닫는 데 적합하지 않은 것으로

---

[1] T. 조대신('거친 몸')은 음식으로 이루어진 육신, 미세신은 생기·마음·지성으로 이루어진 미세한 몸이며, 원인신('원인적인 몸')은 깊은 잠의 상태에서 남아 있는 몸이다.

드러날지도 모릅니다.

답: 아상我相이라는 단서를 따라가는 **자기탐구**는, 마치 개가 자기 주인의 냄새로 그가 있는 곳을 찾아내는 것과 같습니다. 주인이 어떤 멀고 낯선 곳에 있다 해도, 그것은 개가 주인을 찾아내는 데 전혀 장애가 되지 않습니다. 개에게는 주인의 냄새가 확실한 단서이고, 그가 입는 옷이나 그의 체격·신장 등과 같은 다른 무엇도 중요하지 않습니다. 개는 주인을 찾는 동안 한눈팔지 않고 그 냄새를 따라가서 결국 주인을 찾아내는 데 성공합니다.

문: 다른 상相들(vrittis)과 구별되는 아상我相의 근원에 대한 탐구를 왜 진아 깨달음에 이르는 직접적인 방법으로 보아야 하는지 여전히 의문이 남습니다.

답: '아함(aham-我)'이라는 단어 자체가 매우 암시적입니다. 이 단어의 두 문자, 즉 'A(A)'와 'h(HA)'는 산스크리트 알파벳의 첫 자와 끝 자입니다. 이 단어가 전달하고자 하는 뜻은 그것이 모든 것을 포함한다는 것입니다. 어떻게 말입니까? 아함은 존재 그 자체를 의미하기 때문입니다.

'나'임 또는 '내가 있음'의 관념은 언어상으로는 아상我相이라고 하지만, 사실 그것은 마음의 다른 상相들 같은 하나의 상相(vritti)이 아닙니다. 왜냐하면 아무런 본질적 상호관계가 없는 다른 상들과 달리 아상은 마음의 모든 상相과 균등하게, 본질적으로 관계되기 때문입니다. 아상 없이는 다른 어떤 상도 있을 수 없지만, 아상은 마음의 다른 어떤 상에도 의존함이 없이 홀로 존속할 수 있습니다. 따라서 아상은 근본적으로 다른 상들과는 다릅니다.

그래서 아상我相의 근원을 탐색하는 것은 단순히 에고의 형태들 중 하나의 기반을 찾는 것뿐만 아니라, '내가 있음'이 일어나는 근원 그 자체를 찾는 것입니다. 바꾸어 말해서, 아상의 형태를 한 에고의 근원을 탐구하여 그것을 깨닫는다는 것은, 있을 수 있는 모든 형태의 에고를 다 초월한다는 의미를 필연적으로 내포합니다.

문: 아상이 모든 형태의 에고들을 본질적으로 다 포괄한다는 것을 인정한다 하더라도, 왜 아상만을 **자기탐구**의 수단으로 선택해야 합니까?

답: 왜냐하면 아상은 그대가 경험하는 단 하나의 환원 불가능한 경험자료이기 때문이고,[2] 그 근원을 찾는 것이 그대가 **진아**를 깨닫기 위해 택할 수 있는 단 하나의 실현 가능한 방도이기 때문입니다. 에고가 원인신(causal body)을 갖는다고 하지만, 어떻게 그것을 그대의 탐구 주제로 삼을 수 있습니까? 에고가 그 형태를 취할 때, 그대는 잠의 어둠 속에 잠겨 있습니다.

문: 그러나 미세신과 원인신 형태를 한 에고는, 마음이 깨어 있을 때 하는 아상의 근원 탐구를 통해 씨름하기에 너무 비실체적이지 않습니까?

답: 아닙니다. 아상의 근원에 대한 탐구는 에고의 존재 자체를 건드립니다. 따라서 에고의 형태가 미세한 것은 중요한 고려사항이 아닙니다.

문: 단 하나의 목표는 **진아**라는 조건 지워지지 않은 순수한 **존재**를 깨닫는 것인데, 이 **진아**는 결코 에고에 의존해 있지 않습니다. 그런데 아상의 형태를 가진 에고와 관련된 탐구가 무슨 소용 있습니까?

답: 기능적 관점에서, 곧 그 형태, 활동, 그 밖에 어떤 무엇의(그것을 뭐라고 하든 중요하지 않은데, 왜냐하면 덧없는 것이니까) 면에서 보자면, 에고는 단 한 가지 특징을 가지고 있습니다. 즉, 에고는 **순수한 의식인 진아**와 비활동적이고 지각력 없는 몸 사이의 매듭 기능을 합니다. 그래

---

2) *T.* '환원'이란 성립 원인으로 소급하는 것이다. 경험적 인식에서는 인식의 성립 근거―대상, 감각기관, 감각 인상 따위―를 분석할 때, 인식 주체인 '나'까지만 소급할 수 있다.

서 에고는 의식-몸 매듭(*chit-jada-granthi*)3)으로 불립니다. 그대는 아상의 근원에 대한 탐색 속에서 에고의 본질적인 의식(*chit*)의 측면을 다룹니다. 이런 이유에서, 이 탐구는 진아라는 순수한 의식의 깨달음으로 이끌어줄 수밖에 없습니다.

문: 진인이 깨달은 순수한 의식과, 경험의 1차적 자료로 받아들여지는 '내가 있음'의 관계는 무엇입니까?

답: 순수한 존재의 무차별한 의식이 심장, 곧 흐리다얌(*hridayam*)이며, 그 단어 자체가 의미하듯이[*hrit*+*ayam*=나는 심장이다] 그것이 그대의 진정한 실체입니다. 이 심장에서 우리의 경험의 1차적 자료인 '내가 있음'이 일어납니다. 그것은 성격상 그 자체로 순수한 사뜨와(*suddha-sattva*)입니다. 진인에게서 '나'가 존속하는 것처럼 보이는 것은, 이 순수한 사뜨와 스와루빠(*suddha-sattva svarupa*)[라자스(*rajas*)와 따마스(*tamas*)에 의해 오염되지 않은 본래적 형상] 안에서 그런 것입니다.

문: 진인에게서는 에고가 순수한(*sattvic*) 형태로 존속하고, 따라서 그것은 실재하는 어떤 것으로 보이는군요. 맞습니까?

답: 아닙니다. 진인에게서든 무지인에게서든, 어떤 형태로든 에고의 존재란 그 자체 하나의 겉모습입니다. 그러나 미혹에 빠져 생시 상태와 세계가 실재한다고 생각하는 무지인에게는 에고도 실재하는 것처럼 보입니다. 그는 진인도 다른 개인들처럼 행위한다고 보기 때문에, 진인에 대해서도 부득이 개인성의 관념을 상정할 수밖에 없다고 느낍니다.

문: 그러면 진인에게서는 아상이 어떻게 기능합니까?

답: 그에게서는 그것이 전혀 기능하지 않지요. 진인의 주시처(*lakshya*)

---

3) T. 이것은 '의식과 육신 사이의 매듭'이라는 뜻이며, 달리 '심장의 매듭'으로 불리기도 한다. 이 매듭의 완전한 절단과 함께 진아 깨달음을 성취하게 된다.

는 심장 그 자체입니다.4) 왜냐하면 그는 우파니샤드에서 **완전지**(*Prajnana*) 로 불리는, 차별 없는 순수한 의식과 똑같은 하나이기 때문입니다. 완전지가 진실로 브라만, 곧 절대자이며, 완전지 아닌 브라만은 없습니다.

문: 그렇다면 어떻게 무지인의 경우에는 불행히도 이 유일무이한 실재에 대한 무지가 일어납니까?

답: 무지인은 마음만을 보는데, 마음은 심장에서 일어나는 순수한 의식의 빛의 한 반사물에 불과합니다. 그는 심장 그 자체를 모릅니다. 왜입니까? 무지인의 마음은 밖으로 향해 있어 그것의 근원을 한 번도 찾지 않았기 때문입니다.

문: 심장에서 일어나는 의식의 그 무한하고 무차별한 빛이 무지인에게 드러나지 않도록 막는 것은 무엇입니까?

답: 항아리 속의 물이 엄청난 햇빛을 항아리라는 좁은 한계 내에서만 반사하듯이, 개인의 마음의 원습(*vasanas*), 곧 잠재적 습習이 반사매체로 작용하여, 심장에서 일어나는 의식의 그 만물에 편재하는(all-pervading) 무한한 빛을 붙잡아 하나의 반사물 형태로 마음이라고 하는 현상을 제시합니다. 무지인은 이 반사물만 보고 미혹되어, 자신이 유한한 존재인 개아(*jiva*)라는 믿음에 빠져듭니다.

아상我相의 근원에 대한 탐구를 통해서 마음이 내면으로 향해지면 원습들이 소멸되고, 반사매체가 없으면 반사 현상, 즉 마음도 단 하나인 실재─곧, 심장─의 빛 속으로 흡수되어 사라집니다.

이것이 구도자가 알아야 할 모든 것 중의 핵심입니다. 즉, 구도자에게 절대적으로 요구되는 것은, 아상의 근원에 대한 진지한 일념의 탐구라는

---

4) T. '*lakshya*'는 '주의(attention)의 대상'을 말하지만, 진인의 경우에 그것은 '주의' 그 자체이기도 하다. 왜냐하면 그에게는 주체와 대상이 하나이기 때문이다. 이 주의는 곧 자각이며, 진인의 완전히 깨어 있는 자각은 그 자체 순수한 의식이자 진아로서의 심장이기도 하다.

것입니다.

문: 그러나 그가 할 수 있는 어떤 노력도 생시 상태에서의 마음에 한정됩니다. 마음의 세 가지 상태 중 하나 안에서만 하는 그러한 탐구가 어떻게 마음 그 자체를 소멸할 수 있습니까?

답: 아상의 근원에 대한 탐구는 분명 그 수행자가 마음의 생시 상태에서 시작합니다. 그에게서 마음이 소멸되었다고는 말할 수 없습니다. 그러나 **자기탐구**의 과정 그 자체가 마음의 세 가지 상태 자체는 물론이고, 그 세 가지 상태의 교체나 변환도 현상들의 세계에 속한다는 것을 드러내줄 것입니다. 그러나 그 세계는 그의 강렬한 내적인 탐구에 영향을 미칠 수 없습니다.

자기탐구는 실로 마음의 강렬한 내향(內向)(introversion)을 통해서만 가능합니다. 아상의 근원에 대한 그런 탐구의 결과로 우리가 마침내 깨닫는 것은 진실로 **순수한 의식**의 무차별한 빛으로서의 **심장**인데, 마음이라는 반사된 빛은 그 안으로 완전히 흡수됩니다.

문: 그러면 진인에게는 마음의 세 가지 상태 간에 어떤 구별도 없습니까?

답: 마음 자체가 **의식**의 빛 속에서 해소되어 사라지는데, 그런 구별이 어떻게 있을 수 있겠습니까?

진인에게는 세 가지 상태 모두 똑같이 실재하지 않습니다. 그러나 무지인은 이것을 이해하지 못합니다. 왜냐하면 그에게는 실재성의 기준이 생시 상태인 반면, **진인**에게는 실재의 기준이 **실재** 자체이기 때문입니다. **순수한 의식**이라는 이 **실재**는 그 성품상 영원하며, 따라서 이른바 생시·꿈·잠의 세 가지 상태에서 똑같이 존속합니다. 그 **실재**와 하나인 사람에게는 마음도 없고 마음의 세 가지 상태도 없으며, 따라서 내향(내면으로의 몰입)도 없고 외향(현상계에 집착하기)도 없습니다.

진인의 상태는 늘 깨어 있는 상태입니다. 그는 영원한 진아에 대해 깨어있기 때문입니다. 그의 상태는 늘 꿈꾸는 상태입니다. 그에게 세계란 되풀이되며 나타나는 꿈의 현상이나 다름없기 때문입니다. 그의 상태는 늘 잠자는 상태입니다. 그에게는 언제나 "몸이 나다"라는 의식이 없기 때문입니다.

문: 그러면 저는 스리 바가반께서 하나의 생시-꿈-잠의 상태에서 저에게 이야기하신다고 보아야 합니까?

답: 그대의 의식적인 경험이 지금 마음의 외향성이 지속되는 동안에 한정되어 있기 때문에, 현재의 순간을 그대는 생시 상태라고 부릅니다. 반면 그대의 마음은 내내 진아에 대해 잠들어 있고, 따라서 지금 그대는 실제로 깊이 잠들어 있습니다.

문: 저에게 잠은 하나의 공백 상태에 불과합니다.

답: 그것이 그런 까닭은, 그대의 생시 상태가 요동하는 마음의 한 들끓음에 불과하기 때문입니다.

문: 제가 공백 상태라고 한 것은, 잠 속에서는 아무것도 거의 자각하지 못한다는 뜻입니다. 저에게 그것은 존재하지 않는 것과 같습니다.

답: 그러나 그대는 잠을 자는 동안에도 존재했습니다.

문: 그랬다 해도, 저는 그것을 자각하지 못했습니다.

답: 잠자는 중에는 그대가 존재하기를 그쳤다고 진심으로 말하려는 것은 아니겠지요! (웃음.) 그대가 '갑'이라는 사람으로 잠자리에 들었다면, '을'이라는 사람으로 깨어났습니까?

문: 제가 저의 동일성(identity)을 아는 것은 아마 어떤 기억 행위 때문이겠지요.

답: 그건 그렇다 하더라도, 자각(awareness)의 연속성이 없다면 어떻게 그것이 가능하겠습니까?

문: 그러나 저는 그 자각을 자각하지 못했습니다.

답: 아니지요. 그대가 잠 속에서는 자각하지 못했다고 말하는 것은 누구입니까? 그것은 그대의 마음입니다. 그러나 그대의 잠 속에서는 마음이 없었던가요? 잠자는 동안 그대의 존재나 경험에 대한 마음의 증언이 무슨 가치가 있습니까? 잠자는 동안 그대의 존재나 자각이 없었다는 것을 증명하려고 마음의 증언을 구하는 것은, 그대의 출생을 부인하려고 그대의 아들의 증언을 요청하는 것과 같습니다!

전에 언젠가 제가 그대에게 존재와 자각은 서로 다른 것이 아니라 똑같은 하나라고 말했던 것을 기억합니까? 뭐, 어떤 이유에서건 그대가 잠 속에서도 존재했다는 사실을 부득이 인정해야 한다고 느낀다면, 그 존재도 그대가 자각하고 있었다고 확신하십시오.

잠 속에서 그대가 정말 자각하지 못한 것은 그대의 신체적 존재입니다. 그대는 이 신체적 자각을 진아의 참된 **자각**과 혼동하고 있는데, 이 **자각**은 영원합니다. '내가 있음'의 근원인 **완전지**(Prajnana)는 마음의 세 가지 일시적 상태들에 영향을 받지 않고 늘 존속하며, 그리하여 그대가 자신의 동일성을 손상 없이 보유할 수 있게 해줍니다.

완전지는 또한 세 가지 상태를 넘어서 있습니다. 왜냐하면 그것은 그 상태들 없어도, 그리고 있어도 상관없이, 존속할 수 있기 때문입니다.

그대가 이른바 생시 상태 동안 아상을 그 근원까지 추적함으로써 추구해야 할 것이 그 **실재**입니다. 이 탐구를 치열하게 닦으면, 마음과 그것의 세 가지 상태가 실재하지 않는다는 것과, 그대가 순수한 존재, 진아 혹은 **심장**인 영원하고 무한한 의식이라는 것이 드러날 것입니다.

부록
바가반 스리 라마나 마하르쉬

스리 스와미 싯데쉬와라난다

스리 스와미 싯데쉬와라난다는 박식한 베단타 학자였고, 스리 라마크리슈나 포교단의 저명한 일원이었으며, 그 조직의 파리(Paris) 지부 책임자였다.

그는 인도에 있을 때 아쉬람을 자주 방문했고, 바가반 스리 라마나 마하르쉬의 열렬한 헌신자로서 당신을 **진리**의 살아 있는 화신이자, 전체 우주와 하나인 분, **모든 이의 진아**로 숭배했다.

이 글은 불어 원문을 A. W. 채드윅 소령이 영어로 번역한 것을 간추린 것이다.

스리 라마나 마하르쉬는 베단타적 가르침의 정수를 구현하는 사상의 한 체계와 삶의 철학을 설한다. 인도에서 삶의 철학은 그것을 설하는 사람의 삶 속에서 그것이 반영될 때를 제외하고는 전혀 어떤 영향력도 갖지 못한다. 우리는 또한 하나의 철학 체계를 구축할 기회를 마련해 주는 것은 한 개인의 삶과 그의 '깨달음'이며, 그러한 삶은 어떤 이해를 제공하고 하나의 지평을 열어주어 전체 사회에 영향을 주고 인간들 사이의 관계를 개선하게 해준다고 말해야 할 것이다.

고대 인도의 예언자들이 궁극적 진리를 성취하여 그것을 즉시 베다의 찬가들과 우파니샤드의 가르침으로 표현했을 때, 그들은 세상의 소금으로 여겨졌다. 왜냐하면 그들은 자신이 나아갈 길에서 주저하고 있는 인류를 인도하는 등대가 되었기 때문이다. 이런 위대한 존재들이 발견한 진리는 그들의 영혼 안에 숨겨져 있다. 그리고 그들이 인간에게 가르치는 것은, 그 자신

속으로 뚫고 들어가서, 모두가 소유하고 있는 비밀스러운 보물을 백일하에 드러나게 하는 수단뿐이다. 인간의 노력에 존엄성을 부여하는 것은 각자가 자신의 내면을 성찰할 수 있는 권리의 측면뿐이다. 왜냐하면 진리는 우리의 정당한 상속 재산이기 때문이다.

우파니샤드 자체는 진리를 열망하는 모든 사람들에게 이렇게 말을 건다. "오, 그대 불멸의 지복을 상속받은 이들이여!" 이러한 희망의 말보다 더 고무적인 어떤 것이 존재할 수 있는가? 인간이 자기 존재의 토대를 발견하는 것은 원죄에서가 아니라, 아뜨만의 빛의 황금색 불꽃 속에서이다.

마하르쉬는 이것을 발견했다. 당신은 어떤 외부적 도움 없이도 당신 스스로 그것을 발견했다. 아주 젊은 학생일 때, 당신은 갑작스러운 죽음의 공포에 휩싸였다. 당신은 진리를 드러내기보다 더 자주 가려버리는 책들을 던져버렸다. 그리고 방바닥에 드러누워 눈을 감고 죽음의 모든 징후들을 흉내 냈다. 다음은 이 체험에 관해 당신 자신이 이야기한 것이다.

"자, 이제 죽음이 찾아왔는데, 그게 무엇을 의미하지? 죽은 그것이 뭐지? 물질적 몸이 죽는다." 나는 즉시 죽음이 실제로 일어나고 있는 것처럼 하였다. 사지를 뻗고 누워서 그것을 뻣뻣하게 유지했다. 그리고 숨을 멈추었다. "좋아" 하고 나는 스스로에게 말했다. "이 몸은 죽었다. 사람들이 와서 그것을 화장터로 실어가서 재로 만들 것이다. 그러나 몸이 죽었을 때 내가 죽었나? 이 몸뚱이, 이것이 나인가? 그것은 지각력이 없고, 더욱이 나는 내 인격이 그것과 독립해 있는 것을 느낀다. 그렇다면 나는 몸을 초월한 불사不死의 영靈이다. 몸만 살고 죽는다." 이 모든 것이 내 앞에서, 표현할 필요도 없이 즉시 지각된 살아 있는 진리로서, 거의 어떤 논변도 없이 강렬하게 일어났다. 죽음의 공포는 완전히 분명하게 사라져 버렸다. 육신과 전적으로 독립된 '나', 곧 진아의 이 의식적이고 즉각적인 현존은 그 이후로 지속되고 있다."

이런 직접적인 진아체험을 아빠록샤아누부띠(*Aparokshanubhuti*)라고 한다. 이것은 지적인 노력으로 얻는 모든 지식과 구별되는데, 그런 지식은 늘 주체와 대상의 관계를 함축하고, 따라서 공간과 시간에 의해 한정되며, 어떤 초월적 가치도 없는 것이다.

이런 직접적인 진아체험을 한 사람은 살아 있는 동안에도 해탈한 것으로 간주된다. 그를 일러 생전해탈자(*Jivanmukta*)라고 한다. 진리의 살아 있는 화신인 그런 개인들의 존재는 이 진리를 실제로 보여줄 수 있는 것으로 만든다. 이러한 위대한 존재들의 베단타적 깨달음은 사실상 (진리의) 실제적 적용의 가능성을 제공하며, 그들의 깨달음은 인간 의식의 수준을 향상시킨다.

베단타의 이러한 측면이 그 가르침 쪽으로 학자들의 관심을 끌어당겼다. 베단타적 탐구는 물질에 대한 모든 객관적 분석보다 훨씬 깊이 들어가는데, 그것은 지각의 근본 토대에까지 이르고, 그 자체가 우리에게 단축된 견해보다는 진리에 대한 한 개관을 제공한다. 스리 라마나 마하르쉬의 생애와 가르침에 대한 서구의 관심은 베단타의 보편적 매력을 입증하거니와, 우리는 그것이 띠루반나말라이의 진인에게서 구현되고 있음을 볼 수 있다.

파리대학교의 라꽁브(M. Lacombe) 교수는 인도 요가에 관한 한 글에서 마하르쉬에 대해 이렇게 쓰고 있다.

"당신의 인품은 지성과 진아 통달로 이루어진 하나의 힘을 발산한다. 냉혹함 없이 강렬하고 고정된 그 번쩍이는 눈, 움직이지 않는 몸에서의 가늘고 예민하면서도 고고한 부드러움을 가진 그 몸짓, 당신은 탁월한 심판관들에 의해 아주 진정한 요기(*Yogi*)이며 최고의 깨달음에 도달한 사람으로 간주된다."

내가 이 구절을 인용하는 것은, 마하르쉬를 방문한 뒤에 이 진인을 둘러싸고 있는 분위기를 높이 평가하는 사람이 느낀 인상을 보여주기 위해서일 뿐이다.

그러나 신학과 서양철학의 전통들 안에서 인격이 형성된 유럽인으로서는 마하르쉬의 삶의 개념과 도무지 어떤 접촉을 갖기가 아주 어렵다.

나는 이 학식 있는 교수님께 존경심을 표하면서 그에게 마하르쉬는 요기라기보다는 오히려 한 분의 실재지자(*tattva jnani*)라고 말하고 싶다. 당신의 삶의 개념은 모든 삶을 포괄하는데, 인도인에게 그것은 생시·꿈·깊은 잠의 세 가지 상태를 아우른다. 요가적인 것은, 생시를 경험의 필수적 장場으로 간주하는 우주적 동일시로서의 '나'에 대한 체험이다. 만약 우리가 라꽁브 씨가 그렇게 부르듯이, '나'에 대한 이런 우주적이고 보편적인 체험의 사례를 발견하려 한다면, 인도에는 이러한 체험의 토대 위에서 충분한 깨달음에 도달한 신비가들이 결코 부족하지 않다.

그러나 마하르쉬는 무엇보다 실재지자이며, 당신의 탐색과 체험의 장場은 신비가의 그것보다 훨씬 크다. 이 진인은 세 가지 상태의 한계를 초월한다.

마하르쉬는, 전통적으로 인정되고 우파니샤드의 시대 이후로 인도의 진인들이 늘 사용해 온 용어들을 받아들인다.

마하르쉬의 가르침은 고대 인도의 철학적·영적 경전들과 완벽하게 부합하며, 과거의 위대한 진인들로부터 직접 나아간다.

직접 마하르쉬를 살펴볼 기회를 갖는 사람이라면 누구나, 당신이 '외향인外向人'(마음이 바깥 세계로 향해 있는 사람)도 아니고 '내향인內向人'(마음이 내면으로 향해 있는 사람)도 아니라는 것을 아주 잘 안다. 당신은 우리가 발견할 수 있는 가장 정상적인 인간이다. 당신은 사실상 반야안주자般若安住者(*sthitaprajna*), 즉 지성이 확고하게 자리 잡은 인간이다. 나는 당신이 외관상 당신 자신 속으로 뛰어들어서 모두가 당신이 당신 자신의 진아에 몰입해 있다고 믿고 있을 때, 이 순간 회당의 끝에 있던 누군가가 한 타밀 시를 음송하다가 잘못 음송하자, 마하르쉬님이 눈을 뜨고 그 잘못을 바로잡아 준 뒤에 다시 눈을 감고 앞서의 상태로 돌아가시는 것을 본 적이 있다. 내가 이미 말했지만,

외부 세계가 당신의 관심을 끌지 않는다고 단언할 수는 없다. 당신은 비상한 집중의 수준에 도달해 있고, 그 집중은 진지(Jnana) 혹은—이 진인이 그렇게 부르듯이—본연상태(sahajasthiti) 안에서의 평상적인 삶의 상태에 영구적으로 의거하고 있기에, 당신은 내향인도 아니고 외향인도 아닌 것이다. 그냥 단순하게, 당신은 있다. 그리고 궁극적 실재에 대한 당신의 지知에 의해, 당신은 현상계의 다양성으로 나타나 있는 그것(That)과 하나이고, 전체로서의 우주와 하나이다.

나는 당신을 뵈었을 때, 당신에게서 스리 샹까라짜리야가 『분별정보分別頂寶(Vivekachudamani)』에서 생존해탈자의 특징을 설명할 때 묘사한 것에 대한 완벽한 사례를 발견했다. 그 제429연에서는 이렇게 말한다.

> *linadhirapi jāgarti jāgraddharmavivarjitah* |
> *bodho nirvāsano yasya sa jivanmukta isyate* ||
>
> "브라만에 합일되고서도 깨어 있지만 생시의 특징에서 벗어나 있고,
> 그의 깨달음이 욕망에서 벗어나 있는 사람은, **생존해탈자**로 간주된다."

내향과 외향의 관념은 그의 삶의 철학이 생시 상태의 체험에 독특하게 기초를 두고 있는 사람에게는 해당될 수 없다.

비이원론에 대한 권위 있는 저작 『빤짜다시(Panchadasi)』 제6장 13연에서 우리는 이 점에 관해 극히 중요한 진술 하나를 발견한다. 저자 비디야라니야(Vidyaranya)는 이렇게 말한다.

> *nāpratīti stayor bādhah kintu mithyātva niścayah* |
> *no cet sushupti mūrcchādau mucyetā yatnato janah* ||
>
> "세계와 개아가 소멸되어도 감각기관에 지각되지 않는 것은 아니나,
> 그것들의 거짓된 성품에 대한 판정이 일어나야 한다.
> 그렇지 않다면, 잠이나 기절 상태에서도
> 아무 노력 없이 해탈을 발견할 수도 있을 것이다."

『기타』에서 말하듯이, 아뜨만은 자신의 참된 성품을 잊어버리고 자신이 에고이며 온갖 행위를 하는 자라고 믿지만, 이것이 모든 오해의 원인이다. 에고를 초월한 마하르쉬 같은 분은 우파니샤드에 의해 **모두의 진아**로 간주된다.

우리가 마하르쉬 곁에서 얼마간의 시간을 보낼 수만 있다면, 철학적 문제들에 관해 이 진인이 하시는 말씀의 견지에서, **아루나찰라 산 위에서 타오르는 거대한 불길** 같은 비춤(illumination)의 삶이야말로, 시간에 의해 봉성奉聖된(consecrated) 우파니샤드의 가르침이 현대 인도에서 다시 생생하게 살아나는 것을 보고 싶어 하는 사람들에게, 하나의 진정한 등대가 된다는 것을 더 잘 이해할 수 있을 것이다.

2

마하르쉬의 삶과
가르침에 대한 견문(見聞)

*Glimpses of the Life and Teachings
of Sri Ramana Maharshi*

as described by Frank H. Humphreys, R. F. C.

(Sixth edition, 2014)

서언

프랭크 H. 험프리스는 바가반 스리 라마나 마하르쉬의 헌신자들에게 꽤 친숙한 이름이다. B. V. 나라싱하 스와미가 쓴 스리 바가반의 전기 『진아 깨달음(Self-Realization)』에는 험프리스에 관한 장章이 두 개인데, 그의 생애와 그에게 준 스리 바가반의 가르침을 간략히 묘사하고 있다.

험프리스는 1911년 스리 라마나 마하르쉬를 방문한 뒤, 당시 런던의 「국제심령학보(International Psychic Gazette)」를 편집하던 펠리셔 스캐처드(Felicia Scatcherd)에게 스리 마하르쉬와 당신의 가르침에 대한 자신의 인상을 전달했다.1) 이것이 1925년에 한 권의 소책자로 엮어져 나왔고, 『진아 깨달음』에 있는 그 장들은 여기서 발췌한 것일 뿐이다.

스리 바가반 곁에서 그가 경험한 것에 대한 험프리스의 이야기가 워낙 단순하고 매혹적이어서, 독자들은 거기서 바가반의 가르침에 대한 탁월한 서술을 발견한다.

뒤에 나오는 머리말을 쓴 S. 나라싱하이야는 벨로르의 한 텔루구어 문쉬(Munshi-개인교사)였다. 그는 스리 까비야간타 가나빠띠 무니의 제자이자 스리 바가반의 제자였다. 험프리스를 스리 바가반께 데려간 사람이

---

1) T. 「국제심령학보」는 런던에 본부를 둔 '국제심령연구클럽'이라는 한 단체의 기관지(월간)로 1912년에 창간되었고, 험프리스의 기고문들은 1913년에 이 잡지에 게재되었다.

그와 까비야깐타였다.

험프리스가 스리 바가반을 찾아간 것과 그 가르침에 대해서는 오즈본 씨의 『라마나 마하르쉬와 진아지의 길』에서도 간략하게 언급하는데, 이렇게 마무리된다.

"경찰직은 험프리스에게 맞지 않음이 드러났다. 스리 바가반은 그에게 자신의 직무를 수행하면서 동시에 명상을 하라고 조언했다. 그는 몇 년간 그렇게 하고 나서 퇴직했다. 원래 가톨릭 신자였고 모든 종교들이 본질적으로 하나로 돌아감을 이해하고 있었던 그는 종교를 바꿀 필요를 느끼지 않았고, 영국으로 돌아가서 한 수도원에 들어갔다."

발행인

험프리스에 대하여

우리가 아는 한, 험프리스는 바가반을 방문한 최초의 유럽인, 아니면 최소한 자신의 방문 내용을 기록한 최초의 유럽인이었다. 그는 비루팍샤 산굴에 계시던 당신을 아름답게 묘사하고 있다. 그 가르침은 명확하고, 그 이후에 온 모든 사람들에게 하나의 길잡이가 된다. 달리 누구에 대해 바가반이 "저는 스승이 제자에게 가르침을 주듯이 이 가르침을 드리고 있습니다"라고 말씀하셨다고 기록되어 있는가? 확실히 이 두 분 사이에는 어떤 특별한 인연이 있었다.

— 사두 아루나찰라(채드윅 소령),
『라마나 마하르쉬에 대한 한 사두의 회상』
(*A Sadhu's Reminiscences of Ramana Maharshi*)

머리말

　나는 진지한 독자와 이 흥미로운 종교적 문헌 사이를 가로막고 싶지 않다. 그러나 부탁을 받았으니, 비록 몸은 약하지만 내가 할 수 있는 적은 일이나마 하려 한다. 이것은 (깨달음을 위해 **마하트마**들을 열심히 찾던) 한 젊은이가 마하트마 스리 라마나 마하르쉬를—남인도의 살아 있는 **성자**로서 베단타적 종교의 목표를 성취하셨고, 물질주의가 만연한 오늘날의 인류에게 영혼력(soul-force)의 수원지인 분으로 알려지고 존경받는 분을—찾아뵙고, 그분 곁에서 체험한 것에 대한 인상적이고 교훈적인 묘사이다. 그 묘사가 간결하고 생생하여, 내가 보기에 서문이나 머리말이 필요 없다. 이 스승님의 친존에서 몸 안에 얼마나 큰 기운진동이 있고, 마음이 얼마나 고양되고 정신이 얼마나 힘을 받는지는, 우리가 느낄 수 있을 뿐 표현할 수가 없다. 이 스승님의 가르침은, 인간들이 수명은 짧고 몸은 약하고 정신은 허약하여, 그들의 모든 주의가 영적인—실재하고 영원한—것보다는 물질적인—외관상 존재하고 일시적인—사물들로 쏠리고 있는 이 시대가 필요로 하는 바로 그것이다. 마하트마 스리 라마나 마하르쉬의 모든 가르침은 단 하나의 축을 중심으로 회전한다. 즉, "그대 자신을 알라. 그러면 일체를 알게 될 것이고, 더 이상 알아야 할 것이 없을 것이다."라는 것이다. 그분은 "나는 누구인가?"라는 매우 단순한 탐구의 과정을 설파하신다. 이름과 형상, 속성이 없는 **아뜨만**(Atman)

에 대한 순수하고 부단한 생각은 그 사람을 모든 생각의 근원인 심장으로 데려가는데, 거기서 탐구자와 탐구의 대상이 합일되며—혹은 어느 면에서 그 탐구 속에서 상실되며—그것이 해탈 혹은 **진아 깨달음**이다. 이 깨달음이 **아뜨만**—안팎의 신—에 대한 진정한 숭배이다.

이 매혹적인 소책자의 저자는 서로 다른 때에 다양한 출처에서 스리 라마나 마하르쉬에 대한 정보를 수집한 것 같다. 프랭크 H. 험프리스 씨가 어떻게 우연히 우리의 마하르쉬님에 대한 이야기를 듣고 당신을 방문하여, 당신의 숭배자들 가운데 이름을 올리게 되었는지에 대해서 한두 마디 하는 것이 독자들에게 흥미로울지도 모르겠다.

험프리스는 1911년 1월에 경찰서 부서장으로 인도에 부임했다. 그는 봄베이(뭄바이)에 도착했을 때 건강이 너무 좋지 않아 봄베이의 병원에 가야 했고, 3월 중순까지 입원해 있었다. 그리고 그 달 18일에 벨로르에 도착했다. 그날 내가 그에게 텔루구어 알파벳을 교습하러 갔을 때, 그가 나에게 던진 첫 질문은 "선생님! 점성학을 아십니까?"였다. 나는 모른다고 했다. 그 다음 질문은, "점성학에 관한 어떤 책의 영역본이 있으면 하나 구해 주실 수 있습니까?"였다. 나는 그의 요청에 응해 벨로르의 조지 유니언 클럽에서 한 권을 구해다 주었다. 다음날인 19일 아침, 그가 그 책을 돌려주면서 나에게 물었다. "여기에 혹시 아시는 **마하트마**가 있습니까?" 나는 어떤 현자도 알지 못하는 척, 그런 어떤 위대한 분도 모른다고 말했다. 셋째 날인 20일 아침, 그는 불시에 나에게 열렬한 탐색성 질문을 던졌다. "선생님! 어제는 어떤 **마하트마**도 알지 못한다고 하셨지요! 오늘 아침 꿈에서 당신의 스승님을 뵈었습니다. 그분은 제 곁에 앉아 계셨습니다. 저에게 무슨 말씀을 하셨는데 제가 알아듣지 못했고, 그분도 제가 그분께 한 말을 알아듣지 못했습니다. 제가 봄베이에 있을 때 만난 최초의 벨로르 사람이 당신이었습니다." 나는 군따깔(Guntakal) 너머로는 가본 적이 없는데 어떻게 봄베이에서 나를 만났느냐고 묻자, 그는 자신이 고열로 봄베이의 병원에 누워 있을 때 잠시 통증에서 벗어나기 위해 마음[주의]을 벨로르로 돌렸고, 그가 아스트랄체(astral body)로 벨로르로 날아와 처음 만난 사람이 나였다는 것이었다. 나는 육신 외에는 아스트랄체나 그런 종류의 어떤 몸도 알지 못한다고 말하고 그의 곁을 떠났다. 그러나 호기심에서 그를 시험해 보고 싶었다. 그래서 오후에 우리의 마하르쉬님과 가나빠띠 무니의 사진들을 포함한 위대한 분들의 사진들 한 묶음을 그에게 가져갔다. 나는 그 묶음을 말없이 그의 앞에 있는 책상 위에 놓고, 당시 내가 가르치고 있던 다른 경찰관인 L. 클리프트 씨에게 갔다. 한 시간 뒤 이 소책자의 저자에게 돌아오자 그가 이런 말을 했다. "당신의 스승처럼 보이는 분이 있군요. 이분이 당신의 스승 아닙니까? 말씀해 보세요." 그러면서 그는 다른 사진들과 구분해 놓은 우리의 가나빠띠 샤스뜨리아르의 사진을 가리켰다. 그의 이 행동이 나를 놀라게 했다. 이렇게 되고 보니 나나 내 스승을 숨길 수 없었다. 나는 가나빠띠 샤스뜨리아르를 '내 스승'으로 여기고 있었다(지금도 여전히 그렇게 여기고 있다). 1906년, 당신은 나에게 집중하는 법을 가르쳐 주면서, 나의 주의를 스리 라마나로 알려진 **지고아**(Paramatma)에게로 돌려 그분께 집중해 보라고 했고, 그 이름은 나에게 소중한 것이 되었다. 샤스뜨리아르의 가르침은 우리 마하르쉬님의 그것과 다르지 않다. 험프리스 씨는 다시 병이 났고, 한 의사가 우따까문드(Ootacamund-우띠, 즉 타밀나두 주 서부의 고산 피서지 우다가만달람)로 가보라고 한 말을 듣고 1911년 4월 1일 그곳으로 갔다. 거기 있는 동안 그는 나에게 편지를 보내어 말하기를, 자신이 기이한 사람을 하나 만났다고 했다. 그 사람은 옷을 변변히 차려입지 못했으나 건장했고, 영롱한 눈에 헝클어진 머리와 긴 수염을 하고 있었다고 했다. 험프리스 씨와 그 산지에 함께 머무르고 있던 신사는 그에게, 자신은 그곳에 여러 해를 살았지만 그 기이한 사람을 한 번도 본 적이 없다고 했다. 험프리스 씨는 나에게 그 사람이 누구이겠느냐고 물었다. 나는, 그가 말한 인상착의로 판단하면 그것은 한 분의 싯다(siddha)임이 분명할 것이라고 단순하게 대답했다.

그 고산 피서지에서 온 그의 두 번째 편지는 자신에게 하타요가 조식법(hatapranayama)를 가르쳐 달라는 부탁이었다. 그의 건강 상태가 좋지 못한 점을 고려하여 나는 의도적이고 강제적인 호흡제어에 대해 이야기하는 것은 적절치 않다고 보고, 우리 심장 속의 **빠라마뜨마**에 대해 부단하고 순수한 생각을 이어가면 자연적 지식止息(kumbhakam), 즉 현자들이 희구하는 궁극의 단계이자 상태인 심장 속으로의 몰입이 일어날 것이라고 단순하게 말했다.

닐기리스 산지(우따까문드)에서 보내온 그의 세 번째 질문은 "육식은 명상의 진보에 도움이 됩니까, 방해가 됩니까?"였다. 그에 대한 답변으로, 나는 "아힘사 빠라모 다르마(Ahimsa paramo dharma)"[1]에 관해 5, 6페이지의 편지를 써서 비폭력 혹은 불살생이 덕 중의 최고라고 설명하고, 편지를 이렇게 마무리했다. "육식은 명상하는 사람에게 도움이 되지 않습니다." 그는 답장에서, 자기가 그날 아침 꿈에서 본 것을 몇 시간 뒤 받은 내 편지에서 확인했고, 자신은 오랜 습관인 육식을 단번에 그만두기 어려울 것 같아서 서서히 그렇게 하겠다고 했다. 몇 년 뒤 그가 영국에서 보내온 한 편지에서는 자신이 채식가가 되었다고 말한 것이 기억난다.

서늘하고 건강에 좋은 그 휴양지에서 보내온 네 번째 편지에서는, 자

---

[1] "비폭력이 최고의 덕"이라는 말. 마하트마 간디가 이 말을 자주 썼다.

신이 어떤 신비주의 모임에 가입해야 할지 여부에 대해 내 조언을 구했다. 왜냐하면 그는 당시 만 21세가 지나려던 참이었기 때문이다. 그는 그 모임의 회원들은 **마하트마**들과 직접 만나 대화를 나누는 특권을 가지고 있으며, 자신이 어느 전생에 그 모임과 연관되어 있었다고 덧붙였다. 나는 신비주의를 믿는 사람도 아니고 믿지 않는 사람도 아니며, 내가 원하는 것은 단순한 샨띠(*shanti*)—곧 마음의 평안과 내적 **진아**와의 합일—일 뿐이고, 형상도 이름도 속성도 없는 **브라만**에 대한 순수하고 단순하고 끊임없는 일념을 통해 이 드높은 상태—하나의 축복—를 확보할 수 있다는 것을 확신하고 있었기에, 그에게는 단지 일들이 우리 자신의 발현업(*prarabdha*)에 따라서 이루어질 것이고, 만약 그것이 그의 운명이라면 다시 그 신비주의 모임의 회원이 될 것이며 그 무엇도 그것을 막지 못할 것이므로, 나는 어떤 조언도 해줄 수 없다고 답장했다.

1911년 말 경, 그가 그 산지에서 돌아왔다. 하루는 내가 벨로르에서 그에게 텔루구어를 가르치고 있을 때, 그가 종이와 연필을 달라고 하더니 한 산굴山窟을 그렸다. 그 입구에는 한 현자가 서 있었고, 산굴 앞에는 산에서 부드럽게 흘러 내려오는 개천이 있었다. 그는 꿈에서 이것을 보았다면서 이것이 무엇이겠느냐고 물었다. 나는 즉시 우리의 마하르쉬 님을 생각했고, 이어서 비루팍샤 산굴이 떠올랐다. 그래서 그에게 **스리 라마나 빠라마뜨마**에 대해 들려주었다. 그는 꿈에서 가나빠띠 샤스뜨리아르를 본 날부터 나에게, 자신을 샤스뜨리아르에게 데려가 달라고 부탁하고 재촉하던 참이었다. 그가 가나빠띠 샤스뜨리아르를 어떻게 만났고, 마하르쉬님께 어떻게 안내되었는지는 자신의 책에서 명료하게 설명하고 있다. 나중에 그는 해소해야 할 의문이 있거나 여쭈어야 할 질문이 있을 때마다 독자적으로 몇 번이나 우리의 스승님을 찾아갔다.

이제 그가 마하르쉬님을 처음 찾아갔을 때 당신의 친존에서 일어난 일을 이야기하겠다. 그는 **마하트마**께 절을 한 뒤에 말없는 기도와 명상 속에서 몇 분 동안 가만히 있었다. 이야기하는 것이 허락되자 그가 던진 첫 번째 질문은 "스승님, 제가 세상에 도움이 되겠습니까?"였다. 마하트마의 답변은 "그대 자신을 도우십시오. 그러면 세상을 돕게 될 것입니다"였다. 같은 질문이 반복되고 같은 답변을 얻었는데, 그 취지는 그가 세상 속에 있지만 세상과 다르지 않고(별개가 아니고) 세상도 그와 다르지 않으며, 따라서 그가 자신을 돕게 되면, 세상을 돕게 될 거라는 것이었다. (개아가 **진아**와 하나가 될 것이라는 뜻이었다.)

그 다음 마지막 질문은 이러했다. "스승님, **스리 크리슈나**와 예수님이 한 것과 같은 기적을 제가 행할 수 있습니까?" 이 질문에는 하나의 반문이 돌아왔다. "그분들은 기적을 행할 때 자신이 기적을 행하고 있다는 것을 알았습니까?" 험프리스 씨는 1분간 침묵한 뒤 대답했다. "아닙니다, 스승님. 그분들은 신의 힘이 그분들을 통해 일을 하는 매개자일 뿐이었습니다." 본질상 신비적인 것들에 대해 얼마나 많은 중요성을 부여할 수 있는지가 본서에서 생생하게 설명된다.

친애하는 형제들이여! 인간이 신 안에서 사라질 때 그는 신의 손 안에 든 일개 도구가 되며, 신의 본질적인 부분이 되었기에 신과 하나이다. 그는 (기쁨과 슬픔에 영향 받지 않는) 평안과 행복을 얻지만, 그것은 향유할 수 있을 뿐 결코 묘사할 수 없다. 성스러운 분들이 늘 추구하는 마음의 안식과 심장 속의 평안이라는 이 상태를 우리가 목표하기를!

1925년 3월 2일 마다나빨레에서
S. 나라싱하이야(Narasimhayya)

I. 더 진정한 마하트마들

펠리셔 스케처드('펠릭스 루돌프')

1. 글머리에

"써스턴 씨(Mr. Thurstan)의 기고문들이 종종 이야기됩니다. 우리는 인도와 그 스승들을 방문한 것에 대한 더 많은 이야기를 듣고 싶습니다."라고 「국제 심령학보」와 관련하여 한 친구가 편지를 보내왔다.

같은 날 인도에 있는 한 젊은 친구로부터 편지 한 묶음이 나에게 배달되었다. 그가 십대였을 때 이후로는 그를 보지 못했다. 나는 그를 프랭크라고 부르겠다. 그의 기독교식 이름인데, 그에게 더없이 잘 어울리는 이름이므로 나는 그것을 바꾸지 않겠다. 그가 경험한 이야기를 가능한 한 그 자신의 말로 옮겨보겠다.

2. 프랭크가 첫 스승을 만나다

약 석 달 전, 저는 꿈속에서 대단한 분을 만났습니다. 그 이야기를 이곳의 텔루구어 선생님에게 했더니, 선생님이 저에게 사진 몇 장을 가지고 왔습니다. 저는 다른 사진들 가운데서 그분을 즉시 골라냈지요. 지난 금요일, 이분은 벨로르를 거쳐 신지학 회의가 있는 띠루반나말라이로 가고 있었습니다. 그는 신지학회 소속은 아닙니다. 모든 스승들은 공동선을 위해서 일합니다.

기차가 들어왔을 때 저는 그를 즉시 알아보았습니다. 약 175센티미터의 키에 체격이 좋고, 높고 둥근 이마에 매부리코를 한, 모든 면에서 잘생긴 분입니다. 그가 기차에서 내렸고, 우리는 대합실에 함께 앉았습니다.

한 스승의 친존에 있는 것이 어떤 것인지는 묘사가 불가능합니다. 저는 그가 스승인 줄 몰랐고, 또 이분이 말씀을 좀처럼 하지 않고 영어도 못하지만, 그의 친존에서는 제가 철저히 전율하는 것을 느꼈습니다. 새로운 인상들이 저를 정신적으로 감촉하는 그런 느낌이었지요. 그것은 굉장한 체험이었습니다.

저는 나중에 그가 인도의 으뜸가는 산스크리트 학자라는 것과, 지혜로운 학생이라면 누구나 경전의 언어인 산스크리트를 배우는 이곳에서는 그것이 대단한 일이라는 것을 알았습니다. 그는 제반 학문을 속속들이 알고 있고, 여러 언어를 알고 있습니다. 예수님의 제자들이 어떻게 갑자기 "여러 언어로 말했"는지 당신은 기억하시겠지요. 그런데 여기에는 그를 평생 알고 지냈고, 어느 날 이전까지는 이분이 아주 어려운 언어인 타밀어를 한 마디도 못했다는 것을 아는 사람들이 있습니다. 그날 이후 보름 만에, 그는 순수한 타밀어로 장시간 강연을 하고, 타밀어를 읽고, 여느 교수들만큼이나 타밀어로 글을 잘 쓸 수 있었습니다.

제가 그에게 어떻게 그런 놀라운 일을 해낼 수 있었느냐고 물었더니, 그는 "명상에 의해서지"라고 대답했습니다.

생각해 보십시오! 책도 없이! 문법도 없이! 이런 분들이 아는 방법대로, 단순히 신에 대해 명상하면서 타밀어를 가르쳐 달라고 청한 것뿐이랍니다. 쉬고 있을 때 그의 얼굴은 행복으로 빛납니다. 제가 조금만 변명을 해도 그는 웃고, 종종 우리에게 고개를 돌려 인도인들이 하는 방식으로 고개를 흔듭니다. 보통 이런 고갯짓은 "괜찮아요!", "안녕!"이라는 뜻입니다.

그는 오늘 오후와 저녁에 시간을 내어 저를 가르쳐 주기로 약속했고, 그런 다음 1년 넘게 은둔에 들어갈 거라고 합니다. 그는 제가 띠루반나말라이에 오면, 그곳에 사는 **마하르쉬**(마하트마, 곧 아주 큰 스승)께 데려가겠다고 했는데, 그분은 인도의 가장 위대한 **마하트마**들 중 한 분이라고 생각됩니다.

3. 프랭크가 마하르쉬를 방문하다

어제는 하루 휴가를 받아서 선생님과 함께 샤스뜨리아르(제가 앞에서 이야기한 스승)를 만나러 갔습니다. 샤스뜨리아르와 선생님은 공히 **마하르쉬**님의 제자들(chelas)입니다. 우리는 샤스뜨리아르가 한 시간 반 동안 타밀어로 큰 군중에게 강연하는 것을 들었는데, 그는 자신의 강연으로 더 기운이 나는 것 같아 보였습니다. 오후 2시에 그는 **마하르쉬**님이 사시는 산굴을 가리켰고, 우리는 그분을 뵈러 산을 올라갔습니다. 우리는 산굴에 도착하자 그분 앞에, 그분의 발아래 앉아서 아무 말도 하지 않았습니다. 우리는 오랜 시간 그렇게 앉아 있었고, 저는 저 자신에게서 들려져 나온 것처럼 느꼈습니다.

그때 샤스뜨리아르가 저에게 **마하르쉬님**의 눈을 바라보고, 시선을 돌리지 말라고 했습니다. 반시간 동안 저는 당신의 눈을 바라보았는데, 그 눈의 깊이 관조하는 모습은 전혀 변하지 않았습니다. 저는 그 몸이 **성령**의 사원이라는 것을 얼마간 깨닫기 시작했습니다. 그분의 몸이 곧 그분이 아니라는 것만은 느낄 수 있었습니다. 그것은 신의 도구였고, 단지 앉아 있는 움직임 없는 시체인데, 거기서부터 신이 엄청나게 방사되고 있었습니다. 저 자신의 느낌은 형언할 수 없었습니다.

그러다가 샤스뜨리아르가 저에게 말을 해도 된다고 했습니다. 저는 깨우침을 달라고 가르침을 청했습니다. 당신은 말씀을 하시고 우리는 경청했습니다. 몇 마디 서툰 영어와 텔루구어로 하시는 말씀이었습니다. 그분은 의미의 세계들을 전달하고 저를 직접 가르쳤는데, 당신이 좀처럼 하지 않는 일이었습니다. 그리고 저를 당신의 제자로 만들었습니다. 물론 샤스뜨리아르와 같이 당신의 매우 특별한 제자로서가 아니라, 큰 스승들이 거느리는 많은 제자들 중 한 명으로서 말입니다.

가장 감동적인 광경은 꼬마 아이들이 여럿 있었다는 것입니다. 많아야 일곱 살 이하인 이 아이들은 모두 제 발로 산을 걸어 올라와서 마하르쉬님 곁에 앉는데, 며칠이 가도록 당신이 말 한 마디 하지 않고 그들을 거의 쳐다보지 않아도 그렇게 합니다. 그들은 놀지도 않고, 아주 만족한 채 조용히 거기에 그냥 앉아 있습니다.

위엄, 부드러움, 자기제어와 차분한 확신의 힘을 표현할 때의 당신은, 도저히 묘사할 수 없는 분입니다.

4. 프랭크의 두 번째 마하르쉬 방문

저는 모터사이클을 타고 가서 산굴까지 걸어 올라갔습니다. 그분은 저를 보자 미소를 지었고, 조금도 놀라지 않았습니다. 그분은 자리에 앉기 전에 당신이 아신 저만의 개인적 사항을 하나 물었는데, 당신이 저를 간파했음을 알 수 있었습니다. 그분에게 가는 모든 사람은 펼쳐진 책과 같아서, 당신이 한 번 언뜻 보기만 해도 그 내용이 족히 드러납니다.

"그대는 아직 아무것도 먹지 않아 배가 고프군요."

저는 그렇다고 시인했습니다. 당신은 즉시 제자 한 명을 불러서 저에게 음식을 갖다 주라고 했습니다. 쌀밥·기(ghee-우유를 정제한 버터)·과일 등을 손으로 집어먹는 것이었는데, 왜냐하면 현지인들은 숟가락을 쓰지 않기 때문입니다. 저는 이런 식으로 먹는 연습을 해 왔는데도 손놀림이 서툴었습니다. 그래서 당신이 저에게 코코넛 숟가락을 하나 주면서, 웃음을 띠고 간간이 이야기도 했습니다. 당신의 미소보다 더 아름다운 것은 세상에 없을 것입니다. 저는 마실 것으로 우유처럼 희고 맛난 코코넛 즙을 가지고 있었는데, 당신이 거기에 직접 설탕을 넣어 주었습니다.

다 먹고 났는데도 여전히 배가 고팠습니다. 당신은 그것을 아시고 더 가져오라고 했습니다. 당신은 모든 것을 아셨고, 제가 먹을 만큼 먹었을 때 다른 사람들이 과일을 더 먹으라고 권하자, 당신은 즉시 그러지 말라고 했습니다.

저는 제가 마시는 방식을 사과드려야 했습니다. 당신은 "신경 쓰지 마세요"라고만 하셨습니다. 현지인들은 이 점에 대해 까다롭습니다. 그들은 결코 홀짝홀짝 마시지 않고, 그릇에 입술을 대지도 않은 채 액체를 입 안에 곧장 쏟아 붓습니다. 그래서 많은 사람이 감염의 우려 없이 같은 컵으로 마실 수가 있습니다.

제가 먹고 있는 동안 당신은 저의 과거사를 다른 사람들에게 들려주었는데, 그것도 정확하게 들려주었습니다. 하지만 당신은 저를 전에 단 한 번 보셨고, 그 사이 수백 일의 간격이 있었지요. 당신은 마치 우리가 백과사전을 보듯이, 말하자면 그냥 투시력(clairvoiyance)을 가동한 것입니다. 저는 약 세 시간 동안 앉아서 당신의 가르침을 들었습니다. (R. W. D. 난키벨 여사가 저에게 준 원고를 출판한 책 한 권을 드리고 의견을 구하자, 당신은 그것을 높이 칭찬하고 거기서 인용도 했습니다.)

제가 듣기로 한번은 제자가 어떤 질문을 하자, 당신이 그 책을 집어 어느 구절을 가리키면서 "그대의 답변이 있군요"라고 했다고 합니다.

나중에는 갈증이 났는데, 더운 날 모터사이클을 몰고 갔기 때문입니다. 그러나 저는 세상없어도 그런 내색을 하지 않을 터였습니다. 하지만 당신은 아셨고, 한 제자에게 저한테 레모네이드를 좀 만들어 주라고 했습니다.

마침내 저는 가야 했습니다. 그래서 우리가 하는 식으로 절을 하고 산굴 밖으로 나와서 장화를 신었습니다. 당신도 따라 나오시더니 또 찾아와도 좋다고 했습니다.

5. 스승과 접촉하여 생겨난 두려움 없음과 안전감

당신의 친존에 있었다는 것이 우리 안에서 어떤 변화를 만들어내는지, 어쨌든 지금으로서는 신기합니다. 저는 개들에 익숙하지만, 그래도 만약 보통의 상황에서 개가 달려든다면 여전히 동요감을 느낄 것입니다. 하지만 거기서 그런 일이 일어나자, 저는 그 개를 그냥 바라보면서 곧장 걸어갔습니다. 개가 서너 번 저를 물려고 했으나 저는 두려움을 느끼지 않았고, 전혀 화도 나지 않았습니다. 사람들이 놀라서 소리치는 것을 들었지만, 산을 반쯤 내려오고서야 그것이 좀 위험했다는 것을 알았습니다.

이 나라에서 개에게 물리는 것은 웃을 일이 아닙니다. 개들이 사납고, 사체도 먹기 때문에 그 이빨이 '세균투성이'여서만이 아니라, 더위에 상처가 잘 낫지 않고, 공수병이 만연해 있기 때문입니다.

6. 프랭크가 전하는 마하트마의 가르침

스승이란, 오로지 신에 대해서만 명상해 왔고, 자신의 전 인격을 신이라는 바다에 던져 버렸으며, 거기서 그것을 익사시키고 잊어버린, 그리하여 마침내 오직 신의 도구가 되는 사람입니다. 그가 입을 열면 그 입은 애쓰거나 미리 생각할 것도 없이 신의 말씀을 이야기하고, 그가 손을 들면 신이 그것을 통해 다시 흘러나와 기적을 일으킵니다.

심령적 현상이나 그와 같은 것들에 대해 너무 많이 생각하지 마십시오. 그것들의 수효는 한량이 없고, 아주 무한정입니다. 그리고 심령적인 것에 대한 믿음이 구도자의 가슴속에 자리 잡고 나면, 그런 현상들은 제 할 일을 다 한 것입니다. 투시력·투청력透聽力이나 그와 같은 것들은 지닐 가치가 없습니다. 그것을 가졌을 때보다 가지고 있지 않을 때 훨씬 더 큰 깨달음과 평안을 얻을 수 있기 때문입니다. 스승들은 이런 능력들을 **자기희생**의 한 형태로서 지니지요! 저는 그런 스승들, 가장 위대한 분들 중 두 분을 알고 있습니다. 그래서 그대에게 말하지만, 스승이란 그저 오랜 수행과 기도, 혹은 그런 유의 어떤 것에 의해 다양한 신비적 감각들에 대한 능력을 성취한 자라는 관념은 전적으로 아주 그릇된 것입니다. 어떤 **스승**도 신비한 능력에 대해 조금도 신경을 쓰지 않았습니다. 그의 일상생활에서 그런 것이 전혀 필요 없기 때문입니다.

우리가 보는 (심령적) 현상들은 신기하고 놀랍습니다. 그러나 우리는 그 모든 것 중에서 가장 경이로운 것을 깨닫지 못하고 있는데, 그것은 저 **하나의**, 오직 하나의, 무한정한 힘이 (a) 우리가 보는 모든 현상들과 (b) 그것들을 보는 행위를 가능케 한다는 것입니다.

그대의 주의를 삶·죽음·현상들이라고 하는 이 변화하는 온갖 것들에 고정하지 마십시오. 그것들을 실제로 보거나 지각하는 행위조차도 생각하지 말고, 이 모든 것을 보는 **그것**만 생각하십시오. 그 모든 것을 있게 하는 **그것** 말입니다. 처음에는 이것이 거의 불가능하게 보이겠지만, 차츰 그 결과를 느끼게 될 것입니다. 그러자면 다년간 매일 꾸준히 수행해야 하며, 그렇게 해서 스승이 만들어집니다. 하루에 15분씩 이 수행에 할애하십시오. 눈을 뜬 채로, 마음을 **보는 그것**에 흔들림 없이 고정하려고 노력하십시오. 그것은 그대 자신의 내면에 있습니다. 그 '**그것**'을, 마음을 거기에 쉽게 고정할 수 있는 어떤 **한정된** 것으로 발견할 거라고 기대하지 마십시오. 그렇지 않을 것입니다. 그 '**그것**'을 발견하는 데 여러 해가 걸리기는 하지만, 이러한 집중의 결과는 곧—네댓 달 안에—보게 될 것입니다. 갖가지 무의식적인 투시력(직관력), 마음의 평안, 문제들에 대처하는 힘, 전반적인 힘으로 말입니다. 하지만 늘 무의식적인 힘입니다. 저는 **스승**들이 친근한 제자들에게 해주는 것과 같은 말로 그대에게 이 가르침을 드렸습니다. 지금부터는 명상 중에 그대의 모든 생각을, 보는 행위나 그대가 보는 대상에 두지 말고, 확고하게 **보는 그것**에다 두십시오.

II. 마하트마의 계속된 가르침

1. 성취

우리는 **성취**에 대해 어떤 보상도 받지 않습니다. 그 관념을 이해할 때는 우리가 어떤 보상을 바라지 않습니다. **크리슈나**가 말했듯이, "그대는 일을 할 권리는 있지만 그 열매에 대한 권리는 없다"는 것입니다. 완전한 성취는 그냥 숭배이며, 숭배가 곧 성취입니다.

만약 그대가 앉아서, 그대는 **하나인 생명** 덕분에 생각을 한다는 것, 그리고 **하나인 생명**에 의해 살아 움직이면서 생각이라는 그 행위를 하는 그 마음이 신이라고 하는 전체의 일부임을 깨닫는다면, 그대의 마음이 별개의 한 실체로서는 존재하지 않음을 논증하게 됩니다. 그리고 그 결과는 마음과 몸이 물리적으로 (말하자면) 사라진다는 것입니다. 그리고 남아 있는 유일한 것은 **존재**(Being)뿐인데, 그것은 존재이기도 하고 비존재이기도 하며, 말이나 관념으로는 설명할 수 없습니다.

스승은 이 상태에 영구적으로 있을 수밖에 없으나, 다만 이런 차이가 있습니다. 즉, 그는 우리가 이해할 수 없는 어떤 방식으로, 마음과 몸, 그리고 지성까지도 사용할 수 있지만, 별개의 의식을 가지고 있다는 망상에 도로 빠지지 않고 그렇게 한다는 것입니다.

이런 것들은 설명할 수가 없습니다. 비베카난다가 말했듯이, "그대가 세상을 돕기를 바라거나 그렇게 하려고 노력하는 것으로는 세상을 전혀 돕지 못하고, 그대 자신을 도움으로써만 세상을 도울 수 있습니다."

2. 종교

사변적으로 추리해 봐야 소용없고, 정신적으로나 지적으로 이해하여 거기서 뭔가를 얻어내려는 것도 소용없습니다. 그런 것은 종교일 뿐입니다. 즉, (영적인) 어린아이들과 사회생활을 위한 규범이고, 우리가 충격을 회피하여 내면의 불이 우리 안의 허튼 생각을 태워버리게 하고, 우리에게 조금 더 빨리 상식, 즉 (우리가 실재와는) 별개라는 망상에 대한 지식을 가르쳐 주도록 돕는 하나의 지침일 뿐입니다.

종교는 그것이 기독교든, 불교든, 힌두교든, 신지학이든, 철학이든, 다른 어떤 종류의 '교敎(ism)'나 '학學(sophy)'이나 체계든, 우리를 모든 종교가 만나는 그 지점까지 데려다 줄 뿐, 그 이상은 아닙니다.

3. 신

모든 종교가 만나는 그 한 지점은, 신이 모든 것이고, 모든 것이 신이라는 사실을 깨닫는 것인데, 그것은 결코 신비적인 의미에서가 아니라 가장 세간적이고 일상적인 의미에서이며, 그것이 세간적이고 일상적이며 실제적일수록 더 좋은 것입니다.

이 지점에서부터 이 정신적 이해의 수련 작업이 시작되며, 그것은 결국 하나의 습(習)을 깨트리는 것을 의미합니다. 우리는 사물을 '사물'로 부르기를 그만두고 그것들을 신으로 불러야 합니다. 그리고 그것들을 사물이라고 생각하기보다 신이라고 알고, '존재(existence - 현상계)'를 있을 수 있는 유일한 것이라고 상상하기보다 존재는 마음의 창조물일 뿐이라는 것과(왜냐하면, 만일 존재가 없다면 마음이 아무것도 볼 수 없으므로), 만약 우리가 존재를 규정하려고 들면 비존재가 필요해진다는 것을 깨달아야 합니다. 사물들을 안다는 것은 인지하는 하나의 기관이 존재함을 말해줄 뿐입니다. 귀머거리에게는 들리는 소리가 없고, 장님에게는 보이는 것이 아무것도 없습니다. 그리고 마음은 신의 어떤 측면을 지각하거나 식별하는 하나의 기관에 지나지 않습니다.

신은 무한하며, 따라서 존재와 비존재는 구성 부분에 지나지 않습니다. 신이 유한한 구성 부분들로 이루어져 있다고 말하려는 것이 아닙니다. 신에 대해 이야기할 때는 이해할 수 있도록 말하기가 어렵습니다. … 참된 앎은 바깥에서가 아니라 내면에서 옵니다. 그리고 참된 앎은 '아는 것'이 아니라 '보는 것'입니다.

4. 깨달음

깨달음은 말 그대로 신을 보는 것에 지나지 않습니다. 그대는 제가 쓰는 모든 것을 문자 그대로 읽어야 합니다. 우리의 가장 큰 실수는 신이 실제적으로, 문자 그대로 활동한다고 생각하지 않고, 상징적으로 그리고 비유적으로 활동한다고 생각한다는 것입니다.

한 조각의 유리에 색채와 형상을 그린 다음 그것을 환등기에 넣고 백색광을 비추면, 유리에 그려진 색채와 형상이 스크린 위에 재생됩니다. 그 빛이 비춰지지 않으면 스크린 위에서 슬라이드의 색채를 볼 수 없겠지요.

색채들은 어떻게 이루어집니까? 다면체 프리즘으로 백색광을 분해해서 나옵니다. 사람의 인격도 마찬가지입니다. 그것은 **생명의 빛**[신]이 그것을 관통해 빛날 때, 즉 그 사람의 행위 안에서, 나타납니다. 만일 그 사람이 자고 있거나 죽어 있으면 그의 인격을 볼 수 없습니다. **생명의 빛**이 그 인격을 살아 움직이게 하고, 그것이 이 다면적인 세계와의 접촉에 따른 반응으로 수천 가지 방식으로 행위하게 만들 때에만 우리가 한 사람의 인격을 지각할 수 있습니다. 만약 백색광이 분해되어 우리의 환등기 슬라이드 상에 형상과 모양으로 나타나지 않았다면, 그 빛 앞에 한 조각의 유리가 있었다는 것을 우리가 결코 알지 못했겠지요. 빛이 투명하게 통과해 버렸을 테니 말입니다. 어떤 의미에서 그 백색광은 손상되었고, 유리 위에서 색채들을 통해 빛나게 됨으로써 그 투명함이 얼마간 감소된 것입니다.

보통 사람도 그와 마찬가지입니다. 그의 마음은 스크린과 같습니다. 그 위에 흐려지고 변화된 빛이 비칩니다. 왜냐하면 다면적인 세계가 **빛**[신]의 진로를 가로막아 그것을 분해하도록 그가 허용해 왔기 때문입니다. 그는 빛[신] 그 자신을 보는 대신 그 빛[신]의 결과들만 보며, 그의 마음은 마치 스크린이 유리 위의 색채를 반사하듯이 그가 보는 결과들을 반사합니다. 프리즘을 없애면 그 색채들은 사라지면서 그것들이 나왔던 백색광으로 도로 흡수됩니다. 슬라이드에서 색채를 없애면 빛이 투명하게 통과합니다. 우리의 시야에서 우리가 보는 세계라는 이 결과들을 없애고 그 원인만을 살펴봅시다. 그러면 그 빛[신]을 보게 될 것입니다.

명상에 든 스승은 '보는 그것'에 주의를 워낙 확고히 고정하므로, 비록 눈과 귀가 열려 있어도 보지도 않고 듣지도 않으며, 어떤 신체적 의식도 전혀 없습니다―정신적 의식도 없고, 영적인 의식만 있습니다.

우리의 의심을 야기하고 우리의 마음을 가리는 세계를 치워버려야 합니다. 그러면 신의 빛이 투명하게 비칠 것입니다. 세계를 어떻게 치워버립니까? 예를 들어 그대가 한 사람을 보는 대신 "이것은 한 몸을 살아 움직이게 하는 신이다"라고 말할 때, 그 몸은 다소 완벽하게 신의 지시에 응답합니다. 배가 다소 완벽하게 타륜舵輪에 응답하듯이 말입니다.

5. 죄

죄란 무엇입니까? 예컨대 왜 어떤 사람은 과음을 합니까? 속박되는 것―원하는 만큼 많이 마실 수 없다는 무능력에 속박되는 것을 싫어하기 때문입니다. 그는 자신이 범하는 모든 죄에서 자유를 얻으려고 몸부림치고 있습니다. 자유를 얻으려는 이 몸부림은 사람의 마음 속에 있는 신의 첫 번째 본능적 행동입니다. 왜냐하면 신은 자신이 속박되어 있지 않다는 것을 알기 때문입니다. 과음은 인간에게 자유를 가져다주지 않지만, 그럴 때 그 사람은 자신이 실제로는 자유를 추구하고 있다는 것을 모릅니다. 그것을 깨달을 때, 그는 자유를 얻기 위한 최선의 길을 추구하기 시작합니다.

그러나 그 사람은 자신이 결코 속박되어 있지 않았다는 것을 깨달을 때에만 그 자유를 얻습니다. 그렇게 속박되어 있다고 느끼는 '나, 나, 나'들은 실은 **무한한 영**靈입니다. '나'가 속박되는 이유는, 어느 한 감각기관으로 지각하지 못하는 그 어떤 것도 '나'가 모르기 때문입니다. 오히려 '나'는 언제나 모든 몸, 모든 마음 안에서 '지각하는 그것'입니다. 이 몸과 마음들은 그 '나', 곧 **무한한 영靈**의 도구들일 뿐입니다. 색채들이 백색광이듯이, 그 도구들 자체인 '나'가 그 도구들을 가지고 무엇을 원하는 것입니까?

인간인 예수는 기적을 행하고 놀라운 말들을 할 때, 그것을 전혀 의식하지 못했습니다. 원인이자 결과이면서 완벽한 어우러짐 속에서 행위한 자는 백색광, 곧 **생명**이었습니다. "내 아버지와 나는 하나다." '나'와 '내 것'이라는 관념을 포기하십시오. 몸이 무엇을 소유할 수 있습니까? 마음이 무엇을 소유할 수 있습니까? 신의 빛이 비치지 않는다면 둘 다 생명 없는 도구입니다. 우리가 보고 감각하는 이런 것들은 그 **하나인 무한한 영**靈의 나뉘어진 색채들일 뿐입니다.

6. 숭배

어떻게 하면 신을 가장 잘 숭배할 수 있습니까? 그야 물론, 그를 숭배하려 하지 말고, 그대의 전체 **자아**를 그에게 내놓고, 모든 생각, 모든 행위가 저 **하나인 생명**[신]의 작용일 뿐임을 보여주면 됩니다—의식하지 못하느냐, 의식하느냐에 따라 완벽한 정도는 다르겠지만 말입니다.

신은 우리가 **의식하지 못하는** 덕행 속에서 완벽하게 작용합니다. 스승은 가르칠 때 자신이 가르친다는 어떤 생각도 하지 않지만, 그의 친존에서 어떤 의심이나 어려움을 느끼면, 그대가 그 의심을 표현하기도 전에 즉시 멋진 말씀이 흘러나와 그 의심을 해소해 줄 것입니다. 그 말씀은 결코 실패하지 않으며, 신에게 자신의 심장을 고정하고 있는 스승은 어떤 행위도 개인적 행위가 아니라는 것을 완벽히 깨닫고 있기에, 자신이 그 생각의 시발점이었다거나 의심을 소멸하는 수단이었다는 어떤 주장도 하지 않습니다. 그는 '나'나 '내 것'이라는 말을 결코 하지 않고, 모든 생각과 행위에서—그것이 그대의 것이든 그의 것이든—신만을 보며, 자신이 그대의 의심을 가라앉힌 데 대해 스스로 어떤 놀라움이나 어떤 특별한 즐거움도 느끼지 않습니다. 그는 결코 즐거움을 느끼고 싶어 하지도 않습니다. 그는 이렇게 말합니다.

즐거움을 느끼는 것은 누구인가? 그야 물론, 신이다.

즐거움이란 무엇인가? 그야 물론—본능적으로든 아니면 다른 방식으로든—신을 인정하는 것이다.

이른바 '나'가 누구인가? '나'는 곧 신이다.

신이 곧 즐거움이다. 만약 내가 영구적인 즐거움을 원한다면 나 자신을 잊어야 하고, 즐거움 그 자체인 것, 즉 신이 되어야 한다.

스승은 자신의 전 자아를 희생하여, 하나의 인위적 관념인 그것을, 존재하는 자이고, 말 그대로 만물의 **질료**이자 **원인**인 신이라는 **바다** 속으로 가라앉혀, 행복의 화신이 됩니다. 마찬가지로, 그는 모든 개인적 욕망, 심지어 덕에 대한 욕망조차도 내던집니다. 그는 그것이 자신의 행위가 아니라고 하면서, 그것을 신에게 귀속시킵니다. 결국 그는 자신이 한때 욕망했던 그 개인적 덕의 화신이 되는데, 그의 가까이 올 수 있는 사람 치고 복 받지 않은 사람이 없습니다. 그는 모든 덕의 화신입니다. 참된 숭배와 그 결과가 그와 같습니다.

III. 마하르쉬

그분에 대해 추려내야 할 사실들은 얼마 되지 않고 빈약하지만, 그 사실들이 보기 드물게 단순해서 더욱 흥미진진합니다.

저는 다행히도 마하르쉬님이 서로 다른 자세로 깊이 명상에 들어서 앉아 있는 사진 두 장을 얻었습니다. 그 중 하나에는 제가 간략히 적은 글들이 있습니다. 더 자세한 내용을 알기 위해 저에게 편지를 보내셔도 소용없습니다. 제가 출판하는 것은 공개를 허락 받은 내용 전부입니다.

1. 부름은 어떻게 왔는가

제가 아는 한 제자가 저에게 이런 이야기를 했습니다.

마하르쉬님은 만 열여섯 살 때 참된 **깨달음**을 얻었습니다. 그러나 계속 부모님과 함께 살았는데, 결국 1896년 8월 29일에 위기가 찾아왔습니다. 그날 마하르쉬님이 좌정한 채 명상에 몰입해 있는 것을 본 당신의 형이 당신을 나무라면서, 사두처럼 살고 싶은 사람은 가정생활을 누릴 권리가 없다는 암시를 했습니다. 마하르쉬님은 쪽지 하나를 남기고 집을 떠났습니다. **아루나찰라의 부름**에 복종하여 길을 떠난 것입니다. 그분은 아루나찰레스와라(Arunachaleswara) 사원과 그 밖의 장소에서 살다가, 제가 당신을 찾아간 그 산굴로 옮겨갔습니다. 그분은 약 39세이며,[1] 그 산굴에서 이미 여러 해를 살고 있습니다.

2. 산굴에서는 어떻게 시간을 보냈나

처음 2년간은 그분이 묵언에 잠겨 있었습니다. 여러 해 동안 말씀을 한 마디도 하지 않았지요. 이것은 무슨 광신적 행위가 아니라, 단지 사람들과 대화를 나누고 싶은 마음이 없었기 때문입니다. 그러나 지난 6년간은 말씀도 하고 가르치기도 합니다.

그분은 남인도 언어들과 영어로 이야기합니다. 힌두 경전 중에서 가장 중요한 부분은 암기하고 있고, 기독교 역사와 성서 시대에 대해서도 잘 알고 있습니다.

그분의 이름을 아는 사람은 많지 않고, 제자들에게 직접 들려준 당신의 출가 이야기와 출신 계급이 브라민이라는 것 이상으로 그분에 대해 아는 사람도 별로 없습니다. 그분에게서 두드러지는 점은 당신의 인격이며, 신뢰할 만한 목격자들이 들려주는 신기한 이야기들이 있습니다. 예를 들면 다음과 같은 것입니다.

---

[1] T. 험프리스의 편지들은 1913년에 간행되었다. 그가 편지를 보낸 것이 1912~13년이라고 보면, 1879년 12월 생인 바가반의 당시 나이는 32~3세였다.

3. 기드온과 양털[2]의 힌두적 버전

어느 해의 우기 초에, 마하르쉬님이 산기슭의 노천에서 깊은 명상에 들어 앉아 있었습니다. 저에게 이야기를 들려준 제자가 아는 한 여성이 당신께 공양을 드리고 축복을 청하기 위해 그곳으로 올라가다가, 도중에 갑자기 쏟아지는 비를 피해 어느 바위인가 나무 밑으로 들어갔습니다. 그분이 앉아 있던 곳에서 270미터쯤 떨어진 곳이었습니다. 그녀가 보니 그분은 계속 황홀한 명상에 들어 앉아 있었습니다.

비가 그치자 그녀는 그분께로 올라갔는데, 그분 주위로 약 45미터의 공간은 땅이 전혀 젖지 않았다는 것을 발견했습니다.

4. 마하르쉬의 12년 묵언을 트게 한 마하트마

그분과 가나빠띠 샤스뜨리아르의 관계를 자세히 모르면 마하르쉬님에 대한 어떤 이해도 불가능합니다(「국제심령학보」 6월호 참조). 하루는 샤스뜨리아르가 그분을 찾아가서 산스크리트 운문으로 이야기를 했고, 12년간의 묵언이 깨졌습니다. 그것은 6년 전이었고, 마하르쉬님은 그 이후로 말씀도 하고 가르치기도 합니다. 샤스뜨리아르는 말하자면 스승 지위의 지적인 측면을 구현하고, 마하르쉬님은 헌신의 측면을 구현합니다. 그렇기는 하나, 샤스뜨리아르는 굉장히 헌신적이고 마하르쉬님의 지성이

---

[2] T. 성경에 나오는 이야기. 기드온이 여호와에게 자신이 이스라엘을 구할 수 있다면 그 증거로 양털뭉치를 마당에 둘 테니 양털만 이슬에 젖게 하고 땅은 마른 상태로 있게 해 달라고 청했다. 다음날 새벽에 확인해 보니 과연 그러했다. 다음날은 반대로 땅은 이슬에 젖고 양털은 젖지 않게 해 달라고 청했더니, 청한 대로 역시 그러했다.

예리한 것은 두말할 필요가 없습니다.

  샤스뜨리아르 자신이 늘 이렇게 말합니다. "이런 일들을 하는 분은 내가 아니라 마하르쉬님이시다." 그는 분명히 자신을 마하르쉬님의 도구로, 곧 **생존해 있는 마하트마들 중 가장 위대한 분**이 발하는 힘을 (대신) 휘두르는 사람으로 여기는 것입니다. 그러나 이것을 너무 문자 그대로 받아들여서는 안 됩니다. 그것은 하나의 전체로 간주되는 사실들에서 유추해 본 것에 불과합니다. 헌신적인 분(마하르쉬)이 지적으로 계발된 분(샤스뜨리아르)을 어떻게 즉시 인정하셨는지, 그리고 지적인 분이 명상적인 성스러운 헌신가의 지배력에 어떻게 단박에 복종했는지는 유념해 둘 만합니다.

  샤스뜨리아르는 제가 마하르쉬님을 처음 찾아갈 때 저와 함께 그 산기슭으로 다가가면서 두 가지 예언을 했습니다. 그 중 하나는 성취되었고, 다른 하나는 성취될 때를 기다리고 있습니다.

  우리가 그 산 위로 가까이 갔을 때 샤스뜨리아르가 말했습니다. "쉿! 우리 이제 조용히 해야 합니다. 그분께 가까이 다가가고 있으니."

  샤스뜨리아르는 미묘한 유머 감각이 있습니다. 한번은 제가 저의 어느 전생에 대해 질문했습니다. 샤스뜨리아르가 저를 바라보더니 말했습니다. "두 달만 기다려 보시오. 그러면 그대의 모든 전생을 자세히 말해주겠소." 저는 잠시 아주 즐거웠지만, 이내 이 마하트마가 저를 시험하고 있다는 것을 알았습니다. 그러자 샤스뜨리아르는 누구도 흉내낼 수 없는 그만의 방식으로 부드럽게 웃으면서 이렇게 중얼거렸습니다. "무슨 소용? 그게 무슨 소용 있을까?"

5. 샤스뜨리아르의 학식

한번은 샤스뜨리아르가 어느 작은 읍에 산스크리트를 가르치러 가야 한다는 영적인 부름을 느꼈습니다. 그곳에 가보니 학교에 빈자리가 하나 있었고, 그는 그 자리에 지원했습니다. 학교 당국자가 말했습니다. "당신의 산스크리트 실력이 훌륭하다는 것을 우리가 어떻게 압니까?"

샤스뜨리아르는 즉시 북쪽의 베나레스(바라나시)로 올라갔습니다. 거기서 가장 엄격한 시험들을 통과하고 최고의 학위를 얻어, 그 증서들을 가지고 그 작은 읍으로 돌아와 그것을 그 사람들에게 보여준 다음, 갈기갈기 찢어서 내버렸습니다. 한 유명한 산스크리트 학자가 말하기를, 샤스뜨리아르에게 임의로 어떤 주제를 주어도, 그는 몇 분간 왔다 갔다 한 뒤에 그 선택된 주제에 관해 형식과 의미에서 완벽한 산스크리트 시들을, 우리가 받아 적을 수 없을 만큼 빨리 지어낼 것이라고 합니다.

6. 샤스뜨리아르의 투시력과 심령적 천품

샤스뜨리아르가 선동꾼인지 여부를 알아내려고 누군가가 한 사람을 파견했습니다. 샤스뜨리아르는 산굴 안에 앉아 명상을 하고 있었습니다. 그 사내는 정체를 감추고 있었고, 자신이 샤스뜨리아르를 존경한다고 하면서 그의 제자가 되고 싶다고 했습니다. 샤스뜨리아르는 방문객을 친절하게 맞이하고 그에게 몇 가지 질문을 했습니다. 사내는 미리 준비해 왔기 때문에 쉽게 답변했습니다. 그래서 그들은 잠시 한동안 앉아 있었고, 샤스뜨리아르는 다시 명상에 잠겼습니다.

사내는 임무를 받자마자 바로 왔기 때문에 샤스뜨리아르는 그가 온다는 소식을 들을 겨를이 없었습니다. 그는 샤스뜨리아르에게 아무 질문도 하지 않았고, 제자 지망생인 척만 하고 있었습니다.

그럴 때 샤스뜨리아르가 말했습니다. "그대는 이러이러한 읍에서 왔고, 내가 선동꾼인지 알아내려고 왔군요. 왜 나에게 거짓말을 했습니까?" 사내는 자백을 했고, 결국 샤스뜨리아르의 제자가 되었습니다.

샤스뜨리아르에게는 열 두 명의 특별한 제자가 있습니다. 그는 그들 각자에게 그 사람이 가장 잘 설명할 수 있는 주제를 맡겼습니다. 한번은 그가 한 제자에게 그 주제들을 열거하며 하나를 골라 보라고 했습니다. 제자가 고르고 나서 쳐다보니, 스승의 얼굴에 조용한 미소가 어려 있었습니다. 그가 무엇을 고를지 미리 알고 있었던 것입니다.

또 한 번은 샤스뜨리아르가 말했습니다. "영국·프랑스·독일·이탈리아·미국—나는 어디나 다 간다." 그런 말씀을 단순하게 하지만 과시하는 기미는 없고, 단지 사실을 이야기하는 것일 뿐입니다.

누가 샤스뜨리아르에게 물었습니다. "사람이 끊임없이 명상에 들어 있을 수도 있습니까? 눈을 그렇게 오랫동안 뜨고 있을 수 있습니까?" 샤스뜨리아르가 말했습니다. "예." 그런 다음 일주일 동안 밤낮으로 그를 지켜보았지만 그는 결코 눈을 감지 않았습니다. 마하르쉬님의 사진을 보시면 그분이 눈을 뜨고 계신 것을 보실 겁니다. 하지만 그분은 깊은 명상에 잠긴 채 바깥세상의 모든 것을 잊고 있습니다. 산굴에서 마하르쉬님과 함께 잠을 자본 사람들의 말로는, 당신은 사실상 전혀 잠을 자지 않는다고 합니다.

7. 마하르쉬는 호기심 많은 사람들에게 어떻게 답변하는가

사람들이 순전히 호기심에서 질문을 하면 그분은 잠시 집중하고 있다가 이렇게 말할 것입니다. "저는 이 질문에 답변할 권한을 신에게서 받지 않았습니다." 혹은 이렇게 답변할 수도 있습니다. "그대는 '나, 나가 알고 싶다'고 말합니다. 그 '나'가 누구인지를 말해 주십시오. 먼저 그 '나'를 아십시오. 그러면 일체를 알게 될 것입니다."

그러나 영적인 빛을 추구하는 질문자들의 경우에는 그분이 더없이 유능하게 답변하고, 설명을 위해서는 어떤 논점에 대해서도 기꺼이 논쟁합니다.

이 두 분 다 그 점은 어김없이 똑같습니다. 이미 질문에 답변하고 있는 중이 아니면, 이분들은 결코 바로 답변하지 않고 먼저 명상에 잠길 거라는 것입니다.

3

해탈요담
解脫要談

'The Talks' in *Sat-Darshana Bhashya*

by K

(First Edition, 1931. Eleventh edition, 2015)

서언

'스리 마하르쉬와의 대담(Talks with Sri Maharshi)'은 주로 D가 1912년 이후로 마하르쉬님과 나눈 대화에서 뽑은 것이다. 그 중 일부는 나중에 『라마나 기타(Ramana Gita)』와 한두 권의 소책자에 포함되었다. 이 대담들은 일반 독자들에게 주된 저작인 '실재직견實在直見(Sat-Darshan)'의 철학을 소개할 목적으로 여기 내놓는다. 스리 마하르쉬와의 대화들은 보통 타밀어로 이루어졌고, 몇 가지 영어와 산스크리트어 단어들이 섞여 있었다. 우리는 당신께 이야기하면서 '당신'이라고 말하지 않고, 당신도 자신을 '나'라고 지칭하지 않으신다. 이런 호칭들이 여기서 사용되는 것은 영어판을 위해서이다. D의 이름이 언급되지 않는 것은 주제의 목적상 그것이 불필요하다고 여겨져서이다.1)

K.

---

1) *T.* 이 서언은 좀 더 길지만, 여기서는 이 대담과 관련되는 앞부분만 옮겼다.

1. 처음 의문들

헌신자: 당신께서는 우리가 진아를 탐색하면 그것을 깨달을 수 있다고 말씀하십니다. 이 탐색의 성격은 무엇입니까?

마하르쉬: 그대는 마음입니다. 혹은 자신이 마음이라고 생각합니다. 마음은 생각들에 지나지 않습니다. 지금 특정한 생각 하나하나마다 그 이면에 '나'—즉, 그대 자신—라고 하는 하나의 일반적 생각이 있습니다. 이 '나'를 첫 번째 생각이라고 합시다. 이 '나'라는 생각을 꽉 붙들고 그것이 무엇인지를 알아내십시오. 이 물음이 그대를 단단히 장악하면 다른 생각을 할 수가 없습니다.

헌: 제가 그렇게 하면서 저의 자아, 즉 '나'라는 생각을 꽉 붙들면 다른 생각들이 왔다가 가기는 하지만, 저 자신에게 "나는 누구인가?" 하고 물으면 아무 답변도 나오지 않습니다. 이 상태로 있는 것이 그 수행이군요. 그렇습니까?

마: 그것은 사람들이 종종 하는 실수입니다. 그대가 **진아**에 대해 진지한 탐구를 할 때 일어나는 일은, 한 생각으로서의 '나'라는 생각이 사라지고, 깊은 곳에서 나온 다른 어떤 것이 그대를 장악한다는 것인데, 그것은 탐구를 시작한 그 '나'가 아닙니다.

헌: 그 다른 어떤 것이 무엇입니까?

마: 그것은 진정한 **자아**, 곧 '나'의 의미입니다. 그것은 에고가 아닙니다. 그것은 **지고의 존재** 그 자체입니다.

2. 생각을 물리치기

헌: 그러나 당신께서는 우리가 탐구를 시작할 때 다른 생각들을 물리쳐야 한다고 종종 말씀하셨습니다. 그러나 그 생각들은 끝이 없습니다. 한 생각을 물리치면 다른 생각이 들어오고, 거기에 전혀 끝이 없는 것 같습니다.

마: 저는 생각들을 계속 물리쳐야 한다고는 말하지 않습니다. 그대가 자신을, 그러니까 '나'라는 생각을 꽉 붙들면, 그리고 그대의 관심이 계속 그 단 하나의 생각에 가 있을 때는, 다른 생각들이 물리쳐지고, 자동적으로 사라질 것입니다.

헌: 그러니까 생각들을 물리칠 필요가 없군요?

마: 아니지요. 한동안은, 혹은 어떤 사람들에게는 그것이 필요할 수도 있습니다. 그대는 생각이 하나씩 일어날 때마다 계속 물리치면 끝이 없다고 상상합니다. 아닙니다. 끝이 있습니다. 정신 차려 깨어 있고, 생각이 하나씩 일어날 때마다 그것을 물리치는 단호한 노력을 하면, 이내 그대가 자신의 내적인 **진아** 속으로 점점 깊이 들어가고 있는 것을 발견할 것이고, 거기서는 생각들을 물리치려는 노력을 할 필요가 없습니다.

헌: 그러면 노력 없이, 긴장 없이 있는 것이 가능하군요!

마: 그뿐만 아니라, 일정한 정도 너머에서는 그대가 노력을 하는 것이 불가능합니다.

헌: 더 깨우쳐 주시기 바랍니다. 제가 전혀 노력을 하지 않으려고 해야 합니까?

마: 여기서는(현 상태에서는) 그대가 노력 없이 있을 수가 없지요. 더 깊

이 들어가면 어떤 노력도 할 수 없게 됩니다.

3. 탐구와 은총

헌: 그러면 저는 외부의 도움 없이도 저 자신의 노력으로 혼자서 더 깊은 진리 속으로 들어갈 수 있군요.

마: 맞습니다. 그러나 그대가 진아에 대한 탐구에 사로잡혀 있다는 바로 그 사실이 신의 은총(Arul)의 현현입니다. 그것은 심장, 곧 내적인 존재, 진정한 자아 안에서 눈부시게 빛을 발합니다. 그것이 내면에서부터 그대를 끌어당깁니다. 바깥에서 안으로 들어가려고 시도해야 합니다. 그대의 시도가 탐구(Vichara)이고, 그 깊은 내적 움직임이 은총입니다. 그래서 제가 은총 없이는 어떤 진정한 탐구도 없고, 탐구가 없는 사람에게는 은총도 작용하지 않는다고 말하는 것입니다. 둘 다 필요합니다.

4. 참스승

헌: 당신께서는 다른 데서 참스승(Sad-guru)의 은총 없이는 진아에 도달할 수 없다고 말씀하셨습니다. 그것은 정확히 어떤 의미로 하신 말씀입니까? 이 스승(Guru)이 무엇입니까?

마: 지知의 길의 관점에서 보자면 그것은 진아의 위없는 상태인데, 그것이 참스승입니다. 그것은 그대가 자신의 자아라고 부르는 에고-자아(ego-self)와는 다릅니다.

헌: 그럴 때 만약 그것이 저 자신의 자아의 위없는 상태라면, 제가 참스승의 은총 없이는 거기에 도달할 수 없다는 것은 어떤 의미로 하시는 말씀입니까?

마: 에고-자아는 개아(jiva)입니다. 그것은 만물의 하느님(Sarveshwara)과는 다릅니다. 개아가 사심 없는 헌신을 통해 하느님에게 다가갈 때, 그는 자애롭게 이름과 형상을 취하여 그 개아를 자신 속으로 받아들입니다. … 그래서 스승은 하느님에 다름 아니라고 하는 것입니다. 그는 신의 은총이 인간으로 화현한 것입니다. 『기타』에서는 "진인은 참으로 나 자신의 진아다(Jnāni tvātmaiva me matam)"[1]라고 합니다. 진정한 스승은 신 그 자신입니다. 누가 이것을 의심할 수 있습니까?

헌: 그러나 (깨달은 분들 중에서도) 인간인 스승이 전혀 없었던 것같이 보이는 분들도 있습니다.

마: 맞습니다. 어떤 위대한 영혼들의 경우에는 신이 내면에서 그들의 빛의 빛으로서 자신을 드러냅니다.

---

1) T. 『바가바드 기타』, 7.18.

헌: 그렇다면 무엇이 참된 헌신(*bhakti*)입니까?

마: '내가 하거나 스스로 하고 있다고 여기는 것이 무엇이든, 실제로는 **하느님**(Lord)이 하시는 일이다. 실로 아무것도 내 것이 아니다. 나는 **하느님**께 봉사하기 위해 여기 있다.' 이러한 봉사 정신(*Arul uruvam*)이 실은 지고의 헌신이며, 참된 헌신자는 **지고의 존재**를 만물에 내재한 **하느님**으로 봅니다. 이름과 형상으로 그를 숭배하면 모든 이름과 형상을 넘어서게 됩니다. 완전한 헌신이 위없는 지知 안에서 정점에 이릅니다.

처음에는 세간적 욕망으로 헌신이 발동된다 해도, 헌신은 그 욕망이 성취되는 것으로 그치지 않습니다. 그것이 흔들릴 수 없는 믿음에 의해 증장되어 완전하게 성장하면, 지고한 깨달음의 상태로 들어갑니다.

헌: 그러면 어떤 것이 지知의 길입니까?

마: 에고가 벗겨진 그는 자연스럽게 지고한 **진아자각**(Self-awareness) 안에 자리 잡습니다.

헌: 어떻게 우리가, 헌신과 지知 둘 다 같은 목표에 이른다고 말할 수 있습니까?

마: 왜 아니겠습니까? 두 길 모두 그대를, 모든 이해를 넘어선 **지고한 평안**(*Mounam*)의 상태로 이끕니다.

[주: 모든 개아들의 **하느님**이 있다는 것을 모두가 받아들여야 한다. 만약 우리가 **사유쟈**(*Sayujya*) 상태, 곧 의식하는 합일의 상태에 도달하기를 진지하게 원한다면, 이것을 진리로 아주 잘 받아들일 수 있을 것이다. 마하르쉬님이 나따나난다 스와미에게 해주신 가르침(「영적인 가르침」)을 보라.]

해탈요담 **157**

5. 내면의 진아가 그대를 기다린다

헌: 당신께서는 종종 "그대 없이는 전 세계가 존재하지 않는다", "일체가 그대에게 의존하고 있다", "그대 없이 무엇이 있는가?" 등의 말씀을 하십니다. 이것은 정말 당혹스럽습니다. 세계는 제가 태어나기 전부터 있었습니다. 그리고 제가 죽은 뒤에도 있을 것입니다. 마치 제가 지금 이렇게 살아 있는 것처럼 한때 살았던 무수한 사람들이 죽은 뒤에도 세계가 살아남았듯이 말입니다.

마: 제가 언제 세계가 그대 '때문에' 있다고 말한 적이 있습니까? 저는 "그대의 자아 없이 무엇이 있느냐?"는 질문을 그대에게 던졌습니다. 자아(self)라고 한 것은, 미세신이든 조대신이든 몸을 뜻하는 것이 아니라는 것을 알아야 합니다.

게다가 그대에게는 이런 관념이 제시됩니다. 즉, 만약 그대가 그대 자신, 그대 자신과 같은 남들, 그리고 세계에 대한 관념을 포함한 모든 관념들이 그 안에서 움직이는 진아를 알고 나면, 하나의 실재, 곧 그대가 지금 보는 모든 세계의 진아이고, 모든 자아들의 진아이며, 단 하나 실재하는 것인 지고의 진리가 있다는 것을 깨닫는데, 그 진리는 개아, 곧 영원하지 않은 에고-자아와 구별되는 빠라마 아뜨만(Parama Atman), 즉 지고의 영원자라는 것입니다. 에고-자아나 신체적 관념을 아뜨만으로 착각하면 안 됩니다.

헌: 그러면 아뜨만이 곧 신이라는 말씀이십니까?

마: 그대는 문제를 어렵게 봅니다. '진아를 알기 위한' 탐구는 방법상 "시보함(Shivoham)"["시바가 나다"]이나 "소함(Soham)"["그가 나다"] 명상과는 다

릅니다. 저는 오히려 진아지(Self-knowledge)를 강조합니다. 왜냐하면 그대는 먼저 그대 자신에게 신경을 쓴 다음, 나아가 세계와 세계의 하느님을 알기 때문입니다. "소함" 명상이나 "나는 브라만이다" 명상은 다소간 심적인 생각입니다. 그러나 제가 이야기하는 진아에 대한 탐구는 직접적인 방법이고, 실로 다른 명상보다 수승殊勝합니다. 왜냐하면 그대가 진아에 대한 탐구의 움직임에 들어가서 점점 더 깊이 나아가는 순간, 진정한 자아가 거기서 기다리고 있다가 그대를 맞이하며, 그 다음에는 이루어지는 모든 일이 다른 어떤 것에 의해 이루어지고 그대는 거기에 관여할 수가 없기 때문입니다. 이 과정에서는 모든 의심과 논의들이 자동적으로 포기됩니다. 마치 잠을 자는 사람이 당분간 모든 근심을 잊어버리듯이 말입니다.

헌: 다른 어떤 것이 거기서 기다리다가 저를 환영한다는 것은 어떤 확실성이 있습니까?

마: 사람이 충분히 발전된 영혼(pakvi)일 때는 자연히 납득하게 됩니다.

헌: 그 발전은 어떻게 가능합니까?

마: 다양한 답변을 할 수 있지요. 그러나 이전의 발전이 무엇이었든, 탐구는 그 발전을 빠르게 합니다.

헌: 그것은 하나의 순환논법입니다. 제가 발전되어 있으면 그 탐구를 할 만큼 강합니다. 그 탐구 자체는 저에게 발전을 안겨주고요.

마: 마음은 늘 이런 식의 난점을 갖습니다. 그것은 그 자신을 만족시킬 어떤 이론을 원합니다. 실은 신에게 다가가려고, 혹은 그 자신의 참된 존재를 깨달으려고 진지하게 열망하는 사람에게는 어떤 이론도 필요하지 않습니다.

경전에서는 다양한 수단들이 제시됩니다. … 위대한 분들, 드높은 영혼들과의 접촉이 하나의 효과적 수단(Sahavāsena mahatām satāmārudachet-asām)[『라마나 기타』, 6:12]이라는 것은 맞습니다.

6. 비非지적인 내적 탐구

헌: 만일 제가 계속 생각들을 물리치면 그것을 탐구라고 할 수 있습니까?

마: 그것은 하나의 디딤돌일 수 있지요. 그러나 실은 탐구는 그대가 자신의 **진아**를 꽉 붙들어 이미 마음의 움직임, 곧 생각의 물결에서 벗어났을 때 시작됩니다.

헌: 그러면 탐구는 지적인 것이 아니군요?

마: 그렇지요, 그것은 **내적인 탐구**(Anthara Vichara)입니다.

헌: 그것은 명상(dhyana)입니까?

마: 생각에 휘둘리지 않는 어떤 입장을 고수하는 것이 수련(ahbyasa) 혹은 수행(sadhana)입니다. 깨어서 지켜보는 거지요. 그러나 그 상태가 더 강렬해지고 더 깊어지면 그대의 노력과 모든 책임이 그대로부터 떨어져 나갑니다. 그것이 **아루다**(Aroodha), 곧 **싯디**(Siddhi)의 상태입니다.

7. 지知의 성취는 무활동이 아니다

헌: 싯디를 성취한 사람이, 지금 당신께서 묘사하신 것처럼 돌아다니고, 행위하고, 말을 할 수 있습니까?

마: 왜 아니겠습니까? 그대는 진아 깨달음이 돌과 같거나 무無가 된다는 의미로 그렇게 말하는 것입니까?

헌: 모르겠습니다. 그러나 사람들은 모든 감각 활동에서, 모든 생각에서, 모든 생활 경험에서 물러나는 것이, 즉 활동을 그치는 것이 최고의 상태라고 말합니다.

마: 만일 그렇다면 그 상태와 깊은 잠 사이에 무슨 차이가 있습니까? 게다가 그것이 아무리 드높다 해도 만약 그것이 하나의 상태라면, 그것은 나타나고 사라지며, 따라서 진아에게는 자연스럽고 정상적이지 않습니다. 그런데 어떻게 그것이, 모든 상태에서 지속되고 실로 그 상태들이 사라진 뒤에도 남아 있는 지고한 진아의 영원한 현존을 대표할 수 있겠습니까? 어떤 사람들의 경우에 그런 상태가 불가피하게 있는 것은 사실입니다. 그것은 수행의 일시적 국면이거나, 아니면 신의 뜻이나 발현업이 그러하다면 생의 끝까지 지속되는 상태일 수도 있겠지요. 여하튼 그것을 최고의 상태라고 할 수는 없습니다. 위대한 분들, 해탈자들(Muktas), 싯다들(Siddhas)은 아주 활동적이었다고 하며, 실로 활동적입니다. 이 세계를 주재하면서 세계의 활동을 감독하는 영靈인 이스와라 자신도 명백히 그런 극히 비활동적인 상태에 있지는 않습니다. 그렇지 않다면 해탈존자解脫尊者(Mukta Purushas)들은 물론이고 신도 최고의 상태를 성취하지 못했다고 말해도 되겠지요.

헌: 그러나 당신께서는 늘 침묵(*mouna*)을 크게 강조해 오셨습니다.

마: 예. 그랬지요. 그러나 침묵은 활동의 부정이나 정체된 비활동을 뜻하지 않습니다. 그것은 단순한 생각의 부정이 아니라, 그대가 상상할 수 있는 것보다 더 적극적인 어떤 것입니다.

헌: 그것은 생각할 수 없는 것입니까?

마: 그렇지요. 그대가 달음박질치는 마음을 가지고 달려가는 한, 그것을 가질 수 없습니다. 진아의 침묵은 항상 있습니다. 그것은 그대의 모든 활동을, 사실 모든 움직임을 뒷받침하는, 하나의 바위같이 불변하는 지고의 **평안**(*mounam*)입니다. 바로 이런 침묵 안에 신과 **해탈존자**들이 뿌리 내리고 있습니다.

8. 무상삼매와 본연삼매

헌: 그러면 어떤 것이 **삼매**三昧입니까?

마: 요가에서 **삼매**라는 용어는 모종의 황홀경을 가리키는데, 삼매에는 다양한 종류가 있습니다. 그러나 제가 이야기하는 **삼매**는 다릅니다. 그것은 **본연삼매**本然三昧(*Sahaja Samadhi*)입니다. 왜냐하면, 여기서는 그대가 활동하는 중에도 **선정**禪定(*Samadhana*)를 갖고, 고요하고 차분한 상태로 있기 때문입니다. 자신이 내면의 더 깊은 **진정한 자아**에 의해 움직여진다는 것을 깨닫습니다. 아무 걱정도, 아무 우려도, 아무 근심도 없습니다. 여기서는 그대에게, 곧 에고에게 속한 것이 아무것도 없다는 것을 깨닫

게 되기 때문입니다. 그리고 일체는 그대가 의식하는 가운데 접촉하는 그 어떤 것에 의해 이루어집니다.

헌: 만약 그것이 **본연삼매**이고 가장 바람직한 상태라면, **무상삼매**無相三昧(Nirvikalpa Samadhi)는 아무 필요가 없군요?

마: 라자 요가(Raja Yoga)의 무상삼매는 쓸모가 있을지도 모릅니다. 그러나 **지**知(Jnana-지知의 길)에서는 이 **본연상태**(Sahaja Sthiti) 혹은 **본연안주**(Sahaja Nishtha) 자체가 **무상삼매** 상태입니다. 왜냐하면 이 상태에서는 마음이 의심에서 벗어나 있기 때문입니다. 그 마음은 가능한 것들과 개연성 있는 것들의 대안들 사이에서 왔다 갔다 할 필요가 없습니다. 그것은 어떤 종류의 상상(vikalpa)도 없습니다. 그것은 **진리**를 확신하고 있습니다. 그것은 **실재**의 현존을 느낍니다. 그것은 활동하고 있을 때조차도 자신이 **실재·진아·지고의 존재** 안에서 활동하고 있다는 것을 압니다.

9. 브라만은 저 너머인가?

헌: 이것은 **진아**가 마음을 넘어서 있고, 마음은 **브라만**을 알 수 없으며, **브라만**은 생각과 말을 넘어서 있다(avangamanasagochara)고 하는 말들과 모순되는 것 같습니다.

마: 그래서 그들은 마음이 두 겹이라고 말합니다. 더 높은 순수한 마음과 낮은 불순수한 마음이 있다는 것입니다. 불순수한 마음은 그것을 알 수 없지만 순수한 마음은 압니다. 그것은 순수한 마음이 가늠 불가능

한 진아, 곧 브라만을 가늠한다는 의미가 아닙니다. 그것은 **진아**가 순수한 마음 안에서 그 자신이 느껴지도록 하며, 그래서 그대가 생각을 하고 있는 중에도 그 **현존**을 느끼고, 자신이 더 깊은 **진아**와 하나이고 생각의 물결들은 표면에만 있다는 진리를 깨닫게 된다는 뜻입니다.

헌: 그것은 당신께서 이야기하시는 심멸心滅(*mano nasha*) 혹은 에고 소멸(*ahankara nasha*)이 절대적 소멸은 아니라는 것을 의미합니다.

마: 그렇지요. 마음이 불순물들에서 벗어나 충분히 순수해지면 진리, 곧 진정한 **자아**를 반사하게 됩니다.2) 에고가 활동하면서 자기주장을 할 때는 이것이 불가능합니다.

10. 몸 안의 물러나는 처소

헌: 당신께 누가 질문을 드릴 때마다 당신께서는 "먼저 그 의심이 누구에게 일어나는지를 알라", "어느 누가 의심하는 자를 의심하는가?", "그대 자신을 알고 나서 다른 것들에 대해 이야기하라" 등으로 말씀하십니다. 이것은 질문자를 상대하기 위해 당신께서 가지고 계신 진정한 브라마아스트라(*Brahmastra*)[위없는 무기]인데, 저는 ….

마: 그렇지요. 그대는 무슨 말을 하려고 합니까?

헌: 부디 저희들 수준으로 내려오셔서 저희들의 의심을 없애주십시오.

---

2) T. '심멸心滅'은 마음 자체가 완전히 없어진다기보다 이전의 마음 기능들이 소멸한다는 의미이다. 진아를 가리는 불순물, 곧 마음의 습들이 제거되면 그 마음은 진리의 실상을 그대로 반사하는 도구로 남는다. 바가반은 이것을 "한낮의 달과 같다"고 표현했다(34쪽 참조).

당신께서는 저희들의 입장을 이해하실 수 있습니다. 저희는 당신의 입장을 이해하지 못합니다. 당신께서는 훨씬 위이시고 저희는 훨씬 아래입니다. 당신께서 원하시면 저희에게 오실 수 있지만, 저희는 당신께 다가갈 수 없습니다.

마: 무슨 말을 하려는 것입니까?

헌: 진아는 도처에 있다고 합니다. 브라만은 무소부재無所不在합니다. 그것은 저 너머이고 또한 진아이기도 합니다. 만일 저의 진아가 브라만이라면, 저는 도처에 있어야 합니다. 그러나 저는 이 몸 안에 있거나 이 몸에 국한되어 있다는 느낌이 있습니다. 설사 제가 몸과 별개라 하더라도 저는 그것과 분리될 수 없습니다. 마찬가지로, 저는 마음과 분리될 수 없습니다. 심지어 '나'가 마음의 일부로 보이기까지 합니다. 두뇌 없이 마음이 어디 있습니까? 확실히 저는 제가 마음이나, 이 몸의 일부인 두뇌 없이 있을 수 있다고는 상상할 수 없습니다.

마: 끝났습니까? 의심들은 결코 끝나지 않습니다. 한 의심이 제거되면 또 다른 의심이 그 자리를 대신합니다. 그것은 어떤 나무의 나뭇잎들을 하나하나 없애는 것과 같습니다. 설사 모든 잎들을 잘라버린다 해도, 새 잎들이 자라날 것입니다. 나무 자체의 뿌리를 뽑아야 합니다.

헌: 어떻게 할 수 있습니까? 생각을 하고 의심을 표현하는 것이 잘못입니까?

마: 아닙니다. 유일하게 확실한 치유책은 의심하는 자를 아는 것입니다. 아무도 의심하는 자를 의심하지는 않고 ….

헌: 이것이 제가 두려워하는 겁니다. 저의 입이 틀어 막히고 ….

마: 아닙니다. 곤경에서 벗어나게 해 드리지요. 제가 그대에게 어떤 답변을 준다고 합시다. 그것이 그대의 모든 의심을 해소해 주겠습니까?

… 그대는 자신이 몸이고, 마음이고, 기타 무엇이라고 말했습니다. 그대가 자신의 자아라고 말하는, 그 마음이 무엇입니까? 그것은 수많은 기능들을 포함한 모든 생각이라고 그대는 말합니다 …. 그 '나'는 마음의 일부입니다. 마음은 몸의 일부지요. 그렇지 않습니까?

헌: 저는 그렇다고 말하지는 않지만, 마치 그런 것처럼 느낍니다.

마: 그렇지요, 그러면 더 나아가 봅시다. 그대는 마음입니다. 마음은 두뇌 안에 있거나 아니면 그것과 동일한 것입니다. 그대는 그것이 두뇌 안에 있다고 인정합니다. 동시에 그대는 자신이 그것과 분리되어 있지는 않아도 그것과는 별개라고 말했습니다. 그렇지 않습니까? 그렇다면 우리의 모든 생각·감정·정념·욕망·집착·충동·본능, 요컨대 우리이고, 우리가 느끼고, 생각하고, 아는 모든 것이 몸 안에 있다고 합시다. 그 '나'가 관념이든, 생각이든, 느낌이든, 그대는 그것이 어디에 있다고 하겠습니까?

헌: 느낌·감정 등은 모두 몸통 안에, 신경계통 안에 있다고, 즉 거기서 일어난다고 합니다. 그러나 두뇌 안에 자리 잡고 있는 마음이 그것들을 인식합니다. 사람들은 그것을 반사작용이라고 부릅니다.

마: 그래서 만약 그대가 '나'를 마음의 일부로 여기면, 그것이 두뇌 안에 있다고 하겠지요. 그러나 제 말은, 이 '나'가 실로 마음의 일부이기는 하나, 자신이 마음과 별개라고 느끼면서 그것을 사용하는 아주 근본적인 일부(radical part)라는 것입니다.

헌: 그것은 제가 인정합니다.

마: 그렇다면 이 '나'는 근본적인 생각이고, 친밀한 느낌이며, 자명한 경험이고, 생시 상태에서처럼 마음이 활동하지 않는 깊은 잠 속에서까지도 지속되는 자각입니다. 그럴 때 그대 자신에 따르면, 이 근본적 일부

인 '나'는 몸 안에 하나의 장소를 가지고 있어야 합니다.

헌: 그것이 어디입니까?

마: 그것은 그대 자신이 알아내야 합니다. 그러나 몸을 해부해서는 그것을 발견하지 못합니다.

헌: 그렇다면 어떻게 말입니까? 마음을 해부해서입니까?

마: 그렇지요. 그대는 마음이니 그대 자신을 해부하여 그대[그 '나']가 어디 있는지를 알아내야 합니다. 그래서 제가 "그대 자신을 알라"고 하는 것입니다.

헌: 그러나 실제로 하나의 중심, 즉 이 '나'가 있는 장소가 있습니까?

마: 있습니다. 그것은 잠 속에서 마음이 두뇌 안에서의 활동을 쉬고 물러나는 자아의 중심입니다. 그것이 **심장**인데, 그것은 '심장'으로 불리는 그 혈관과는 다르고, 요가에 관한 책들에서 이야기하는 여섯 중심 중 하나인 가슴 한가운데의 아나하따 차크라(Anahata Chakra)도 아닙니다.

헌: 그러면 그것이 어디입니까? 어쩌면 나중에 제가 알게 되겠지요. 만일 몸 안에 자아의 그런 중심이 있다면, 왜 사람들은 **브라만**이 **아뜨만**이고, 그것이 만물에 편재한다는 등으로 말합니까?

마: 먼저 그대 자신을 몸 안에 있는 자아에 국한하고 그것을 알아내십시오. 그러고 나면 **브라만**, 곧 **일체현존자**(the All-Presence)에 대해 생각해 볼 수 있겠지요.

11. 지금 무엇이 나의 자아인가?

헌: 저는 **심장**이 무엇인지, 그리고 그것이 어디 있는지 등을 알고 싶습니다. 그러나 이 의심을 먼저 해소하고 싶습니다. 저는 저 자신의 진리에 대해 무지하고, 저의 지식은 제한되어 있고 불완전합니다. 당신께서는 '나'가 **진아**, 곧 **아뜨만**을 의미한다고 말씀하십니다. 그러나 **아뜨만**은 늘 **자기**를 자각한다고 말해지는 반면, 저는 자각하지 못하고···.

마: 사람들은 늘 이런 혼란에 빠집니다. 지금 그대가 자신의 자아라고 하는 것은, 태어나지도 않고 죽지도 않는 진정한 **자아**가 아닙니다.

헌: 그렇다면 당신께서, 제가 저의 자아라고 부르는 것은 몸이거나 몸의 일부라는 것을 시인하시는 겁니다.

마: 그러나 몸은 물질(*jada*)이어서 결코 무엇을 알지 못하고, 늘 '알려지는 것'입니다.

헌: 그런데 만일 제가 **아뜨만**[진아]도 아니고 아나뜨만(*anatman*), 곧 비진아도 아니라면···.

마: 곤경에서 벗어나게 해 드리지요. 정신과 물질 사이, **진아**와 몸 사이에서 **아항까라**(*ahamkara*)[에고-자아], 개아(*jiva*)[살아 있는 존재]로 불리는 어떤 것이 태어납니다. 지금 그대가 자신의 자아라고 부르는 것은, 늘 의식하고 있는 **진아**와 다르고 의식이 없는 물질과도 다른 이 에고-자아인데, 그것은 정신(*chetana*)과 물질(*jada*)의 성격을 동시에 가지고 있습니다.

헌: 그렇다면 당신께서 "그대 자신을 알라"고 말씀하실 때, 그것은 제가 이 에고-자아를 알기를 바라시는 겁니까?

마: 그러나 에고-자아가 자기 자신을 알려고 하는 순간, 그것은 자신

의 성격을 변화시킵니다. 그것은 자신이 몰두해 있는 몸에 점점 덜 가담하고, **진아**, 곧 아뜨만의 의식에 점점 더 많이 가담하기 시작합니다.

12. 진아의 비밀스러운 장소

헌: 그러면 "그대 자신을 알라"고 말씀하실 때 그것은 누구에게 하시는 말씀입니까?

마: 그것이 무엇이든 그대의 실체에게지요. 그대에게 "그대 자신을 알라"고 제안하는 것입니다. 에고-자아가 그 자신의 기원을 알 필요가 있다고 느끼거나 그 자신을 초월하려는 충동을 느낄 때는, 그 제안을 받아들이고 더 깊이 들어가서, 거기서 그 참된 근원과 그 자신의 실체를 발견합니다. 그래서 그 자신을 알기 시작한 에고-자아가 자신의 **진아**를 지각하는 것으로 끝납니다.

헌: 그런데 심장이 진아의 중심이라고 저에게 말씀하신 것은····.

마: 예, 그것은 진아의 단 하나 지고한 중심이지요. 그에 대해 의심을 가질 필요가 없습니다. 진정한 **자아**는 개아, 곧 에고-자아 이면의 **심장** 안에 있습니다.

헌: 그러면 부디 그것이 몸 안의 어디에 있는지 말씀해 주십시오.

마: 그대의 마음으로는 그것을 알 수 없습니다. 제가 그대에게 여기가 그 중심이라고 말해도(가슴 오른쪽을 가리키면서), 그대는 상상으로 그것을 깨달을 수 없습니다. 그것을 깨닫는 단 하나의 직접적 방법은, 상상

하기를 그치고 그대 자신이려고 노력하는 것입니다. 그러면 중심이 거기라는 것을 깨닫고, 자동적으로 느끼게 됩니다.

이것이 경전에서 **심장 동혈**洞穴(Hrith-Guha) · **아룰**(Arul) · **울람**(Ullam)이라고 이야기하는 그 중심, 곧 **심장**입니다.

헌: 저는 어느 책에서도 그것이 거기 있다고 말한 것을 발견하지 못했습니다.

마: 제가 여기 온 지 오래 지나서 아유르베다에 관한 대표적 저작인 『아쉬땅가흐리다얌(Ashtangahridayam)』의 말라얄람어본本에서 시구 하나를 우연히 보았는데, 거기에 오자스의 자리(ojas sthana)3)가 의식(Samvit)의 자리라고 불리는 가슴 오른쪽에 있다고 되어 있었지요. 그러나 그것이 거기에 있다고 이야기하는 다른 어떤 저작도 저는 알지 못합니다.

헌: 고인들이 '심장'이라는 용어를 쓸 때 이 중심을 의미하는 것이었다고 확신해도 됩니까?

마: 예, 그렇지요. 그러나 그 체험이 어디 있는지 알기보다는 그 체험을 가지려고 노력해야 합니다. 사람이 무엇을 보고 싶을 때 자기 눈이 어디 있는지 알아내려고 할 필요는 없습니다. **심장**은 만일 그대가 그 속으로 들어가려고 한다면 항상 그대에게 열려 있고, 항상 그대의 모든 움직임을—심지어 그대가 자각하지 못할 때에도—뒷받침하고 있습니다. **진아**가 **심장** 안에 있다고 하기보다 **진아**가 **심장** 그 자체라고 하는 것이 아마 더 적절하겠지요. 실제로 **진아**는 그 중심 자체입니다. 그래서 제가 "심장이 당신의 이름입니다(Hridayam te nama)"4)라고 말한 것입니다.

헌: 다른 어떤 분이 하느님을 심장이라고 이름 붙여 그렇게 부른 적이

---

3) T. 오자스(ojas)는 아유르베다에서 인간 생명력의 핵심 물질로, 음식에서 만들어지는 피, 살, 뼈, 지방, 골수, 정액, 유미 등 7가지 조직의 정수라고 한다.
4) T. 「아루나찰라 5보송」, 제2연에서 "심장이 당신의 이름입니다"라고 하였다.

있습니까?

마: 제가 그 말을 한 뒤 오래 지나 하루는 성자 아빠르(Appar)의 『떼바람(Thevaram)』[5)에 있는 찬가 하나를 접했지요. 거기서 그가 하느님을 울람(Ullam)이라는 이름으로 언급하는데, 그것은 심장과 같습니다.

헌: 심장이 뿌루샤(Purusha), 곧 아뜨만의 지고한 중심이라고 당신께서 말씀하실 때, 이는 그것이 여섯 군데 요가적 중심의 하나가 아니라는 뜻을 내포합니다.

마: 맨 밑에서부터 꼭대기까지 헤아리는 요가적 차크라들은 신경계통 안의 다양한 중심들입니다. 그것들은 다양한 단계를 대표하면서 여러 가지 힘이나 지知를 나타내다가 사하스라라(Sahasrara), 곧 천 개의 연꽃잎에 이르는데, 거기에 지고한 샤띠(Shakti)가 자리 잡고 있습니다. 그러나 샤띠의 전체 움직임을 뒷받침하는 진아는 그곳에 있지 않고, 심장중심에서 그것을 뒷받침합니다.

헌: 그러면 그것은 샤띠 현현(Shakti manifestation)과 다르군요?

마: 실은 진아와 별개의 어떤 샤띠 현현도 없습니다. 진아가 이 모든 샤띠가 된 것이지요 ….

요기가 황홀경, 곧 삼매의 가장 높은 중심으로 올라갈 때, 그 상태에서 그를 뒷받침하는 것은 그가 자각하든 못하든 심장 안의 진아입니다. 그러나 만일 그가 심장 안에서 자각하면, 그가 어떤 상태나 어떤 중심에 있든, 그것은 영원불변으로 줄곧 존재하는 늘 같은 진리, 같은 심장, 단 하나인 진아, 곧 영靈이라는 것을 압니다. 탄트라 경전(Tantra Shastra)에서는 심장을 수리야만달라(Suryamandala)[일륜日輪]로, 사하스라라를 찬드라만

---

5) T. 12권으로 이루어진 타밀 시인-성자들의 시 모음집 『띠루무라이』 중 앞 7권을 총칭하는 말. 첫 세 권은 냐나삼반다르, 다음 세 권은 아빠르, 마지막 한 권은 순다라르의 시들로 되어 있다.

달라(*Chandalamandala*)[월륜月輪]로 부릅니다. 이런 상징들은 그 둘, 즉 진아의 자리(*Atmasthana*)와 샥띠의 자리(*Shakti Sthana*)의 중요성을 비교해 보여줍니다.

13. 깨달음과 신체적 경험

헌: 그러면 속박인(*Bandha*)과 해탈자(*Mukta*)의 차이는 무엇입니까?

마: 심장, 곧 진아중심(Self-centre)에서부터 사하스라라, 곧 샥띠의 자리로 이어지는 미세한 통로가 하나 있습니다. 범부는 심장 안의 그 자신을 모른 채 두뇌 안에서 살고 있습니다. 냐나 싯다(*Jnana Siddha*-진지성취자)는 심장 안에서 살고 있습니다. 그는 돌아다니고 사람과 사물들을 상대할 때, 자신이 보는 것들이 단 하나의 지고한 실재, 곧 자신이 심장 안에서 그 자신의 진아, 즉 실재로 깨닫고 있는 브라만과 별개가 아니라는 것을 압니다.

헌: 범부는 어떻습니까?

마: 저는 방금 그가 자기 바깥의 것들을 본다고 말했습니다. 그는 세계와 별개이고, 그 자신의 더 깊은 진리, 곧 그와 그가 보는 것들을 뒷받침하는 진리와 별개로 있습니다. 그 자신의 존재(existence)에 대한 지고한 진리를 깨달은 사람은, 자신의 이면에, 세계의 이면에 있는 것은 단 하나의 지고한 실재라는 것을 깨닫고 있습니다. 사실 그는 그 일자一者를 실재로서, 그리고 모든 자아와 무상하고 가변적인 모든 사물들 안의 영

원불변하는 진아로서 자각하고 있습니다.

헌: 당신께서는 매우 높은 지知의 용어로써 말씀하시고, 저는 몸을 가지고 시작했습니다. 신체적 경험에서 진인과 무지인(ajnani) 사이에 어떤 차이가 있습니까?

마: 있습니다. 어떻게 그렇지 않을 수 있겠습니까? 저는 종종 그것을 선언했습니다.

헌: 그러면 사람들이 이야기하고 논의하는 베단타 지知(Vedanta Jnana)는 아마 우리가 실천하고 깨닫는 것과 다르겠군요. 당신께서는 심장 속에 '나'의 진정한 의미가 있다고 종종 말씀하시는데….

마: 그렇지요, 그대가 더 깊이 들어가면, 말하자면 심연같이 깊은 곳에서 그대 자신을 상실하는데, 그럴 때 내내 그대 이면에 있던 아뜨만인 실재가 그대를 장악합니다. 그것은 '나-의식'의 부단한 섬광입니다. 그대는 그것을 자각하고, 느끼고, 듣고, 말하자면 그것을 감지할 수 있습니다. 이것이 제가 말하는 '아한 스푸르띠(Aham sphurti)'입니다.

헌: 당신께서는 아뜨만이 "불변이고, 스스로 광채를 발한다"는 등으로 말씀하셨습니다. 그러나 동시에 '나-의식'의 부단한 섬광, 곧 이 '아한 스푸르띠'를 이야기하신다면, 그것은 움직임이 있다는 의미 아닙니까? 그것은 그 안에 어떤 움직임도 없는 완전한 깨달음일 수가 없습니다.

마: 완전한 깨달음이라고 한 것은 어떤 의미에서입니까? 그것은 돌, 즉 지각력 없는 덩어리처럼 된다는 의미입니까? 아상我相(aham vritti)은 아한 스푸르띠와 다릅니다. 전자는 에고의 활동이며, 그 자신을 잃고 후자에게 자리를 내주게 되어 있는데, 후자는 진아의 한 영원한 표현입니다. 베단타 용어로 이 아한 스푸르띠를 상지相知(Vritti Jnana)라고 합니다. 깨달음, 곧 지知(Jnana)는 늘 하나의 상相(vritti)입니다. 상지相知, 곧 깨달음

과, 실재인 스와루빠(Swarupa) 사이에 어떤 구별이 있습니다. 스와루빠는 지知 그 자체이고, 그것이 곧 의식입니다.

스와루빠는 사뜨-찌뜨인데, 그것은 무소부재합니다. 그것은 늘 자기를 성취해 있습니다. 그대가 그것을 깨달을 때, 그 깨달음을 상지相知라고 합니다. 그대가 깨달음, 곧 지知를 이야기하는 것은 그대의 존재와 관련해서일 뿐입니다. 따라서 우리가 지知를 이야기할 때는 늘 상지相知를 의미하지, 스와루빠 지知(Swarupa Jnana)를 의미하지 않습니다. 왜냐하면 스와루빠 자체가 늘 지知[의식]이기 때문입니다.

헌: 지금까지는 이해됩니다. 그러나 몸은 어떻습니까? 저는 이 상지相知를 몸 안에서 어떻게 느낄 수 있겠습니까?

마: 존재하는 일자와 그대 자신이 하나임을 느낄 수 있습니다. 온 몸이 하나의 단순한 힘, 어떤 힘의 흐름(power-current)이 됩니다. 그대의 삶은 엄청난 자석 덩어리에 이끌리는 바늘이 되고, 더욱 더 깊이 들어가면 그대가 하나의 단순한 중심이 되며, 그런 다음 그것조차도 아닙니다. 왜냐하면 그대가 하나의 단순한 의식이 되기 때문입니다. 더 이상 어떤 생각이나 근심도 없는데—그것들은 문턱에서 분쇄되었지요—그것은 하나의 범람입니다. 하나의 지푸라기에 불과한 그대가 산채로 삼켜지지만, 그것은 아주 즐거운 일입니다. 왜냐하면 그대는 그대를 삼키는 바로 그것이 되기 때문입니다. 이것이 개아와 브라만의 합일(범아합일), 즉 진정한 자아 안에서의 에고 상실이고, 거짓의 소멸이며, 진리의 성취입니다.

14. 해탈자와 싯디

헌: 이제까지 저는 해탈(*Mukti*)에 대해 큰 두려움을 가지고 있었습니다. 지금까지는 그것을 공포스럽게 여겼습니다. 이제 그것이 아주 좋은 상태라는 것을 알겠습니다. 이제 싯디(*Siddhis*)라고 하는 능력들에 대해서 보자면, 그것을 성취해야 합니까, 아니면 그것은 해탈에 상반됩니까?

마: 최고의 싯디는 진아 깨달음(*Atma-Sakshatkara*)입니다. 진리를 깨닫고 나면 더 이상 그대가 무지의 길로 이끌리지 않기 때문입니다.

헌: 그렇다면 싯디란 무엇입니까?

마: 두 종류의 싯디가 있습니다. 한 종류는 깨달음에 걸림돌이라고 할 수 있겠지요. 진언(*mantra*)에 의해, 신비한 능력을 가진 어떤 약에 의해, 혹독한 고행에 의해, 혹은 모종의 삼매에 의해 능력들을 얻을 수 있지만, 그런 것들은 진아지眞我知를 얻는 수단이 아닙니다. 설사 그런 것을 얻었다 해도 여전히 무지 속에 있기 십상입니다.

헌: 다른 한 종류는 어떤 것입니까?

마: 그것은 그대가 진아를 깨달을 때 아주 자연스럽게 따라오는 힘과 지知의 현현입니다. 그것이 싯디인데, 이는 진아성취(Self-attainment)에 도달한 사람의 정상적이고 자연스러운 따빠스의 산물입니다. 그것들은 저절로 오고, 신이 하사하는 것입니다. 그것은 말하자면 우리 자신의 카르마에 따라서 오지만, 그런 것이 오든 않든 지고한 평안 안에 자리 잡은 실재의 성취자(*Siddha*)는 동요되지 않습니다. 그는 진아를 알고 있고, 그것이 부동의 싯디이기 때문입니다. 그러나 이런 싯디들은 그것을 얻으려고 해서 오지는 않습니다. 그대가 깨달음의 상태에 있을 때, 그런 능력

들이 무엇인지 알게 될 것입니다(『라마나 기타』, 제11장 참조).

헌: 당신께서 하신 말씀은, **해탈자는** 결국 그의 자연스러운 따빠스에 의해 손에 잡히지 않고, 눈에 보이지 않게 될 수 있고, 어떤 형상도 취할 수 있고….

마: 그렇지요. **해탈자는** 그런 능력을 더없이 잘 계발할 수 있습니다. 그러나 그런 계발된 능력으로 진인을 판단할 수는 없습니다. 그런 것들은 참된 지知의 표지標識가 아니기 때문입니다. 참된 지知는 본질적으로 평등견平等見(Samatva drishti)을 소유하는 데 있습니다. "모든 존재들에 대한 평등성이라는 표지로써 진인을 판명하라(Sarvabhūta samatvena lingena jnānam ūhyatām)"(『라마나 기타』, 1:16)고 했습니다.

헌: 저의 질문은 끝났습니다. 그러나 한 가지 의문이 더 있습니다.

마: 무엇입니까?

헌: 당신께서 말씀하시기를, '**심장**'은 에고-자아에게, **진정한 자아에게**, 하느님에게, 모든 것에게, 단 하나의 중심이고….

마: 예, 심장은 실재의 중심이지요. 그러나 에고는 영구적이지 않습니다. 다른 모든 것과 마찬가지로, 그것은 **심장중심**에 의해 뒷받침됩니다. 그러나 에고의 성격은 정신과 물질 사이의 한 연결고리입니다. 그것은 하나의 매듭(granthi), 곧 그대가 몰두해 있는 근본적 무지의 매듭입니다. 이 매듭은 '**심장**(Hrit)' 안에 있습니다. 적절한 수단에 의해 이 매듭이 잘려나갈 때, 그대는 이 **심장**이 진아의 중심임을 발견합니다.

헌: 이 중심에서 **사하스라라**로 이어지는 하나의 통로가 있다고 말씀하셨습니다.

마: 그렇지요. 속박 속에 있는 사람의 경우에는 그것이 닫혀 있습니다. 그의 안에서 에고-매듭, 곧 **심장매듭**(Hridayagranthi)이 잘려나간 사람

안에서는, **암리따 나디**(*Amrita Nadi*)라고 하는 어떤 힘의 흐름이 일어나서 머리 정수리의 **사하스라라**로 올라갑니다.

헌: 그것이 **수슘나**(*Sushumna*)입니까?

마: 아니지요. 이것은 해탈의 통로입니다. 이를 **아뜨마나디**(*Atmanadi*), **브라마나디**(*Brahmanadi*) 혹은 암리따 나디라고 합니다. 이것이 우파니샤드에서 "심장의 동맥은 101개인데, 그 중 하나는 머리 정수리로 올라간다. 그것을 통해 위로 올라가는 사람은 불멸이 된다(*Shatam caikā ca hridayasya nādhyah tāsām mūrdhānam abhinih sritaika tayordhvam ayann amritatvam eti*)"고 지칭하는 나디입니다.6)

이 통로가 열리면 그대에게 어떤 어리석음(*moha*)도, 어떤 무지도 없습니다. 그대가 말을 하거나, 생각하거나, 무엇을 할 때—사람과 사물들을 상대할 때—조차도 진리를 압니다.

헌: 이런 말씀을 다 듣고 보니 궁금해집니다. 어떻게 단순히 "보는 자를 보라", "그대 자신을 알라", "나는 **브라만**이다" 등의 언구들을 명심하는 것으로써 그런 대단한 체험들을 얻을 수 있는지 모르겠습니다.

마: 그것은 실로 어렵지만, 그대가 진지하게 달려들기만 하면 불가능하지는 않지요···.

그래서 사람들이 "은총의 접촉을 받아야 한다(*Arulum Venumey*)"고 말하는 것입니다. 진인의 감화력은 침묵 속에서 그대 속으로 은밀히 들어갑니다···. 그가 말을 할 필요가 없습니다.

---

6) *T.* 인용문은 『찬도갸 우파니샤드』, VIII.6.6.

15. 그대의 짐을 하느님께 넘겨드려라

헌: 제가 여기 있을 때는 납득합니다. 과연 그렇구나 싶습니다. 그러나 나가서 사회를 생각하거나 우리나라를 생각하면서 "그대 자신을 알라"는 당신의 답변을 기억하면⋯.

마: 그대가 약한데, 사회나 나라에 대해 무엇을 할 수 있습니까? 먼저 강해져야 합니다. 그러나 제가 말해두지만, **진아성취**는 지고의 힘입니다. **진인**이 되면 행위할 힘을 잃을 거라고 두려워하지 마십시오.

헌: 저는 그런 두려움이 있습니다.

마: 그런 것이 있으면 안 됩니다. 그대가 어떤 특정한 일을 할 운명이거나 그것을 하도록 선택되면, 그 일은 이루어질 것입니다.

헌: 그러면 저는 일체를 놓아버려야 합니까? 따빠스[고행]를 하지 않고도 신께 저의 욕망을 이루어 달라고 청할 수 있습니까?

마: 할 수 있지요. 그러나 따빠스나 그대의 기도가 신에게 도달하려면 어떤 수련(abhyasa), 어떤 수행(sadhana)이 있어야 합니다. 그것이 명상이든 기도든, 그 수행을 하고 있을 때 그런 욕망에 대한 생각이나 신에 대한 생각이 있겠습니까?

헌: 만일 제가 명상 중에 저의 욕망에 대해 생각한다면 그것은 전혀 명상이 아닙니다.

마: 그렇다면 욕망으로 하든(sakama) 무욕으로 하든(nishkama), 공히 같은 명상, 같은 따빠스가 있다고 여기십시오.

그대의 욕망이 충족될 때조차도 따빠스는 성장합니다. 그것은 그치지 않습니다. 그것이 따빠스의 참된 성격입니다. 헌신(bhakti)의 경우에도 동일합니다.

이제 그대에게 질문을 하나 하겠습니다. 짐을 든 사람이 기차간에 들어가면 그 짐을 어디다 둡니까?

헌: 자신의 객차 칸이나 짐칸에 그것을 둡니다.

마: 그러니까 그 짐을 머리에 이거나 무릎 위에 두지는 않지요.

헌: 바보가 아니라면 아무도 그렇게 하지 않을 것입니다.

마: 그것을 머리에 이고 있는 사람을 바보라고 한다면, 그대가 영적인 삶 속으로 들어갈 때 그대의 짐을 들고 있는 것은 천 배나 더 어리석습니다. 그것이 **탐구**의 길(*Vichara-marga*)이든 **헌신**의 길(*Bhakti-marga*)이든 관계없이 말입니다.

헌: 하지만 저의 모든 책임, 저의 모든 약속을 던져버릴 수 있습니까?

마: 자, 사원의 탑(*gopura*)을 보십시오. 그 안에는 많은 상像들이 있고, 각 구석마다 큰 상像 하나가 있습니다. 그런 것들을 본 적 있습니까?

헌: 예, 본 적이 있습니다.

마: 자, 이걸 말해 드리지요. 그 크고 높은 탑을 그 상들이 지탱하고 있습니다.

헌: 어떻게 그럴 수 있습니까? 무슨 뜻으로 하시는 말씀인지요?

마: 제가 이렇게 말할 때 그 의미는, 그대가 모든 근심·부담·책임 등을 가지고 다녀야 한다면서, 그런 것들을 가지고 다니는 것보다 그것이 더 어리석지는 않다는 뜻입니다.

우주의 하느님이 모든 짐을 날라줍니다. 그대는 자신이 나른다고 상상합니다. 그대의 모든 짐을 그가 맡아보게 넘겨주어도 됩니다. 그대가 해야 할 일이 무엇이든, 적절한 때에 그대는 그것을 하기 위한 도구가 될 것입니다. 그것을 하려는 욕망이 없으면 그대가 그것을 할 수 없다고 생

해탈요담 **179**

각하지 마십시오. 욕망은 그것을 할 힘을 그대에게 주지 않습니다. 그 힘은 하느님의 힘입니다.

헌: 당신께서 저에게 행위 요가의 핵심을 전해주고 계시다고 이해해야겠군요.

마: 그것은 행위 요가의 핵심이고, 헌신 요가의 핵심이며, 물론 지知 요가(Jnana yoga)의 핵심이기도 하지요. 왜냐하면 그 길들이 처음에는 다를지 모르나, 결국은 모두 이 지점에 도달하기 때문입니다.

16. 아쉬람들과 사회적 규칙

헌: 사람들은 네 가지 아쉬라마(Ashramas), 곧 삶 속의 정해진 직무를 이야기합니다. 그것들의 의미는 무엇입니까?

마: 단계적으로 나아가는 것은 대다수 사람들을 위한 하나의 사회적 규칙입니다. 그러나 어떤 사람이 잘 계발된 존재(pakvi)라면, 그는 이 규칙에 신경 쓸 필요가 없습니다. 젊든 늙든, 남자든 여자든, 브라민이든 계급외인이든, 어떤 사람이 완전히 성숙된 자(paripakvi)라면, 그는 그 단계들에 신경 쓰지 않고 목표로 직행할 수 있고, 또 그렇게 합니다.

헌: 그렇다면 아쉬라마는 영적인 삶에는 아무 쓸모가 없군요.

마: 처음 세 아쉬라마는 삶 속의 세간사들(gataye lokakāryanām)을 영위하기 위해 존재하고, 영적인 지知라는 이상理想과 충돌하지 않게(na jnāna pratikūlatā) 조절됩니다.

헌: 네 번째인 산야사(Sannyasa)는 어떻습니까?

마: 참, 산야사는 탁발그릇들 들거나, 머리를 박박 깎거나, 오렌지색 승복을 입는 데 있지 않습니다(na kāshāyo na mundanam).

독신 생활로 순수성이 드높아진 브라마짜리(Brahmachari)[학생]가 무집착으로 이상적인 재가자가 되어 남들을 위해서나 사회를 위해서 봉사할 때, 빛이 자연히 섬광을 발합니다.

그런 다음 따빠스를 위해, 집중적인 노력을 위해, 세 번째 아쉬라마(vānaprastha-林棲期)를 둡니다. 열렬한 따빠스에 의해 그 고행자(tapasvin)가 수정같이 순수하고 적합한 그릇이 되면, 네 번째 아쉬라마가 자동적으로 다가옵니다. 제가 말했듯이, (아쉬라마에서) 그대가 취하는 것은 외적인 것이 아닙니다.

17. 사회와 인류의 목표

헌: 사회에 대한 저의 임무는 무엇입니까? 사회와 저의 관계는 어떠해야 합니까?

마: 그대는 사회의 한 수족입니다. 사회는 몸이고, 개인들은 그 신체 기관이자 그 수족들입니다. 다양한 수족들이 서로 돕고 협력하면 행복하듯이, 각자는 생각과 말과 행위에서 모두에게 도움이 되도록 남들과 힘을 합쳐야 합니다. … 사람은 그 자신의 집단, 즉 자신과 직접 관계되는 집단의 이익을 보살핀 다음, 남들에게로 나아갈 수 있겠지요.

헌: 어떤 이들은 평안(shanti)을 높게 치고, 어떤 이들은 힘(shakti)을 찬양합니다. 두 가지 중 어느 것이 사회에 좋습니까?

마: 개인에게는 평안이 절대적으로 필수적입니다. 힘은 사회의 유지를 위해 필요합니다. 힘으로 사회를 향상시켜야 하고, 그런 다음 그 안에서 평화를 확립해야 합니다(Shaktyā sadgham vidhāyoccaih shāntim sansthāpayet tatah)(『라마나 기타』, 10:8).

헌: 지구상의 인류가 지향해 가야 할 목표는 무엇입니까?

마: 진정한 평등과 우애(samatvam saubhrātram)가 참된 목표가 됩니다. 왜냐하면 그때는 **지고의 평안**이 지구를 지배할 수 있고, 지구 자체가 하나의 단일한 가정이 될 수 있기 때문입니다(tadeyam shobhate sarvā bhūmir ekam griham yathā)(『라마나 기타』, 10:11).

헌: 그 이상理想은 원대합니다. 그러나 만일 위대한 분들, 곧 진인들이 동굴 속에서 말없이 있으면 사회가 어떻게 도움을 받을 수 있습니까?

마: 저는 **진아성취**(Atma-labha)가 사회에 가장 큰 이익이 된다고 자주 말해 왔습니다.

[주: 이 주제를 더 추구하지는 않았다. 마하르쉬께서 늘 진인은 지각력 없는 덩어리가 아니라고 주장하시기 때문이다. 161-2쪽을 보라.]

18. 진인의 평등성

헌: 당신께서는 진인이 활동을 할 수 있고 또 활동하며, 사람과 사물들을 상대한다고 말씀하셨습니다. 이제 그 점에 대해서는 의문이 없습니다. 그러나 동시에 그에게는 어떤 차별감(bhedabhāva)도 없다고 말씀하십니다. 진인에게는 모두가 하나이고, 그는 늘 의식 속에 있다는 것입니다. … 만약 그렇다면, 그는 확실히 서로 다른 사람들, 사물들의 차이점을 어떻게 대합니까?

마: 그는 그런 차이점을 겉모습으로만 보며, 그것들이 자신과 하나인 진리·실재와 별개가 아니라고 봅니다.

헌: 진인은 표현에서 더 정확한 것 같고, 차이점도 범부보다 더 잘 평가합니다. … 만일 저에게 설탕이 달고 쑥이 쓰다면, 그도 그것을 그렇게 인식하는 것으로 보입니다. 사실 모든 형상, 모든 소리, 모든 맛 등이 그에게도 남들에게 그런 것과 똑같습니다. 만일 그렇다면, 어떻게 이런 것들이 겉모습에 불과하다고 말할 수 있겠습니까? 그것들은 그의 삶의 경험의 일부를 이루지 않습니까?

마: 저는 평등성이 진인의 참된 표지標識라고 말해 왔습니다. 평등성(samatva)이라는 용어 자체가 차이점이 존재함을 의미합니다. 진인이 모든 차이점들 안에서 지각하는 것은 하나의 단일성인데, 이것을 저는 평등성이라고 부릅니다. 평등성은 구별에 무지하다는 의미가 아닙니다. 그대가 깨달음을 얻으면, 이런 차이점들이 매우 형식적이며 전혀 실체적이거나 영구적이지 않다는 것과, 이 모든 겉모습들에서 본질적인 것은 단 하나의 진리, 곧 실재라는 것을 알 수 있습니다. 그것을 제가 단일성이라고

부르는 것입니다.…. 그대는 소리·맛·형상·냄새 등을 들었습니다. 맞습니다. 진인도 그런 구별을 인식하지만, 그는 늘 그 모든 것에서 단 하나의 실재를 지각하고 체험합니다. 그래서 그에게는 어떤 선호도 없습니다. 그가 돌아다니든, 말을 하거나 행위를 하든, 그것은 모두 그가 단 하나의 실재 안에서 행위하거나 움직이거나 말하는 것입니다. 진인에게는 단 하나의 지고한 진리와 별개인 것이 아무것도 없습니다.

19. 샤띠와 샤따: 영원한 힘과 불변의 현존

헌: '아는 자, 알려지는 것, 앎'의 3요소(*Triputi*)는 하나의 겉모습입니다. 당신께서는 그 이면에 그것을 뒷받침하는 하나의 단일성이 있다고 말씀하십니다. 이 단일성이 무엇입니까? 그것은 힘 있는 것입니까?

마: 그것은 하나의 전능한 존재(*sarva shaktam*)입니다.

헌: 브라만은 부동不動이라고 당신께서 종종 말씀하셨고, 책들에서도 그렇게 말합니다. 지금 당신께서는 그것이 전능하다고 말씀하십니다. 그러면 그것은 움직이지 않습니까?

마: 힘은 움직임의 의미를 내포합니다. 이스와라가 그의 샤띠(*Shakti*)[힘]로 움직이기는 하지만 그는 그 움직임을 초월해 있습니다. 그는 부동이고(*achala*) 초월해 있습니다(*atita*).

헌: 샤띠와 샤따(*Shakta*)[힘 있는 자] 간에 아무 차이가 없습니까?

마: 없지요. 그것은 그대의 태도 나름입니다. 단 하나의 진리만 있습

니다. 어떤 사람은 그 움직임을 바라보면서 그것을 **샥띠**라고 합니다. 다른 사람은 그 움직임의 **지지물**(*Ashraya*) 속에 안정되게 자리 잡으면서 그것을 **부동**(*Achala*)이라고 합니다. 전자가 활동(*vyapara*)이면 후자는 그것의 **지지물**, 곧 바탕입니다. 샥띠와 바탕(*vastu*)은 불가분이며, 실로 동일한 진리의 두 측면입니다. 다만 샥띠의 활동(*Shakti vyapara*)[힘의 움직임]이 없으면 실재인 바탕(*vastu swarūpa*)이 이해되지 않습니다(*Vinā saktim narashrestha svarūpam na pratiyate*)(『라마나 기타』, 12:20).

헌: 샥띠의 참된 성격은 무엇입니까?

마: 그것은 영원한 이스와라와 시간을 같이합니다. 그것은 그와 별개의 어떤 존재성도 없습니다. 그것은 무수한 세계들을 창조하는 이스와라의 영원한 활동(*vyapara*)입니다.

헌: 세계들은 창조되고 소멸합니다. 어떻게 이런 활동이 영원하다고 말씀하실 수 있습니까?

마: 모든 세계가 때가 되면 해체된다 하더라도, 그것들은 잠재되어 있는 상태로(*linavat*) 활동을 계속합니다.

다시 말해서, 샥띠는 소멸되지 않습니다. 그렇다면 이 움직임은 무엇입니까? 매 순간 창조가 있고, 매 순간 파괴가 있습니다. 어떤 절대적 창조도 없고, 어떤 절대적 파괴도 없습니다. 둘 다 움직임이고, 그것은 영원합니다.

헌: 그렇다면 샥띠와 바탕, 활동과 지지물 둘 다 같은 진리의 측면들이라고 받아들일까요?

마: 그렇지요, 그러나 샥띠의 한 유희라고 불리는 이 전체 움직임, 곧 창조계는 하느님의 한 **표현**(*Isha Kalpana*)입니다. 이 표현을 초월하면 남는 것은 **스와루빠**(*Swarūpa*)입니다.

4

스리 라마나 기타
나라싱하본(本)

Sri Ramana Gita
of B. V. Narasimha Swami

(First edition, 2010; Second edition, 2013)

간행사

『스리 라마나 기타(Sri Ramana Gita)』는 바가반 라마나의 가르침을 산스크리트 운문체로 정교하게 옮긴 것이다. 위대한 시인-학자이자 스승님의 고행자-제자인 까비야깐타 가나빠띠 무니(Kavyakantha Ganapati Muni)가 아니고서는 누구도 후세 사람들을 위해 그런 유산을 산출하지 못했을 것이다.

또 하나의 독특한 기여물은 B. V. 나라싱하 스와미가 쓰고 1931년에 간행된 스리 라마나 마하르쉬의 첫 번째 주요한 전기 『진아 깨달음(Self-Realization)』이다.

나라싱하 스와미가 아쉬람에 거주하고 있을 때인 1930년 무렵, 그는 『스리 라마나 기타』를 원래의 대화체 문답 형태로 산출하는 프로젝트도 작업하기 시작했다. 이것은 『스리 라마나 기타』를 포함하는 실제 대화들이 일어난 지 12년도 더 지났을 때였으나, 마하르쉬님 자신과 다른 헌신자들의 도움을 받고 그 자신의 학식을 이용하여, 18개 장 중 13개 장을 재창조해 낼 수 있었다.

우리는 최근에 발견된 이 귀중한 원고를 책의 형태로 내놓게 되어 기쁘다. 이 책은 스승님의 가르침에서 더 미세한 점들에 대한 이해를 드높이는 데 기여할 것이다.

서문

이 작은 책은 스리 라마나스라맘에서 최근에 발견된 『스리 라마나 기타』의 미간행 원고에서 산출된 것이다. 그 원고에는 『진아 깨달음』의 저자인 B. V. 나라싱하 스와미가 타자하거나 손으로 쓴 페이지들이 들어 있다. 이 원고에서 우리는 손으로 쓴 25페이지를 다시 타자한 36장의 법정 규격 용지와, 손으로 쓴 다음 한 번도 타자된 형태로 만들지 않은 18페이지를 발견했다. 나라싱하 스와미의 원고는 18개 장 중 5개 장이 빠져 있는데, 그것은 8장, 10장, 11장, 17장, 18장이다.

아마 1930년 경이겠지만, 나라싱하 스와미는 아쉬람에 거주하고 있을 때 『스리 라마나 기타』를 원래의 대화체 형태로 재구성하는 프로젝트를 시작한 것으로 보인다. 이 원고의 답변들 중 어떤 것들은 가나빠띠 무니의 운문화된 텍스트에 비해 상당히 길어 보인다. 1913년부터 1917년 사이에 (『스리 라마나 기타』의 질문자들이) 마하르쉬께 질문을 할 때 적은 어떤 노트를 나라싱하 스와미가 보았을 것 같지는 않고, 그래서 『스리 라마나 기타』의 이 새 버전에서 더 나아간 설시說示들은—그가 머리말에서 설명하고 있듯이—나라싱하 스와미 자신이 내용을 분명히 하기 위해 마하르쉬께 한 후속 질문들에서 나온 것임이 분명하다고 추정할 수밖에 없다. 또한 그는 가나빠띠 무니가 그의 『스리 라마나 기타』에서 인용한 질문자들 중 일부를 개인적으로 면담한 것으로 보인다.

나라싱하 스와미는 자신이 손으로 쓴 장들 중 일부를 타자한 뒤에 이런 페이지들 여러 장을 바가반께 드려서 당신이 읽고, 수정하고, 필요한 산스크리트 문장들을 채우시게 했고, 그럴 수 있도록 적절한 여백을 남겨두었다. 스리 바가반이 이런 페이지에 아름답게 쓰신 그런 산스크리트 문장들 중 하나가 『스리 라마나 기타』 제2장 제2연의 **심장** 속으로 들어가는 수단을 묘사하는 당신의 유명한 시(*"hrdaya kuharamadhye …"*)이다. 이 시는 『스리 라마나 기타』에서 "세 가지 길"이라는 제목을 단 제5장의 토대를 이룬다. 본서에서 그 장은 "**흐리다얌**[심장 혹은 중심]이란 무엇인가?"라는 제목이 붙어 있다.

우리는 나라싱하 스와미가 왜 이 프로젝트를 결코 완성하지 않았는지, 혹은 이 원고들이 어떻게 서류로 보관되어 잊혀지고, 아쉬람의 목록번호 없는 캐비닛에 묻혀 있었는지 모른다. 그러나 그가 한동안 마하르쉬님과 함께 있다가 북쪽으로 올라갔고, 쉬르디(Shirdi)를 방문하여 쉬르디 사이 바바(Shirdi Sai Baba)의 확고한 헌신자가 되었다는 것을 알고 있다. 그는 전인도 사이협회(All India Sai Samaj)를 창립했고, 첸나이에 사이 바바에게 봉헌한 사원을 하나 건립했으며, 여생을 바바의 메시지와 신적 인격을 전파하면서 보냈다. 나라싱하 스와미의 삼매지는 그가 첸나이에 지은 그 사원 뒤쪽에 있다. 우리는 그의 삶 속에 사이 바바가 들어오면서, 『스리 라마나 기타』의 이 새로운 버전을 완성하려던 초기의 추진력을 버리고 자기 삶의 새로운 임무를 선호한 것이라고 추정할 수 있다.

『스리 라마나 기타』에 있는 가나빠띠 무니의 3백 연들은 그가 그 책을 위해 그 대화들의 정수를 뽑아 고른 것임은 의심할 바가 없다. 그렇기는 하나, 그 장들을 원래의 대화체 형태로 재창조 하려고 한 나라싱하 스와미의 생각은, 그 질문이 제기되고 **진인**이 그에 답변하시던 당시에 존재하지 않았던 구도자들—여기에는 우리 모두가 포함되지만—에게는 독특한 가치가 있다. 또한 이 원고에서 우리는 어쩌면 가나빠띠 무니의 운문체 답변들에 대해 더 큰 통찰력을 얻고, 산스크리트본 『스리 라마나 기타』에서 다뤄지지 않은 스승님의 가르침들을 발견하며, 이 영감력 있는 텍스트를 지은 그 뛰어난 시인-제자의 비상한 재능을 알아볼 기회를 가질 수도 있을 것이다. 스리 라마나 마하르쉬님 자신이 타자된 페이지들 중 많은 것을 통독하고, 수정하고, 산스크리트어와 타밀어 문장과 시구들을 그 원고에 추가했다는 사실은 이 저작의 가치를 헤아릴 수 없이 드높여준다.

머리말

B. V. 나라싱하 스와미

모든 사람이 흔히 '나야나(Nayana)'라고 부르던 까비야깐타 가나빠띠 무니가 1913년 12월 29일에 마하르쉬께 여섯 가지 질문을 드렸고, 다른 사람들도 4년 뒤에 그의 모범을 따랐다. 마하르쉬로부터 얻은 그 답변들은 가나빠띠 무니가 지은 산스크리트 시로 구현되었고, 그렇게 해서 나오게 된 책을 그는 『스리 라마나 기타』라고 이름 붙였다. 쉽고 비인습적이었던 그 대화 원래의 자연스러운 형태로 읽으면 그 시들이 더 잘 읽히는 것 같다. 그래서 여기서 원래의 형태를 복원하고자 하는 것이다. 이것은 상당히 정확하다고 여겨도 될 것이다. 몇 군데에서는 마하르쉬께 드린 후속 질문에서 수집한 정보도 추가되었다.[1]

---

1) *T.* 라마나스라맘의 정기간행물 *Mountain Path*, 1982년 4월호(102-106쪽)에서 나라싱하 스와미의 이 판본을 처음 소개할 때 이 머리말이 제1장 서두에 있었는데, 책으로 만들면서 이것을 약간 편집하여 '머리말'로 독립시켰다. 둘째 줄에서 가나빠띠 무니가 "여섯 가지 질문"을 드렸다고 했으나(원 머리말에는 "몇 가지 질문"으로 되어 있다), 뒤에 나오는 제1장에서는 질문이 7가지이다. 운문본 『스리 라마나 기타』의 첫 번째 질문과 답변이 이 산문본에서는 첫 번째와 두 번째 문답으로 확장되어 있기 때문이다.

제1장 까비야깐타의 질문들

> 겸허한 존경으로, 진지한 탐구로, (진아를 깨달은 스승에 대한) 봉사로 이 초월적 지知를 얻어라. 진리를 깨달은 현자가 그대를 가르쳐 줄 것이다.
> *Tādvidvi pranipātena pariprashnena sevayā*
> *Upadeshyanti te jñānam jñāninastattva darshinah.*
> ―『바가바드 기타』, 4:34

> 모든 것을 잘 살펴서, 참된 것을 고수하라.
> ―『성경』, '데살로니가 전서' 5:21

까비야깐타 가나빠띠 무니: 해탈을 위해서는 수행을 생각해 봐야 합니다. 어떤 이들은 실재-비실재 분별(*Satya-asatya viveka*)[궁극적 진리 혹은 실재와 그런 진리나 실재가 아닌 것을 분별하는 것]로 충분하다는 의견인 것 같습니다. 그것으로 족합니까? 아니면 다른 수단도 채용하는 것이 필요합니까?

마하르쉬: 해탈은 속박에서 벗어나는 것인데, 속박이란 실은 무지입니다. 무지는 깨달음에 의해서만 몰아낼 수 있습니다. 그 몰아내기가 완전하고 영구적이려면 깨달음도 완전하고 영구적이어야 합니다. 즉, 우리가 늘 그것(That)을 깨닫고 있어야 합니다. 그것에 대한 깨달음 속에 머무르는 것을 진아안주(*Atmanishta*)라고 합니다. 이것만이 모든 속박을 제거합니다. 즉, 해탈을 확보합니다.

까비야깐타: 그러나 분별(*viveka*)은 진아안주를 확보하는 수단 아닙니까?

마하르쉬: 분별은 **실재**[영원한 것]를 비실재[찰나적인 것]와 분별하는 것입니다. 그것은 **무욕**(*vairagya*)[기쁨·슬픔 등과 같이 마음의 고요함과 평정심을 어지럽히는 감정들로부터 자유로움]을 확보하는 데 도움이 됩니다. 그래서 분별은 **진아안주**, 즉 **진지**(*Jnana*)[깨달음] 안에서의 확고함을 이루기 위한 유용하고도 필요한 준비입니다. 분별로써 얻는 **실재**에 대한 지知는 **진지**眞知 혹은 **진아안주**와 다릅니다. 전자는 아직 마음 활동(*chitta-vritti*)의 단계에 있지만, 후자는 전혀 그런 것이 아니고 직관인데, 그것은 그 안에서 마음이 활동을 멈추어 버린 어떤 것입니다. 전자의 상태는 여전히 **실재**와 비실재의 이원성과 그 둘 사이의 대비를 간직하고 있습니다. 후자, 즉 진인의 상태에서는 모든 대비와 이원성이 삼켜지고, 형언할 수 없는 **깨달음**만 있습니다. 지적인 분별인은 간접적으로(*paroksha*) 알고 추론합니다. 직관적인 **진인**(*Jnani*)은 진리, 곧 **실재**를 즉시 직접적으로(*aparoksha*) 느낍니다. 진인은 지적인 분별인과 다릅니다. 그는 세계(*jagat, visvam*), 즉 현상적 우주를 실재하지 않는 것으로, 혹은 결코 그 자신, 곧 진아와 다르지 않은 것으로 간주합니다.

까비야깐타: 경전공부(*Sastra charcha*)로 해탈을 성취하기에 충분합니까, 아니면 우리가 **진지**를 성취하려면 스승을 도움을 구하고 명상(*upasana*)을 닦아야 합니까?

마하르쉬: 경전 배움만으로는 충분치 않지요. 깨달음을 얻기 위해서는 확실히 명상과 집중 수행이 필요합니다. 그러나 '수행(*upasana*)'이라는 용어가 어떤 의미를 갖습니까? 그것은 구도자가 여전히 자신의 별개 개인성을 의식하면서 자신이 뭔가를, 즉 자기가 아직 모르는 어떤 지知를 성취하기 위해 노력하고 있다고 상상한다는 의미입니다. 그는 궁극적으로 진리에 도달합니다. 즉, 그 자신이 (그 수행을 하던 때를 포함하여) 언제

어느 때나 시간이라는 개념을 넘어선 진아였다는(지금도 그렇고 앞으로도 그렇겠지만) 것을 깨닫습니다. 그것이 저 깨달음의 상태, 곧 수행의 모든 시간 내내 존재했던(왜냐하면 달리 아무것도 존재하지 않으므로) 진아의 본래적 상태이기는 하나, 그가 그것을 '우빠사나(*upasana*)'[명상 수행]라고 부르는 것은 그의 깨달음이 아직 완성되지 않았기 때문입니다. 생각하는 자, 곧 주체인 그는 자신이 하나의 대상, 즉 이스와라에 대한 생각이나 명상의 과정을 밟고 있다고 상상합니다. 그것이 완성되었을 때, 그의 상태를 진지眞知·본연상태(*Sahaja Sthiti*)·아뜨만·자성동주自性同住(*Swabhava Samsthiti*-자성과 함께하는 상태), 또는 반야안주(*Sthitha Prajnatvam*)라고 부릅니다. 나아가 그것을 대상지對象知(*vishaya jnanam*)[대상 세계, 곧 '비아'에 대한 지知]가 완전히 소거되고, 자기로서의 진아의 의식이라는 섬광 외에 아무것도 없는 상태로 묘사할 수도 있습니다.

까비야깐타: 구도자가 확고한 깨달음(*Sthitha Prajnatvam*)을 성취한 뒤에도 자신의 인격에 대한 느낌[자아의식]을 보유합니까? 그럴 때 그는 자신이 완벽하게 확고한 깨달음을 성취했다는 것을 자각합니까? 그리고 그가 그것을 지각하는 것은 (1) 대상 세계, 곧 비아에 대한 자신의 지知가 완전히 소거되었다는 데서입니까, 아니면 (2) 그의 깨달음(*Prajnatvam*)의 완전함에서입니까?

마하르쉬: 예, 완전히 깨달은 자, 완전히 성취한 진인, 곧 진아를 깨달은 자는 자신이 그렇다는 것을 확실히 깨닫고 있습니다. 거기에는 어떤 의심도 있을 수 없습니다. 의심이나 불확신은 마음이나 지성에게 있고, 저 깨달음 혹은 깨침(Enlightenment)의 완성 속에서는 설 자리가 없습니다. 완성은 (1) 소극적 표지로는, 모든 원습(*vasanas*)[이전의 '들러붙은 업業'의 결과로 행위하는 마음의 습習]이 소멸한 것으로써 알 수 있고, (2) 적극적 표지로

는 부단한 의식(*Chidatmakaratha*)으로 알 수 있는데, 이를 '침묵(*Mowna*)'이라고도 합니다.

지知의 완성에 대해서 보자면, 종종 지知(*Jnana*)와 완전지(*Vijnana*)를 구분하기도 하는데, 후자는 깨달음을 지칭합니다. 진인은 **냐나 스와루빠**(*Jnana Swarupa*)[지知의 형상]일 뿐만 아니라, **스와아뜨마라마**(*Swatmarama*)[진아의 향유자] 혹은 **아난다무르띠**(*Anandamurti*)[지복의 형상]이기도 하다고 말해집니다. 그것은 지知 또는 지복으로서의 진아를 경험하고 즐긴다는 뜻입니다. 그러나 이것은 이원적인 은유입니다. 사실상 존재하는 것(*Sat*)은 단 하나입니다. 그것의 즐김, 혹은 그것을 즐기기 위한 어떤 대상 혹은 성질로서의 어떤 별개의 것도 없습니다. 그러나 남들에게는 언어의 형태로 생각을 표현해야 하므로, 우리는 은유 등에 의해 점점 더 미세한 분석으로 들어가는 것입니다. 왜냐하면 실재는 표현을 용납하지 않기 때문입니다. 그러나 그런 비유적 언어를 사용하기 때문에, 진인이 그의 지知를 (대상적으로) 체험하거나 깨닫느냐는 질문이 제기됩니다. 모든 것을 제거한 뒤 남는 것은 **사뜨**(*Sat*)[존재]·**찌뜨**(*Chit*)[의식]·**아난다**(*Ananda*)[행복]로 묘사하는 것이 최선인데, 이 세 가지 용어 모두 똑같은 하나의 본체(*vastu*)를 가리킵니다. 그 본체는 실은 우리가 지금 생각하는 그런 존재도, 의식도, 행복도 아닙니다. 이런 것들은 저 지고의 상태를, 곧 "그것이 지고자이고, 그것이 최고의 목표다(*Sa kashtha sa para gatih*)"(『까타 우파니샤드』, I.3.11)라고 하는 저 목표를 우리에게 제시하는 표현 또는 관념입니다.

까비야깐타: 그러니까 진인은 자신을 그런 존재로, 즉 완전히 성취한 자로 아는군요. 그러나 남들도 그가 그렇다는 것을 알 수 있습니까? 만약 알 수 있다면, 어떤 표지에 의해서입니까?

마하르쉬: 예, 그것은 알 수 있지요. 완전한 깨달음을 말해주는 특징

은 **일체처 평등심**(*Sarvabhuta Samatva*)인데, 이것은 모두에 대한 평등심을 의미합니다. 어떤 사람이 움직이거나 움직이지 않는 다양한 모든 대상들 안에서 같은 **진아**(*Atma*)를 발견하고, 그의 행동이 평등의식을 나타낸다면, 그것이 진인·**구나띠따**(*Gunatita*)·**브라마나**(*Brahmana*)[1] 등으로 다양하게 불리는 자의 특징입니다. 여기서 평등성이란, 실제로는 부당한 선호나 기피 없이 각자에게 적합한 대우를 해주는 것을 의미합니다. 『바가바드 기타』에서 묘사하듯이 말입니다.

즐거움이든 괴로움이든, 진아에 견주어 보아 도처에서 평등성을 보는 사람은, 아르주나여, 최고의 요기로 간주된다. (VI.32)

즐거움과 괴로움 속에서 동일하고, 진아 안에서 거주하는 사람에게는, 흙덩어리와 돌과 금이 마찬가지이며, 친한 이에게나 친하지 않은 이에게나 동일하고, 확고하며, 칭찬과 비난, 명예와 불명예가 동일하고, 친구와 적이 동일한 사람, 그리고 모든 (물질적) 노력을 포기한 사람은, 성질들을 초월했다(*gunatitah*)고 이야기된다. (XIV.24-25)[2]

까비야깐타: 삼매(*samadhi*)[몰입된 집중 혹은 황홀경]에서 정점에 이르는 요가 수행은 진아 깨달음의 목적에만 이바지합니까, 아니면 세간적 목적의 성취와 같은 그 밖의 더 낮은 목표들을 달성하는 데도 활용될 수 있습니까?

마하르쉬: 아니, 삼매가 진아 깨달음과 더 낮은 목표들의 달성이라는 두 가지 목적에 이바지하다니요!

---

1) *T*. '구나띠따'는 '구나(성질)를 넘어선 자', '브라마나'는 '브라만을 아는 자'라는 뜻이다.
2) *T*. 이 두 인용문은 바가반이 직접 인용한 것이 아니다. 나라싱하 스와미가 참조용으로 장과 절의 번호를 제시한 『기타』의 해당 부분을, 편집 과정에서 구체적으로 밝혀 놓은 것이다.

까비야깐타: 만일 어떤 사람이 더 작은 목표를 달성하려고 요가 수행을 시작하여 삼매를 계발하는데, 이런 것들을 성취하기 전에 더 큰 목표인 **진아 깨달음**을 성취한다면, 그 작은 목표들은 어떻게 됩니까? 그런 것들도 성취합니까, 아니면 성취하지 못합니까?3)

마하르쉬: 성취하지요. 더 작은 목표들에 도달하려는 행위(*karma*)나 노력은 그 결과를 산출하는 것을 그치지 않기 때문에,4) 그는 **진아 깨달음**을 달성한 뒤라고 해도 그런 것들을 성공적으로 성취할 수 있겠지요. 물론 그런 깨달음으로 인해 더 작은 성공들에 대해서는 기뻐하거나 즐거워하지 않겠지만 말입니다. 왜냐하면 그에게는 감정을 느끼는 것, 즉 마음이 그 자체로 더 이상 존재하지 않고, 그것이 **쁘라냐**(*Prajna*)[우주적 의식]5)로 변환되어 있기 때문입니다.

---

3) *T.* 편자는 앞에서 가나빠띠 무니가 1913년에 6개의 질문을 했다고 했는데, 여기서는 모두 7개로 되어 있다.
4) *T.* 무엇을 성취하겠다고 마음먹고 노력을 했다면 그 방향으로 일정한 '까르마'가 형성되므로, 그것은 반드시 그에 따른 '결과'를 가져오게 마련이라는 뜻이다.
5) *T.* '반야'로도 번역되는 *Prajna*는 완전히 깨달은 자의 지혜 또는 안목이라는 뜻이다. 또 여기서 말하는 '우주적 의식'이란 도처에 편재하는 진아로서의 의식이라는 의미이다.

제2장 스와미의 시

 1915년 겨울의 어느 날, 스리 라마나는 스깐다스라맘에 앉아 계셨다. 당신 앞에는 산스크리트어에 능하고 이전에 (그리고 이후에도) 산스크리트 시들을 지은 적이 있는 젊은이 자가디샤 샤스뜨리(Jagadeesa Sastri)가 앉아 있었다. 그날 자가디샤 샤스뜨리는 한 장의 종이에 한 시구의 첫 행 일부로 "흐리다야 꾸하라마디예(hridaya kuharamadhye)"라는 단어들을 썼다. 그러고는 마음으로 애를 쓰는데도 더 나아가지 못해 그것을 완성하지 못했다. 그러자 스리 바가반이 물으셨다. "자네가 쓰고 있는 게 뭐지?" 샤스뜨리는 그 종이를 건네 드렸다.
 마하르쉬께서 말씀하셨다. "계속하지. 시를 완성하게."
 샤스뜨리가 대답했다. "시도하고 있지만 제 마음이 일을 하지 않으려고 합니다."
 그러자 마하르쉬께서 그 시를 집어 들어 바로 그 자리에서 그것을 다음과 같이 완성하셨다. 그 시가 나중에 만다사(Mandassa)에 있는 까비야깐타에게 보내졌고, 그는 뒤에 그것을 자신의 『스리 라마나 기타』에 포함시켰다. 사실 엄밀히 말해서 이것이 『스리 라마나 기타』이다. 왜냐하면 그것은 스리 라마나가 노래하신 것이었기[지으신 노래였기] 때문이다.[1]
 그 시는 다음과 같다.[2]

---

1) T. '기타(gita)'는 '노래'라는 뜻이다.
2) 뒤의 산스크리트 시는 원고에 있는 스리 라마나 마하르쉬의 필적이다.

> हृदय कुहरमध्ये केवलं ब्रह्ममात्रं
> ह्यहमह् मिति साक्षादात्मरूपेण भाति ।
> हृदि विश मनसा स्वं चिन्वता मज्जता वा
> पवनचलनरोधाद् आत्मनिष्ठो भव त्वम् ॥

hridaya kuharamadhye kevalam brahmamatram
hyahamahamiti sakshadatmarupena bhati,
hridi visa manasa svam chinvata majjata va
pavanachalanarodhad-atmanishtho bhava tvam.

그 의미는 이러하다.

> 심장의 동혈 안에 순수한 브라만이
> 진아의 직접적 형상인 "나, 나"로서 빛나네.
> 진아를 추구하여, 그 속으로 뛰어들거나,
> 호흡의 움직임을 제어하여 진아안주자가 되라.3)

까비야 가나빠띠 샤스뜨리는 나중에 마하르쉬께 진아 깨달음의 목적상, '심장'이라는 용어와 그것에 대해 이야기되는 사실들의 의미를 온전히 설명해 달라고 청했다. 마하르쉬의 답변은 제5장에서 구현된다.

---

3) T. 이 번역문은 편집 이전의 텍스트를 따랐으며, 산스크리트 원문에 더 충실하다.

제3장 삶의 주된 목표

1917년은 아쉬람의 제자들이 철학적 관심으로 충만한 해였다. 이제 여행을 끝내고 띠루반나말라이로 돌아와 있던 까비야깐타는, 이 기회를 이용해 자신의 제자들이 경전을 이해하려고 하는 과정에서 종종 경험한 의문과 어려움들을 마하르쉬께 제출하여 당신의 가르침의 정확한 취지를 이끌어내고 싶어 했다. 그는 으뜸가는 제자들에게 자진해서 그들의 모든 어려움을 마하르쉬께 제출해 보라고 했다. 그러면 자신이 그 모든 답변을 한데 모아 산스크리트어 시로 옮겨서 한 권의 책으로 만들고, 그것을 『스리 라마나 기타』라고 이름 붙이겠다는 것이었다. 그 질문들이 한 묶음씩 제출되어 답변을 끌어내자, 까비야깐타는 그것을 처음에는 경經(sutra)의 형태로[경구들로] 적었고, 거의 즉시 그것을 산스크리트 시로 옮겼다. 이렇게 해서 1917년 말 이전에 『스리 라마나 기타』가 준비되었고, 벨로르의 S. 나라싱하이야—지금은(즉, 1927년에 출가한 뒤로는) 쁘라나바난다(Pranavananda)로 알려져 있다—가 그것을 타밀어와 텔루구어로 번역했다. 이 번역들은 1923년에서야 인쇄·간행되었다.

그 질문들은 그해 7월 7일, 열렬한 헌신으로 가득 차 있던 젊은이인 가자나나(Gajanana)[1]가 시작했다. 그는 봄베이 관구(Bombay Presidency)[2]의 북 까나라(North Kanara) 군郡 출신으로, 산스크리트어에 능했다. 그는 『스리마

---

1) 『스리 라마나 기타』에는 다이바라따(Daivarata)로 나온다.
2) T. 식민지 시절, 영령 인도의 광역 행정단위의 하나.

드 바가바땀』과, 스리 크리슈나·스리 라마와 관련되는 마라티어와 깐나다어 노래들을 몹시 좋아했다. 그는 이곳 아루나찰라에 몇 달 머무르며 까비야깐타와 마하르쉬께 심취했고, 마하르쉬를 찬양하는 8연의 '비박띠자쉬따까(Vibhaktijashtaka)'를 지었다. 그는 탁발한 음식으로 살면서, 검소한 비구(bhikshu-乞士)의 삶을 영위했다. 특히 마하르쉬와 제자들이 산 오른돌이(Giripradakshinam)[아루나찰라 산을 걸어서 돌기]를 시작하면 가자나나는 아주 두드러진 인물이 되곤 했다. 그는 빈번히 헌가를 부르고 황홀경 속에서 춤을 추었기 때문이다. 그는 마하르쉬 가까이 있는 기회를 이용해 지知 탐구의 길(Jnana Vichara Marga), 곧 진아 깨달음에 이르는 자기탐구의 길에 대한 자신의 의문들을 해소했다.

그가 스리 라마나 마하르쉬께 드린 첫 질문은 (『스리마드 바가바땀』에서 빠리끄쉬뜨 왕이 스리 수까 마하르쉬(Sri Suka Maharshi)에게 한 중심적 질문을 연상시키지만) 이러했다. "이 윤회계, 곧 개아(jiva)가 겪는 생사의 소용돌이 속에서, 인간이 해야 할 주된 일은 무엇입니까?"

마하르쉬: 그러니까, 그대의 질문은 한 인간으로서의 그대가 자신의 행위(karma)와 관련하여 무엇을 해야 하느냐는 것이고, 해야 할 가장 중요한 일에 대해 묻는 것이지요. 그대는 임무들을 중요도 순으로 배열하고 싶은데, 이 중요성은 각 행위의 결과가 그대에게 갖는 가치에 기초해 있습니다. 그래서 요컨대, 그대는 자신에게 적합한 행위와 그 열매들의 가치를 묻고 있습니다. 자, 그 행위와 그것의 중요성이 단순히 그 행위를 하고 그 열매를 거두는 그 개인에게 달려 있지 않습니까? 만일 그렇다면 이 탐구의 한 예비단계로서, 먼저 그 행위를 하고 그 열매를 맛보는 그 사람이 누구인지를 물으십시오. 바꾸어 말해서, 그대 스스로 "나는 누구인가?" 하는 탐구, 즉 그대 자신에 대한 탐구를 시작하십시오.

그것은 거의 즉시, 진아지眞我知 혹은 진아 깨달음을 성취하기 위한 진아에 대한 탐구가 됩니다.

따라서 이것이 인간이 해야 할 주된 일입니다.

가자나나: 또 존경하는 스승님, 이 진아 깨달음을 성취하는 수단은 간략히 무엇이며, 이미 말씀하신 그 수단, 즉 내면으로의 탐구 혹은 장엄한 내견內見(pratyagdrishti)에 대해서 보자면, 우리가 그것을 어떻게 성취할 수 있습니까?

마하르쉬: 그러니까, 간략히 표현하면 진아 깨달음을 성취하는 수단은 이런 것들입니다. 첫째, 마음이 그 대상들로부터 물러나야 하고, 세계에 대한 대상적인 견見이 그쳐야 합니다. 둘째로, 마음의 내적인 작용도 끝나게 해야 합니다. 셋째로, 그렇게 하여 마음이 무無특징적(nirupadhika)으로 되어야 하고, 계속 확고하게 무특징적이어야 합니다. 마지막으로, 마음이 순수한 탐구(Vichara) 안에, 곧 그것의 성품, 즉 그 자신에 대한 내관 혹은 깨달음 안에서 안식해야 합니다. 이것이 내견內見(pratyagdrishti), 다른 말로 내향內向(antarmukham), 곧 내면을 향한 견見 혹은 탐구의 수단입니다.

가자나나: 권계勸戒(niyama)[예컨대 음식·잠·노력 등의 양과 질의 조절]는 우리가 얼마나 오래 계속해 나가야 합니까? 요가 싯디(yoga siddhi)를 성취할 때까지는[자신의 요가에서 성공할 때까지는] 그것을 고수해야 합니까? 그리고 그런 것들은 그 과정의 끝까지 유용합니까?

마하르쉬: 예, 구도자는 자신의 요가를 계속 해나가는 과정에서 그런 규율들의 도움을 받습니다. 그가 일단 성공하여 자신의 목표에 도달하면, 그 규율들은 저절로 떨어져 나갑니다.

가자나나: (자신의 첫 번째 질문을 언급하면서 다시 여쭈었다.) 존경하

는 스승님, 지금 방금 말씀하신 확고하고 무특징적인 **탐구**에 의해 성취되는 목표로 말하자면, 같은 목표가 만트라 염송(*mantra japa*)에 의해서 성취될 수는 없습니까?

마하르쉬: 되지요. 만일 그 만트라 염송이 끊임이 없고, 굴절 없는 주의력의 흐름과 올바른 신심을 가지고 이루어진다면, 동등한 성공을 이룹니다. 심지어 단순한 **쁘라나바**3) **염송**(*Pranava Japa*)으로도 충분할 것입니다. (쁘라나바 염송이든 다른 만트라 염송이든) 그런 염송에 의해 그대는 마음이 대상적 세계에 대한 작용에서 빗나가는 것을 보는데, 그런 다음 그대 자신을 그 만트라와 동일시하면 **아뜨만**(의 성품)을 성취합니다.

---

3) 쁘라나바는 짧은 단음절 옴이며, 거의 어김없이 모든 만트라의 일부를 이룬다.

제4장 진지眞知, 곧 깨달음의 본질은 무엇인가?

1917년 7월 21일, 까비야깐타가 다시 마하르쉬께 질문했다.

까비야깐타: '진인의 상태'는 어떤 것입니까? 그것은 "나는 브라만이다(*Aham Brahmasmi*)"라는 심적인 과정입니까, "브라만이 나다(*Brahmaham*)"라는 관념입니까, "나는 일체다(*Aham sarvam*)"라는 관념입니까, "일체가 브라만이다(*Sakala Brahma*)"라는 관념입니까, 아니면 **진지**(*Jnana*)는 이 네 가지 관념 모두와 다릅니까?

마하르쉬: 그런 모든 마음 상태, 과정 혹은 관념들은 확실히 마음의 작용일 뿐입니다. 그러나 진지라고 하는 것은 하나의 마음 상태나 과정이 아닙니다. 그것은 '스와루빠아바스티띠(*Swarupāvasthitih*)', 즉 **진아** 그 자체 안에 머무르거나 존재하는 것입니다.

까비야깐타: 그렇다면 스승님, 진아 혹은 브라만[신]은 마음에 의해 도달되지 않습니까? 사실 『문다까 우파니샤드』, III. 1. 9에서는 "이 미세한 진아는 마음에 의해 알려져야 한다(*eso'nur ātmā cetasā veditavyo*)"고 하고, (『까타 우파니샤드』, I. 3. 12에서는) "그것은 미세한 것을 보는 자들이 예리한 지성에 의해서 볼 수 있다(*dṛśyate tvagryayā buddhyā sūkshmayā sūkshma darśibhih*)"고 하며, 『까타 우파니샤드』, II.1.11에서는 브라만에 대해 "이것은 마음에 의해서만 성취된다(*manasaivedam āptavyam*)"고 하는 반면, 『따이띠리야 우파니샤드(*Taittiriya Upanishad*)』, II.9에서는 "말이 당혹하여 물러나고 마음도 그러한 곳에서(*yato vācho nivartante aprāpya manasā saha*)"

라고 하면서, 브라만을 "언어나 마음으로는 도달할 수 없다(avad manasa gochiram)"고 반복해서 지칭합니다. 이런 갈등을 어떻게 화해시킬 수 있으며, 어느 것이 진리입니까?

마하르쉬: 모든 텍스트 부류가 참됩니다. 진아의 성품에 대한 탐구에 착수하는 것은 마음입니다. 그러나 브라만에 도달하려는 노력의 과정에서 그것이 변모하여 브라만으로 보입니다. 그것이 어떤 별개의 존재성도 갖기를 그칩니다.

(나중에 이 문제를 더 설명해 달라는 요청을 받고, 마하르쉬께서 말씀하셨다.)

어느 면에서 그대가 브라만에 도달하는 것은 마음에 의해서지요. 그러나 아마도 브라만이 그 자신을 깨달을 뿐이고 마음 그 자체가 깨닫는 것은 아니라고 하는, 더 정확한 표현을 고수하는 것이 더 나을 것입니다. 깨닫는 것은 마음 그 자체가 아니라, **뿌르나 쁘라냐**(Purna Prajna), 곧 '우주 의식'으로 변모한 마음입니다.

비유 삼아 바다로 흘러 들어가는 큰 강의 경우를 들 수 있습니다. 이전에 '강'이라는 이름을 지녔던 물이 나중에는 '**바다**'라는 이름을 갖습니다. 우리는 (바다가 된) 그 강을 '바다 형상의 강(Samudrakara Nadi)'이라고 부르지는 않겠지요. 탐구를 시작하는 것은 별개의 단절적(khanda) 마음입니다. 그러나 앞으로 나아가면서 그것은 발전하고, 자신의 성품과 형상을 변화시키다가 마침내 한계 없고, 무한하고, 무차별한(akhanda) 브라만의 바다 안에서 그런 것들과 그 자신을 잃어버립니다. 이때부터는 마음을 '**브라만 형상의 마음**(Brahmakara manas)'라고 부를 수 있겠지요.

그러나 우리가 대중의 언어로, 심멸心滅(manonasa), 즉 한계 있고 유한한 마음의 소멸이 있었다고, 그리고 브라만을 깨닫는 것은 심상心相(chitta *vritti*[마음의 작용]에 의해서가 아니라 완전성(*Purnattva*) 혹은 **자성동주**自性同住(*Swabhava Samsthiti*), 곧 **진아 깨달음의 완성**에 의해서라고 간략히 말한다면, 아마 더 분명하게 이해되겠지요.

마하르쉬께서는 브라만과 동일하다고 여겨지는 신 아루나찰라께 아뢰는 당신의 「아루나찰라 8연시」 제3연에서 이 문제를 다른 비유로 이렇게 설명하셨다.

   '*munnuru vunaladra vunnida munnir*
    udrusaruk karaiyuru venavuru voyum'
   생각함이 없이 당신을 생각하면, 우리의 형상은 바다에
   들어간 설탕인형의 그것처럼 녹아 없어집니다.

제5장 흐리다얌(심장 혹은 중심)이란 무엇인가?

[편자 주: B. V. 나라싱하스와미의 타자된 원고에서는, 일부 영문 교정과 필요한 산스크리트 원문 삽입 외에도 마하르쉬님이 브라만은 심장(Hridayam)으로 묘사된다고 언급하는 경전의 인용문을 적어 넣고 있다. 사실 본 장 전반에 걸쳐 당신은 아름다운 글씨로 '흐리다얌'[심장]이라는 단어를 열아홉 번이나 적고 있다. 「아루나찰라 5보송」 제2연에서 마하르쉬님은 이렇게 선언한다. "당신은 심장 안에서 '나'로서 춤추시는 내적 진아이시니, 심장이 당신의 이름입니다, 오 하느님!" 본 장에서 당신은 이 심장을 어떻게 이해하고 체험해야 하는지를 묘사한다.]

1917년 8월 9일, 스리 라마나 마하르쉬께서는 밤에 스깐다쉬람에 앉아 계셨다. 까비야깐타와 다른 헌신자들이 당신의 발아래 모여 있었다. 까비야깐타는 모든 사람의 이익을 위해 마하르쉬께, 당신이 1915년에 지으신 시[제2장 참조]에서 언급된 '심장(Hridayam)'을 온전히 설명해 달라고 청했다.

그래서 마하르쉬께서 이렇게 답변하셨다: '흐리다얌(Hridayam)', 즉 심장(혹은 중심)은 모든 생각이 거기서 솟아나는 그것입니다. 베다의 여러 구절에 나오는 그것에 대한 한 묘사는 이것입니다.

> *padmakosha pratikāsham hridayam cha api adhomukham*
> *adho nishtha vitastya ante nābhyām upari tishthati.*
> 아래로 향한 연꽃봉오리에 비유될 수 있는 심장 공간이 명상처이니
> 그것은 목 아래, 검지 하나 거리, 배꼽 위에 위치하고 있네.
> —『나라야나 우파니샤드(Narayanopanishad)』, XIII.6-7

심장을 이렇게 바나나꽃 봉오리나 연꽃 봉오리와 비유하는 것이나 그에 대한 다른 다양한 물리적 묘사들은[1] 요기의 명상 수행을 돕기 위해 나온 것입니다.

우리가 어떻게 모든 생각을 그 근원까지 추적해 가느냐고 여러분은 물을지 모릅니다. 그러니까, 우리는 우선 모든 생각이 그것들의 작용 기반인 어떤 한 가지 생각으로 소급될 수 있는지를 발견하고, 그런 다음 더 깊이 들어가서 그 기본적인 생각의 근원을 발견합시다. 그러면 다른 모든 생각들의 저변에 그런 어떤 기본적인 혹은 근본적인 생각이 있습니까? 여러분은 '나'라는 생각 또는 관념—개인성의 관념—이 그런 하나의 뿌리생각이라는 것을 보지 못합니까?

왜냐하면 마하르쉬께서 나중에 설명했듯이, 어떤 생각이 일어나고, 의문들이 일어날 때마다, 깨달음을 목표하는 구도자는 이런 의문을 제기해야 하기 때문이다. "이 생각은 생각하는 어떤 사람과 독립하여 존재하는가, 아니면 그것은 한 사람의 생각으로서만 존재하는가? 그리고 만일 후자가 맞다면 그것은 누구에게 일어나는가?" 그 답은 "이 생각은 한 사람의 생각으로서만 일어나고, 이 생각은 내 안에서 일어난다."이다. 그래서 '나'라는 관념을 다른 생각들이 갈라져 나오는 하나의 줄기로 간주할 수 있는 것이다.

다음으로 이것[줄기]의 뿌리 근원을 봅시다. 그러나 어떻게 말입니까? 무아경적인 집중 속에서 여러분 자신 안으로['나'라는 생각 안으로] 뛰어들어 그것의 근원을 발견하십시오. 거기서는 감각기관 안에서나 그것들을 통해서 지각할 것이 아무것도 없습니다. 이 탐색에서는 감각들이나 이성적 추론에서 어떤 인도도 받지 못합니다. 그러나 만약 올바른 직관을 가지고 있다면 그 **중심**이 즉시 느껴지고, 탐색하던 앞서의 '나'는 이 '**중심**'

---

[1] 그 우파니샤드는 그것을 보리수(aswattha tree, *ficus religiosa*)의 잎에 비유하기도 한다.

속으로 사라집니다. 그래서 '흐리다얌', 곧 **심장중심**(Heart Centre)이 '나'라는 생각과 다른 모든 것의 근원인 것입니다.

그러나 요가를 닦는 어떤 사람들은 '흐리다얌'이라는 용어를 여섯 차크라(chakram)2) 중 하나, 즉 가슴에 있는 아나하따 차크라(anahata chakram)라고 하는 네 번째 중심과 집요하게 동일시합니다. 이 요기들은 '흐리다얌'이 인격의 근원 혹은 거소居所를 의미한다는 것은 시인합니다. 그러니까 만일 이 요기들이 그들의 인격이나 영혼의 발전을 그것의 근원에서부터 그 최고 지점(머리 정수리의 사하스라라)까지 추적 내지 증진하고 싶다면—자신들은 그렇게 한다고 공언하지만—아나하따 차크라에서부터 그 과정을 시작해야 하는데도, 그들은 오히려 자신들이 첫 번째 차크라라고 부르는 물라다라(muladharam)에서 어김없이 그 과정을 시작합니다. 그래서 우리는 어쩌면 '흐리다얌', 즉 '중심'이라는 용어를 **보편적 중심**, 곧 브라만에 한정하는 것이 좋을 것입니다.

경전에서는 브라만을 흔히 '**아얌 흐리뜨**(ayam hrit)'라고도 하는데, 이 두 단어를 합치면 '흐리다얌'이 됩니다.3) 수행하는 요기조차도 '흐리다얌'[심장]이나 아나하따를 혈액 순환의 중심이 되는 기관과 동일시하지 않는데, 위에 나온(제2장 참조) 시구에서는 **심장**이 생리학적인 의미로 쓰이지 않고 하나의 비유로 쓰이며, 의식의 중심을 지칭합니다. 그러나 경전의

---

2) 척수와 평행하게 달리는 신경절들과 아마도 상응하는 곳들이다.
3) 브라만을 흐리다얌(심장)이라고 부르는 경전 구절은 『수따 상히따(Suta Samhita)』, 「브라마 기타(Brahma Gita)」의 "이것[진아]은 예외 없이 모두의 심장 안에 분명하게 존재한다. 그것[심장]에 의해서만 '이것이 중심이다'라고, 세간적 환의 속박에서 해방하는 자인 시바가 선언하였다(ayam hridi sthita sakshat sarvesham avisheshatah. tenaiva hridayam prokta shishavas sansara mochakah)"라는 것이며, 이 구절 자체는 "진실로, 그 진아는 심장 안에 (거주하고) 있고, 그에 대한 어원적 설명이 이것이다(sa va esa atma hridi tasyaitad eva niruktam hridy ayam iti tasmadd hridayam)"(『찬도갸 우파니샤드』, VIII. 3.3)에 기초한 것이다.
T. 「브라마 기타」를 포함하는 『수따 상히따』는 방대한 『스깐다 뿌라나(Skanda Purana)』의 일부이다.

여러 부분에서 그렇게 말하듯이, '흐리다얌'이 어떤 실제적인 공간적 영역을 가리킨다고 여겨도 무방합니다. 거기서 '흐리다얌'은 (피를 밀어내는 기관이 있는 왼쪽이 아니라) 가슴의 오른쪽에 있다고 말해집니다. 거기서부터 수슘나 나디(sushumna nadi)가 퍼져나가고, 그 위로는 의식 혹은 빛의 흐름이 사하스라라(sahasrara)[천 개의 꽃잎, 이것은 분명 무수한 세포를 가진 두뇌를 가리킨다]로 올라갑니다. 그 사하스라라에서부터 의식의 빛은 (분명히 신경들을 통해서) 다시 몸의 모든 부분을 지나가고, 그럼으로써 우리가 바깥 세계를 경험합니다. 그러나 만약 그 경험자가 경험되는 대상을 그 자신과, 즉 진아와 별개의 것으로 보면, 그는 윤회(samsara)[탄생과 죽음의 연쇄]의 소용돌이에 말려듭니다. 진아안주자(Atmanishta), 즉 진아를 깨달은 자의 사하스라라[두뇌]는 깨달음의 순수한 빛입니다. 찰나적인 혹은 얼핏 지나가는 어떤 욕망이 그것에 접근하면, 그 안에서 즉시 소멸됩니다. 거기에는 그런 것들이 번성할 어떤 토양도 없습니다. 순수한 빛, 곧 청정 순수성(suddha sattva) 안에 머무르고 있는 진아안주자 안에서 일어나는 산깔빠(sankalpas)[욕망의 씨앗들]들은 바싹 말라 버리거나 구워진다고 우파니샤드에서 말합니다. 그런 '구워진 씨앗(bhrishtabijam)'은 새로운 원습 혹은 업(karma)을 낳지 않습니다. 그것들은 스스로 소진되면서 "잔재 하나도 남기지 않기"4) 때문입니다. 이 표현은 다른 우파니샤드들과 『요가 바쉬슈타』, 스리 샹까라짜리야의 저작들에서도 빈번히 발견되지만, 이것을 언급하는 것으로 족할 것입니다.

앞에서 말한 순수한 빛과 함께, 바깥의 대상들이 지각되거나 경험되

---

4) 『묵띠까 우파니샤드(Muktikopanishad)』, II.61, 62.
   (a) 원습이 순수하지 못하면 새로운 탄생의 원인이 되고, 그것이 순수하면 환생의 소멸을 가져온다(malinā janmahetuh, syacchuddhā janmavināshani).
   (b) 구워진 씨앗처럼, 싹터서 새로운 탄생을 가져오는 일이 없게 된다(punarjanmānkuram tyaktvā sthitih sambhrishtabijavat).

고, 그것들의 인상이 받아들여집니다. 그러나 이런 인상들이 완전한 요기[진아를 깨달은 자]의 지배적인 무차별 속에서 채색되거나 삼켜지면, 그의 요가 곧 **진아 깨달음**은 그것에 의해 손상되지 않습니다. 외부의 인상들을 받아들일 때도 그 요기는 존재의 단일성에 대한 자신의 의식을 유지합니다. (말하자면) 주변적인 대상들의 경험을 가진 이 중심의 의식하는 단일성(conscious unity)(주변적 빛살들을 삼키는 중심적인 빛)의 이 상태를 **본연상태**(Sahaja Sthiti)라고 합니다. 그러나 요기가 외부의 대상들에 대한 인식을 완전히 차단할 때는, 그의 상태를 **무상삼매**(Nirvikalpa Samadhi), 즉 순수한 집중 혹은 속성이나 특징이 없는 **절대적 의식**이라고 합니다.

  외적인 우주를 구성하는 이 대상들이 무엇입니까? 전체 우주, 곧 대우주는 인간 안에서 소우주로 발견됩니다. 전체 인간은 **심장**, 곧 **궁극적 중심** 안에서 발견됩니다. 따라서 전체 우주는 그 **중심**(hridayam), 곧 **심장** 안에서 발견됩니다. 또 그것을 다른 방식으로 보면 외적인 세계는 그것을 지각하는 마음 없이는 존재하지 않습니다. 즉, 마음이 세계들의 존재를 지각하고 주목하지 않는다면, 그 존재성을 어떻게 단정할 수 있겠습니까? 그런데 마음은 그 **중심** 없이는 존재하지 않습니다. 따라서 우리가 경험하는 전체 우주는 그 **중심**에서 끝납니다. 심장과 마음 각각의 위치는 하나의 비유로써 설명될 수 있습니다. 태양계에서 태양이 만물의 기원이고, 만물의 지지자이며, 만물을 밝혀주는 것이듯이, 인간에게서 그 **중심**[심장, 곧 직관을 가진 것]도 마찬가지입니다. 달은 외적인 우주 안에 있으면서 감미롭되 불확실한 빛을 발하고, 실제 생명을 창조 또는 유지하거나 모든 대상에게 분명한 빛을 던져주지 못하듯이, 두뇌(sahasrara) 안에서 혹은 두뇌와 함께 작업하는 마음도 마찬가지입니다. 달이 그 빛을 해에게서 빌려오듯이, 마음은 아는 힘을 **중심**, 곧 **심장**에서 끌어냅니다.

인간이 그 **중심** 곧 **심장**에서 나오는 어떤 직관이나 깨침도 갖지 못할 때는 마음을 자신의 의식적인 활동의 유일한 기반으로 봅니다. 마치 우리가 밤에는[해가 없을 때는] 달빛에 의지해 일하는 데 만족하듯이 말입니다. 그럴 때 그 사람은 무지한데(*pāmara*), 왜냐하면 모든 빛[의식]의 근원, 즉 **실재**인 **아뜨만**을 보지 못하고, 마음의 도움만 받아서 대상들을 보고, 그것들을 자신과 다르다고 보기 때문입니다. 그래서 미로 속을 헤맵니다. 반면에 **중심**에 자리 잡고 있는 **진인**은 그 **중심** 안에서 마음을 보는 것이 분명하지만, 그 마음은 낮에 보는 달처럼 그에게 별 의미가 없습니다. **쁘라냐**(*Prajna*)라는 용어는 피상적 의미(*vachyartha*)로는 마음이라는 뜻도 있지만, 실제로는, 즉 그 본질적 내용(*lakshyartha*)에서는 **중심**, 곧 **심장**입니다. **브라만**은 그것 외에 아무것도 아닙니다. 마음의 도움으로만 보는 사람들에게는 보는 자와 보이는 대상의 차별이 존재하지만, **중심**에 있는 사람들에게는 그것들이 똑같은 하나입니다.

이제 우리가 **심장** 안의 **진아** 속으로 들어가야 한다는 그 연(201쪽)의 후반부에 나온 조언에 대해서 보자면, 영적인 깨달음과는 별개로, 깊은 잠, 기쁨·슬픔·분노 같은 과도한 감정, 경직증, 빙의憑依(귀신들림)나 혼수상태 등의 이유로 마음이 그 **중심** 속으로 사라지는 다른 경우들도 있습니다. 이런 것들도 마음을 타격하여 그것을 그 근원 속으로 몰아넣습니다. 그러나 그런 상태에서는 어떤 깨침도 없고, 자신의 개인성에 대한 자각조차도 없는 반면, 삼매, 곧 그 요기가 성취한 **진아** 깨달음 상태에서는 그런 자각과 깨침을 갖습니다. 그것이 삼매와 위에서 언급한 상태들의 차이입니다.

제6장 심멸心滅이란 무엇인가?

1917-8-21

까비야깐타: 바가반께서는, 진인이 하듯이 마음이 심장 속으로 다시 들어가는 '삼매의 심멸心滅(manonasa)'이라고 하는 것은 질병 등의 경우에 마음이 사라지는 것과 현격하게 다르다고 말씀하셨습니다. 제자들은 심멸心滅과 심잠心潛(manolaya)에 대해서, 그리고 그것들을 어떻게 실현할 수 있는지에 대해 뭔가 더 알고 싶어 합니다.

그러자 마하르쉬께서 계속 말씀하셨다: 사람들은 자기 마음을 제어하기 어렵다고 느낍니다. 그것은 흔히 듣는 하소연입니다. 그 이유를 압니까? 사람들은 매일매일 거의 매 시간 매 분分마다 무수한 욕망을 충족시키면서 시간을 보냅니다. 그리고 외부의 대상, 즉 비非진아에 집착하여 거기에 전적으로 몰두해 있고, 또 그래 왔습니다. 그래서 이 외향적인 습習이 깊이 뿌리내려 그들을 쇠사슬처럼 속박합니다. 이 강한 원습(vasana)[성향]을 극복해야, 그들의 깨달음의 기초가 될 평온함과 평형을 얻을 수 있습니다. 그러니 일단 그들이 가능한 한 빨리, 즉시 자신들의 행위를 역전시켜서 부단한 마음 제어를 얻게 하십시오. 욕망에 추동된 마음이 사방으로 달아나게 하지 말고, 마음에 올라타서 자신들의 목표까지 마음을 몰고 가도록 노력하라 하십시오. 그들은 다양한 보조수단과 함께 그런 노력을 시작해볼 수 있겠지요.

마음 제어를 위한 첫 번째 보조수단으로 구도자에게 보통 제시되는 것은 조식(*pranayama*)[호흡제어나 호흡조절]입니다. 마음은 원숭이와 같아서 보통 변덕스럽고, 가만히 있지 못하고, 초조해하고, 불안정합니다. 원숭이를 묶어서 움직이지 못하게 하거나 황소를 고삐로 제어하듯이, 호흡을 조절하거나 억제하면 마음을 고요하게 할 수 있습니다. 호흡이 그렇게 제어되면 마음이 차분해지고, 생각의 형태를 띤 마음 활동들이 그칩니다. 생각이 없을 때는 개아의 에너지가 근원 속으로—그것의 모든 에너지가 나온 곳, 즉 **중심**인 **심장** 속으로 도로 달려 들어갑니다.

그 다음, 지식止息(*kumbhaka*)[숨 멈춤]을 확보하는 방법을 살펴보자면, 우리는 이와 같은 다양한 방법들이 제시되거나 사용되는 것에 주목합니다. 첫 번째로, 가장 간단한 노선인 **라자의 길**(*Raja Marga*)[1]은 그냥 지식止息을 하겠다는 의지를 일으키고 거기에 주의를 고정하는 것입니다. 그러면 호흡이 즉시 멈춥니다. 처음에는 이렇게 주의를 고정하고 의지를 일으키는 것이 긴장과 피로를 수반할 수 있습니다. 그러나 부단한 수행으로 이것을 극복해야 합니다. 그러면 결국 그 의지 일으키기와 주의가 습관적으로 됩니다. 그러면 마음이 지식止息을 생각할 때 그것이 상당히 이완되고, 그대가 호흡을 억제하는 것과 동시에 마음이 마취되어, 마법에 홀린 뱀처럼 고요해집니다.

위의 노선이 자신에게 맞지 않다고 느끼는 사람들도 아마 있겠지요. 그들은 만일 원한다면 다른 방법인 **하타 요가**를 해 보라고 하십시오. 그것도 지식止息을 성취하지만, 단 엄청난 긴장과 투쟁이 있어야 합니다. **아쉬땅가 요가**(*Ashtanga Yoga*)[금계禁戒 · 권계勸戒 · 자세 · 조식調息 · 제감制感 · 응념凝念 · 정려靜慮 · 삼매三昧]는 모든 방법에 공통됩니다. 하타 요가의 주된 특징은 그것이 반다나(*bandhanas*) · 무드라(*mudras*) · 샤뜨까르마(*shatkarmas*)를 채용

---

1) T. 즉, 라자 요가. 이것은 8단계로 되어 있어 '아쉬땅가(8지) 요가'라고도 한다.

한다는 점입니다.2) 하타 요가 행법의 자세한 내용은 『하타요가-쁘라디삐까(Hathayoga-Pradipika)』와 같이 그것을 전문적으로 다루는 특별한 논서들에 나옵니다.

라자 요가(Raja Yoga)와 하타 요가에서 공히 우리는 호식呼息(rechaka)·흡식吸息(puraka)·지식止息(kumbhaka)을 발견합니다. 호식(내쉼)은 사용한 공기를 폐에서 콧구멍을 통해 외부 공기 속으로 내보내는 것입니다. 그런 다음 흡식吸息(들이쉼), 즉 깊은 호흡으로 콧구멍을 통해 바깥의 신선한 공기를 빨아들여 폐를 채우고, 그런 다음 지식止息을 따릅니다. 지식은 그 신선한 공기를 (그대의 가슴 속에) 머무르게 하되 그 머무르는 시간을 점차 늘려가는 중요한 과정입니다. 만일 호식에 걸리는 시간을 한 단위라고 하면, 흡식의 시간은 보통 같은 한 단위이고, 지식의 시간은 네 단위입니다. 이것은 나디(nadis), 즉 미세한 신경들의 순수성을 증진한다고 합니다. 이 나디들과 두뇌가 아마 삼매[어떤 특징이나 속성도 없는 것에 대한 집중이나 명상]를 얻기에 더 효율적으로 되겠지요. 그렇게 순수해진 나디와 두뇌는 다시 지식止息을 돕습니다. 모든 면에서 완전하게 호흡이 제어될 때, 그 지식을 완전지식完全止息(suddha kumbhaka)이라고 합니다.

완전지식은 조식의 또 다른 한 방법에 붙여지는 이름이기도 합니다. 여기서는 구도자가 지식에만 주의하고, 호식과 흡식의 다른 세부적인 시간에는 어떤 특별한 주의도 기울이지 않습니다.

다른 방법들에 대해서는 여기서 언급만 하면 되겠지요. 그것은 엄격히 말해서 호흡 조절의 한 방법이 아니라 그것을 비유적으로 응용하는 것입니다. 순수한 지知, 곧 탐구의 길을 채용하는 사람들은 신체적 호흡과 같

---

2) T. 반다나는 항문·턱 등을 '잠그는 것(lock)'으로, 에너지 정화와 심신의 조화를 도모하는 기법이다. 무드라는 특정한 손 모양들, 곧 수인手印을 사용하는 행법이고, 샤뜨까르마는 몸을 정화하는 네띠·다우띠·나울리·바스띠·까빨라바띠·뜨라따까의 '6가지 행법'이다.

이 하찮은 것에 신경 쓰는 것을 경멸하고, 호식(rechaka)은 자신의 내면에서 쓸데없고 유독한 '몸이 나다'라는 관념(dehatmabuddhi)을 몰아내는 것이라고 선언합니다. 이들에 따르면 흡식(puraka)은 그들이 **진아를 탐구할 때** 빛을 추구하여 얻는 것이고, 지식(kumbhaka)은 그들이 볼 때 **본연상태**(Sahaja Sthithi), 즉 앞서 말한 탐구의 결과로 **진아를 깨달은** 상태입니다.

또 어떤 사람들은 심잠心潛(manolaya)을 얻기 위해 만트라 염송(Mantra Japa)의 방법을 사용합니다. 그들이 온전한 믿음과 불굴의 단절 없는 주의력으로 그 신성한 만트라 염송을 끊임없이 해나가면, (주의를 기울이지 않아도) 호흡이 조화로워져서 때가 되면3) 마음에 대한 황홀한 주의 속에서 고요해집니다. 그 마음의 개인성이 그 만트라의 형태로 가라앉습니다. 이 모든 것이 하나가 되면 **깨달음**이 있습니다. 생기(prana)[호흡]가 그 만트라와 동일시되거나 그 안에서 상실되는 단계를 명상(dhyana)이라고 하며, 깨달음은 명상이 확고한 습관이 된 기초 위에 토대를 둡니다.

마지막으로, 우리는 심잠心潛을 얻는 또 하나의 방법에 주목할 수 있습니다.4) 그것은 위대한 분들, 곧 그 자신이 삼매와 **진아 깨달음**의 완벽한 달인이어서, 그런 것들이 그들에게 쉽고, 자연스럽고, 영구적으로 된 분들인 **요가 성취자들**(Yogarudhas)과 친교하는 것입니다. 그들과 친근하게 함께 움직이고, 공감적 접촉을 하는 사람들은 그들에게서 삼매의 습관을 점차 흡수합니다.

---

3) 마하르쉬님은 「가르침의 핵심(Upadesa Sara)」에서, 염송의 올바른 과정을 (1) 큰 소리로 염하는 것에서, (2) 희미하지만 열렬히 그의 이름을 속삭이는 것으로 나아가고, 그런 다음 (3) 심장 속에서 그 이름을 염하는 것으로 나아간다고 설명한다. 그러면 그것이 깊고 영구적인 명상 혹은 집중 속으로 들어가는데, 그것은 하나의 그릇에서 다른 그릇으로 붓는 기름의 흐름이나, 쉼 없이 흐르는 강물의 끊임없는 흐름에 비유된다.
4) 편자 주: 심잠心潛은 마음이 명상의 대상 속에 일시적으로 흡수되는 것이다. 심멸心滅, 곧 마음의 소멸만이 해탈을 안겨줄 수 있다.

제7장 자기탐구, 능력과 구성요소들

스리 라마나 마하르쉬의 제자들 가운데 1914년 띠루반나말라이에서 근무했던 지역기금 감독관 K. 바이디야나디어(바라드와자 종성種姓(Bharadwaja Gotra)[1])에 속하는 크리슈나이어의 아들)가 있었다. 그가 1917년에 잠시 쉬기 위해 돌아왔다. 당시 그는 자신과 다른 제자들이 지도 받기 위해 어떤 실제적 관심사항들에 대한 마하르쉬의 견해를 끌어내고 싶어 했는데, 주로 전통교법을 따르는 힌두 공동체의 일원들에 대한 것이었고, 일부는 더 폭넓은 궁극적 관심사에 대한 것이었다.

K. V.: 존경하는 스승님, (1) **자기탐구**(Atma Vichara)가 무엇인지, (2) 거기서 우리가 얻는 이익이 무엇인지, 그리고 (3) 다른 방법으로, 즉 그런 **탐구** 없이도 같은 이익을 얻을 수 있는지를 여쭈어 봐도 되겠습니까?

마하르쉬: 그대는 지금 무엇을 하고 있습니까? 질문을 하고 있습니다. 즉, 그대는 어떤 탐구에 착수하고 있습니다. 그래서 **탐구**는 그대에게 충분히 분명하게 이해됩니다. 그러나 그대의 질문은, 그대가 알고 싶은 것은, **자기탐구**—즉, **진아**(Atma)에 대한 탐구입니다. '탐구'라는 용어는 그대 자신의 질문에서 그대에게 분명하기 때문에, 그대는 그 다음으로 진아가 무엇인지를 알고 싶어 합니다. 그대 자신이 **자기**에 대해, 그대 안의 **진아**에 대해 묻고 있습니다. 1인칭으로 그 관념을 표현하자면, 그대는

---

[1] T. 종성(gotra)은 고대인도의 '7현(일곱 리쉬)'의 후손들을 가리키는 말이다. 리그베다의 저자 중 한 명인 바드라와자는 가우따마·바쉬슈타·비슈와미뜨라 등과 함께 7현의 한 사람이다.

"나의 자아는 무엇인가? 나의 자아에 대한 탐구란 무엇인가?"라고 묻는 것입니다. 이것이 그 탐구이고, 지금 하고 있는 질문입니다. 이것이 방금 일어나는 일입니다.

　마하르쉬께서는 「실재사십송」에 있는 당신의 시구를 언급하면서 다른 사람들에게 더 온전하게 설명하셨다.

　　37연: "수행하는 동안은 이원론, 성취하고 나면 비이원론"이라고 하는 주장도 맞지 않네. 열심히 찾고 있을 때나, 자기 자신을 발견했을 때나, 그 사람 자신이 '열 번째 사람' 외에 달리 누구인가?

　그대는 실제로 그대 자신이 내내 **진아**이지만, 그것을 깨닫지 못하고 있습니다. 사람 열 명의 그룹이 여행을 떠나 강 하나를 건넜는데, 건넌 뒤에 자신들의 숫자를 세었습니다. 각자가 자기 무리를 세었지만 자기 자신을 세는 것은 빠트렸습니다. 각자가 모두 아홉 명밖에 세지 못하자 그들은 공포에 사로잡혔습니다. 하지만 어느 한 명이 강물에 휩쓸려 갔는지 여부를 알 수 없었습니다. 그래서 지나가는 사람의 도움을 받았는데, 그 친절하고 영리한 사람은 그들이 열 번째 사람을 잃어 버렸다고 상상하면서 정신적으로 고통 받고 있다는 것을 알았습니다. 그 현명한 친구는 새롭게 그들을 세면서 그들이 자기 앞을 줄지어 지나갈 때 한 명씩 때렸습니다. 그가 열 번째 사람을 때렸을 때, 그 무리는 열 번째 사람을 잃어버리지 않았다는 것을 발견하고 놀라면서 기뻐했습니다. 그 열 번째 사람이 그동안 어디 있었기에 그들이 그를 잃어버렸다고 슬퍼했습니까? 그는 있었고, 자기 자신을 잃어 버렸다고 큰 소리로 한탄한 바로 그 사람이었습니다. 그대도 그와 마찬가지입니다. 그대는 말합니다. "저 자신의 **진아**가 무엇입니까? 부디 저를 위해 **자기탐구**[진아에 대한 탐구]

로써 그것을 발견해 주십시오." 저런, 저런. 그대가 바로 그대가 찾는 그 진아입니다. 그대가 해야 할 일은, 한탄하면서 그대 바깥의 문제들을 두고 야단할 것이 아니라 그대 자신을 바라보고 그대 자신, 곧 진아를 깨닫는 것이 전부입니다. 되풀이하지만, 그대가 진아입니다. 그대가 곧 그대가 찾으려고 나선 그것입니다. 그대의 탐구는 그대 자신, 곧 진아에서 시작되고 끝납니다. 처음에는 외관상 어둠 속에서 시작하지만, 깨달음 속에서, 빛 속에서 끝납니다.

이것이 지知 탐구(Jnana Vichara)입니다. 이것을 지知 자각(Jnana Vimarsa), 혹은 지知라고도 합니다.

보세요, 지知 탐구는 그대의 원천이자 근원까지 더듬어 올라가면서, 매 단계에서 그대가 무엇인지를 깨닫는 것입니다. 사람들은 흔히 그 말을 잘못 사용합니다. 만일 어떤 사람이 베다, 교전敎典(Sastras), 『해탈정수』 혹은 비슷한 다른 어떤 책을 읽고 있으면 사람들은 그가 지知 탐구를 하고 있다고 말합니다. 그것은 그런 게 아닙니다. 한갓 경전 공부, 한갓 책 지식은 지知 탐구가 아닙니다. 어떤 사람은 무수한 책을, 어쩌면 한 도서관의 책 전체를 다 독파할 수 있고, 종종 그러기도 하지만, 자신이 무엇인지에 대해서는 어렴풋한 깨달음조차 얻지 못하고 끝납니다. 그의 기억은 경전에서 브라만을 묘사하는 적절한 인용구들로 가득 차 있을 수도 있고, 혹은 깨달음을 위해서는 경전 공부만으로는 부족하다는 것까지도 알지 모릅니다. 예를 들어, 이런 구절이 있습니다.

> 이 아뜨만은 (단순히) 베다의 음송이나, 지성의 예리함이나, 경전을 방대하게 듣는 것으로는 성취할 수 없다. 아뜨만은 그것이 선택하는 사람에게만 그 사람 자신의 진아를 드러낼 것이다.
> ―『까타 우파니샤드』, II.5.23

이런 단순한 학식(*pandityam*)은 깨달음과 다르고, 그 보유자에게 아무 도움도 되지 않을 때가 많습니다. 아니, 어떤 경우에는 해가 되기도 합니다. 공부와 함께 에고성(*ahankara*)이 계발되는데, 자부심(*darpa*)과 에고성은 진정한 학식에 의해 계발되든, 피상적인 공부로 계발되든, 별 차이가 없습니다. 둘 다 진보에 중대한 장애가 되기 때문입니다.

마하르쉬께서는 나중에 「실재사십송 보유」에서 학자와 무식자 간의 차이를 대비시키면서, 학자가 더 못하다고 보았다.

> **34연**: 별로 아는 게 없는 사람들에게는, 아내와 자식 등이 가족을 이룬다네. 유식한 사람들의 마음속에는 무수한 책이라는 가족이 요가에 장애물로 있다는 것을 알라.
>
> **35연**: "문자를 아는 우리의 탄생은 어디서 왔는가?"라고 탐구하여 (삶이라는 책에서) 문자를 지워버리려고 하지 않는 사람들의 (모든) 학식이 무슨 소용 있습니까? 그들은 (진실로) 축음기의 지위를 얻은 것입니다. 그들이 달리 무엇인지 말씀해 주십시오, 오 아루나찰라!
>
> **36연**: 모든 학식에도 불구하고 에고가 아직 가라앉지 않은 사람들보다, 무식한 사람들이 실로 구제된다네. (왜냐하면) 무식한 사람들은 자아도취라는 악마의 가차 없는 장악을 모면하고, 무수한 생각과 말들의 병病을 모면하며, 부富를 쫓아 달려가는 일을 모면하기 때문이네. 그들은 실로 한 가지에서만 벗어나는 것이 아님을 알라.

이 에고성, 곧 자신의 진아 안에 있는 별개의 한 자아라는 느낌이 난파되어 바닥없는 바다의 바닥으로 가라앉아야 합니다. 어떻게 말입니까? 그 뿌리를 추구하고, 그런 다음 그것을 뿌리 뽑으십시오. 이 별개로 보이는 개체의 기원을 탐구하여 그것이 실재하지 않음을 증명하십시오. 그것은 **실재**라는 **단일성**의 본질적 부분으로서의 실재성 외에는 어떤 실재성도 없습니다. 그대의 탐구의 결과로, 그 외관상의, 곧 겉으로 보이는 '나'(Atmabhasa)는 소금 인형처럼 해소됩니다. 소금으로 만든 인형은 원래 바다의 소금이었습니다. 그것을 바닷물에 담그면 그것은 사라지고, 남는 것은 물뿐입니다.

경전에서는 이 **진리**에 대해 다른 수많은 비유를 들고 있습니다. 예를 들어, 강물의 개별성은 강이 강바닥 위를 흐르는 동안만 존재합니다. 그 강의 기원이나 목적지를 추적하면 강이라는 정체성은 사라지고, 늘 남아 있는 진리로서의 물 또는 바다가 있을 뿐입니다. 마찬가지로, 꿀의 방울들은 그것을 수집하는 나무나 꽃에 있을 때만 그 별개의 개별성을 보유합니다. 그 꿀의 개별성은 꿀벌통 안이나 꿀 판매자의 손 안에서는 시간적으로나 공간적으로 구분할 수 없습니다. 마찬가지로, 몸-관념(body-idea)을 가진 인간의 에고(ahankara)를 들자면, 그 에고가 다양한 곤충·파충류·네발동물, 기타 인간의 형상으로 무수한 몸들을 거친 다음, 현재의 특정한 사람 몸에 애착합니다. 궁극적으로 이런 모든 형상들은 우주의 물질로 변환됩니다.

그래서 『찬도갸 우파니샤드』에서 웃달라까 아루니(Uddalaka Aruni)가 자기 아들 스웨따께뚜(Svetaketu)에게 아홉 가지 비유를 하나씩 든 다음 "네가 **그것**이다, 스웨따께뚜야!(Tat Tvam Asi Svetaketu)"["처음에 별개의 한 에고로 생각된 것이, 실재(Sat) 혹은 브라만이다"]라고 말합니다. 에고는 **아뜨만**[브라만]의 한 이미지일 뿐입니다. 따라서 별개의 에고인 '나'가 그와 같이 해소되면 무엇이 남습니까? 모두의 안에, 도처에 존재하는 순수한 **아뜨만**입니다. 그것을 깨달아야 합니다. (『찬도갸 우파니샤드』, 제6장 8, 9, 10절 등 참조.)

그대의 다음 질문은 '자기탐구가 어떤 소용이 있는가?' 하는 것입니다. 합리적인 어떤 존재도 어떤 목적과 목표 없이는 행위하지 않습니다. 그가 하거나 하지 않는 모든 행위는 행복을 얻고 고통이나 슬픔을 피하기 위한 것입니다. 지금 그대는 **자기탐구**의 목적을 위해서 그 질문을 했습니다. 왜입니까? 바로 이 질문으로 그 탐구를 하는 것이 그대에게 즐거움을 주기 때문입니다. 영혼은 자신의 존재 자체에서, 그리고 자신의 기능들을 사용하고 쉬게 하는 데서 즐거움을 얻습니다. 영혼은 의식하며, 영혼의 성품은 생각이고, 사실이나 이론들을 배우는 것입니다. 그것의 성품이 활동하게 되면 즐거움을 얻습니다. 즐거움을 얻을 거라는 전망조차도 즐거움인데, 이것은 일종의 반사입니다. 햇빛이 햇살 아래 둔 렌즈의 초점에서 반사되면 빛의 속성과 해에서 온 열기가 드러납니다. 그래서 개아(*jiva*)라고 알려진 이 이미지 혹은 반사, 이 에고는 위대한 **브라만의 의식**(*Chaitanya*)이 이 인간이라는 렌즈의 작은 초점에 갇혀 있는 것일 뿐입니다. 그것은 자연히 친연성親緣性(affinity)에 의해 자신의 근원에 끌리고, 자신의 성품, 곧 단 하나의 **실재**와의 동일성을 깨닫는 행위 속에서 위없는 지복을 실현합니다.

바로 이 행위로 에고의 모든 슬픔이 소멸됩니다(*sarva klesha nivritti*). 이것이 **자기탐구**의 결실입니다. 이것을 언급하는 것은 참된 철학적 의미에서입니다. 기쁨과 고통(*sukha duhkha*)은 지성(*buddhi*) 혹은 에고(*ahankara*)의 속성입니다. **자기탐구**에 의해 그대가 그 껍질(육신)이 아니라는 것을 깨달을 때, 그대에게 기쁨이나 고통이 어디 있습니까? 그래서 **자기탐구**로 그대가 얻는 이익은 구체적입니다. 그대가 삶의 모든 우환과 슬픔에서 벗어나기 때문입니다. 인간이 더 이상 무엇을 원할 수 있습니까?

몇 년 후에 일부 제자들이 이 말씀을 언급하면서 마하르쉬께 '모든 슬픔 소멸(*sarva klesha nivritti*)'이 무엇을 의미하는지 좀 더 분명하게 설명해 주실 것을 청했다.

제자: 마하르쉬께서 말씀하시는 것은, 깨달음의 한 결과로서, 우리가 지금 경험하는 즐거움과 비슷한 어떤 적극적인 즐거움의 느낌이 있다는 의미입니까, 아니면 마하르쉬께서 그 말씀으로써 지칭하신 것은 고통과 즐거움을 그냥 무덤덤하게 부정하는 것일 뿐입니까? 우리가 아는 모든 즐거움은 그와 대비되는 고통의 상태를 우리가 알기 때문에 그것이 즐거움인 줄 압니다. 따라서 만약 고통이라는 관념 또한 경험되거나 기억되어서, 경험자가 그 경험을 할 때 그에게 즐거움이라는 관념이 분명하게 이해되지 않는다면, 어떤 즐거움도 경험되지 않습니다.

마하르쉬: 생시의 상태에서 경험되는 즐거움과, '진아의 지복', 곧 사뜨-찌뜨-아난다(*Sat-Chit-Anandam*-존재-의식-지복)라는 표현에서 말하는 즐거움(지복)을 구분하는 것은 옳습니다. 그대 자신의 경험도 그렇지만, 이 주제에 관한 여러 책에서도 그 구분에 대한 언급이 빈번하게 나온다는 것을 그대도 알 것입니다.

제자: 어떤 책에서 그 구분이 논의되는지 부디 말씀해 주시겠습니까?

마하르쉬: 『빤짜다시(*Panchadasi*)』2)와, 타밀어판 『해탈정수(*Kaivalyam*)』, 제2장 116절을 보십시오. 또 『베단타 쭈다마니(*Vedanta Chudamani*)』에서 8가지 환적인 즐거움(*Ashta Vidanandam*)을 '거짓(*poli*)'이라고 말하는 대목을 보십시오. 즉, 그것은 반사물이거나 한갓 겉모습이거나 환적인 지복이고, 사뜨-찌뜨-아난다 혹은 스와루빠난다(*Swarupananda*)는 실재하는 지복이라고 합니다. 그러나 전자에 대해서는 '적극적' 같은 용어를 사용하

---

2) *T.* 『빤짜다시』 11장('요가의 지복') 제11절에서는 "지복은 세 가지이니, 브라만의 지복, 앎에서 오는 지복, 바깥 대상들과의 접촉에서 생겨나는 지복이 그것이다"라고 말한다.

지 말고 '상대적'이라는 용어를 사용하고, 후자에 대해서는 '절대적'이라는 용어를 사용하는 것이 바람직합니다. 후자에서, **지복은 그 자체 사뜨**이고, **그 자체 찌뜨**이며, **그 자체 아난다**입니다. 이 세 가지는 단 하나의 **실재**, 곧 **절대자**의 서로 다른 이름 혹은 측면들입니다. 깊은 잠 속에서 즐기는 지복은 『베단타 쭈다마니』에서 8가지 거짓 지복, 곧 환적인 즐거움의 하나로 언급됩니다.

K. V.의 질문: 마하르쉬께서는 또한 **자기탐구**의 한 결과로서의 이 '모든 슬픔 소멸'을, 암시적 치료법(suggestive therapeutics)[3]의 장場 안에서도 ― 예를 들면 (윌리엄 제임스의 『종교적 체험의 다양성(*Varieties of Religious Experience*)』, 104쪽에서처럼) 질병의 경우와 일상생활의 실제적인 일들에서도 ― 응용하여, 우리가 만나는 다양한 고통스러운 경험들을 극복하게 하십니까?

마하르쉬: 예. 진아의 진리는 하나입니다. 그것의 응용법은 많습니다. 설탕은 하나입니다. 영리한 요리사나 안주인은 그것을 구체화하여 빠야삼(*payasam*)·할와(*halva*)·아디라삼(*athirasam*)·질레비(*jilebi*)[4] 등의 형태로 내놓습니다. 그러나 이런 것들은 모두 설탕의 변형이며, 설탕 없이는 존재할 수 없습니다. **중심 바탕** 혹은 **진리**는 각 개인의 특유한 욕구나 열망에 따라, 그리고 당면 목적에 따라 응용됩니다. 여기 오는 사람들은 자기 자신의 일에 그 **진리**를 활용합니다. 예컨대 앞에서 말한 그 여성[5]과 같은 사람은 소화불량과 불면증을 호소했지만, 위의 진리를 자신에게 응용하여, 자신은 그 병이 난 몸이 아니라 질병이 건드릴 수 없는 순수

---

3) *T*. 최면 등의 '암시'법을 사용하여 건강 증진과 질병 치료를 도모하는 방법. 이 분야의 대표적 고전은 미국의 의사 헨리 S. 먼로(1869-1958)가 쓴 『암시적 치료법 핸드북(*Handbook of Suggestive Therapeutics*)』(1907년 초판)이었다.
4) *T*. 빠야삼과 할와는 달콤한 음식이고, 아디라삼과 질레비는 과자이다.
5) 편자 주: 그 여성의 이야기는 원고에서 언급되지 않는다.

한 **아뜨만**이라는 것을 마음에 새겼고, 자신의 두 가지 질환을 다 극복했습니다. 다른 많은 사람들도 같은 방식으로 위장병이나 기타 문제들을 극복해 왔습니다.

K. V.: 바수데바 샤스뜨리아르가 사랑하던 자식을 잃고 깊이 괴로워하다가 같은 방식으로 이 친존에서 슬픔을 벗어나지 않았습니까? 이런 것들은 모두 **자기탐구**의 '모든 슬픔 소멸'적 성격에 내포되어 있습니까?

마하르쉬: 예, 여기서는 그런 사례들이 드물지 않습니다.

그런 다음 마하르쉬께서는 K. V.의 다음 질문에 답변하셨다: 그대는 '모든 슬픔 소멸(sarva klesha nasa)'이 갖는 위의 이익을 다른 수단에 의해서도 얻을 수 있는지를 물었습니다.

그 결과를 얻는 다른 수단에 무엇이 있습니까? 그대는 싯디, 그러니까 어떤 형상, 혹은 어떤 크기나 무게도 마음대로 취하고, 욕망의 어떤 대상도 얻고, 지배권·영향력을 갖는 등의 8가지 싯디—아니마(anima)·마히마(mahima)·라기마(laghima)·가리마(garima)·쁘랍띠(prapti)·쁘라까미야(prakamya)·이쉬뜨와(ishtva)·바쉬뜨와(vashitva)—를 생각하고 있습니까? 그런 것들이 무슨 이익이 있겠습니까? 그대가 그런 모든 신통력을 행사한다 하더라도, 여전히 뭔가를 욕망하고 그 욕망을 실현하려 애쓸 것이고, 어떤 새로운 욕망이 튀어나오면 거기에 그대의 기력과 주의력을 소모합니다. 그 최종 결과는 번뇌하는 마음에 걱정을 보태는 것 아닙니까? 행복이 그대의 진정한 목표입니다. 궁극적으로 싯디에 한눈파는 데서 돌아와 "행복을 원하는 것은 누구인가?"를 물어서 그대 자신을 발견하려고 노력해야 합니다. 그대는 (그대의 참된 성품인) 행복이나 지복이 행복이나 지복을 원한다는 것, 아니 오히려 한 개인의 이른바 바람과 욕망이란 것은 하나의 신화이고, 단 **하나인 실재**가 내내 자신의 **진아**를 (말하자면)

즐기고 있다는 것을 발견하는데, 이 진아는 (아무리 부정확하게 또는 부적절하다 묘사한다 해도) 존재-의식-지복으로 묘사하는 것이 최선입니다.

K. V.가 다음으로 마하르쉬께 질문했다: 그 자격자(Adhikari), 즉 이 자기탐구에 착수할 수 있는 사람은 누구입니까? 어떤 사람이 자신이 그에 필요한 능력을 가졌는지를 스스로 판단할 수 있습니까?

마하르쉬: 이것은 중요한 예비적 질문입니다. **자기탐구**가 시작되기 전에 어떤 선행 경험, 도덕적 분야에서의 어떤 성취가 필수적입니다.

사람들은 세간에서 다양한 경험들을 하고 나면 어느 단계에서 감각적 끌림들에 대해 염증이나 혐오감을 느끼거나, 여하튼 그런 끌림들에 무관심해지고, 그런 끌림과 즐김을 갖는 이 몸의 비참한 찰나적 성품을 느끼지 않을 수 없게 됩니다. 이것은 주로 이번 생에 한 헌신이나 기타 수행의 결과이거나, 아니면 전생에 그런 헌신이나 기타 선한 행위들을 한 결과일 수 있습니다. 그렇게 해서 순수해지고 강해진 마음을 가진 사람들이 자격자, 즉 **자기탐구**에 착수할 능력이 되는 사람들입니다. 그리고 이런 것들이 우리가 그런 능력을 판정할 수 있는 자격 내지 징표들입니다.

K. V.: 방금 언급하신 그런 선한 행위들, 예컨대 재계齋戒(snana)·산디야(sandhya)[산디야 반다나)[6]·염송(japa)·호마(homa)·경전 공부(swadhyaya)·신에 대한 예배(Deva puja)·찬가(sankirtana)·성지순례(tirtha yathra)·제의祭儀(yagnas)[7]·보시(dana)·서원(vratas) 같은 것으로 말하자면, 만약 이런

---

6) T. Sandhya 혹은 sandhya vandana는 브라민들이 매일 아침, 정오, 저녁에 하는 일련의 전통의식이다. 신의 명호 읊기, 정화 의식, 태양경배, 가야뜨리 만트라 등으로 구성된다.
7) Yagnas는 특히 재가자가 매일 해야 하는 다음의 다섯 가지 제의이다.
   1. Deva Yagna: 신에게 음식, 물 등을 올리는 것.
   2. Rishi Yagna: 리쉬들의 입에서 나온 베다를 공부하는 것.
   3. Pitru Yagna: 조상들의 영전에 음식과 물을 올리는 것.
   4. Bhuta Yagna: 지하세계의 존재들에게 음식과 물을 올리는 것.
   5. Atma Yagna: 자신의 진아를 공부하는 것.

것들이 어떤 사람이 **자기탐구**를 시작하기 위한 능력을 부여하기 위한 것일 뿐이라면, 그리고 어떤 사람이 충분한 분별(*viveka*)과 무욕(*vairagya*)을 가지고 있다면, 그런 자격자가 위와 같은 것들을 하는 것은 무슨 소용이 있습니까? 아니면 그것은 그의 시간과 기력의 낭비에 불과합니까?

마하르쉬: 어떤 자격자의 집착(*raga*)이 희미해지고 있을 때는 그런 선한 행위들(*sat karma*)이 그의 마음을 더 정화해 주는(*chitta suddhi*) 경향이 있습니다. 몸·마음·말로 하는 긍정적인 선행들은, 그가 몸·마음·말을 통해서 해 왔을지 모르는 상반되는 악업(*dush karma*)을 소멸합니다. 그러나 그 자격자에게 그런 식으로 해소해야 할 오점이 더 이상 남아 있지 않다 해도, 그의 선행들은 널리 세상 사람들의 이익을 위해 지속됩니다. 지혜롭고 완벽한 사람들은 선행을 계속해 나갑니다.

제9장 매듭이란 무엇인가?

1917-8-14

까비야깐타: 유명한 다음 시구에서 말하는 '그란티(*Granthis*)'가 무엇이며, 그것들은 어떻게 끊어집니까?

bhidyate hridaya-granthiś chidyante sarva-samśayāh,
kshiyante cāsya karmāni tasmin drishte parāvare.
높고도 낮은 그를 깨달을 때, 심장의 그란티들이 끊어지고,
의심들이 해소되며, 행위(업)들이 소진된다.

— 『문다까 우파니샤드(*Mundakopanishad*)』, II.2.8.

이것이 몇몇 헌신가들에게는 의문의 주제였습니다. 마하르쉬께서는 이 문제에 관해 부디 저희들을 깨우쳐 주시겠습니까?

마하르쉬: 그란티(*Granthi*)는 하나의 매듭입니다. 심장의 매듭은 두 가지를 한데 묶는데, **지고의 브라만 혹은 아뜨만**과, 하나의 몸과 연관되는 개아라는 겉모습이 그것입니다. 몸과 **브라만** 사이의 연결 혹은 접촉 장소를 그란티, 곧 매듭이라고 합니다. 사람이 하나의 몸에 대한 관념과, 자신이 몸이라는 관념을 갖는 것은 그 관계(혹은 매듭) 때문입니다. 몸 그 자체는 지각력이 없고, **브라만**은 의식의 성품을 지녔습니다. 이 둘 간의 관계를 지성이 추론하는 것입니다.

몸이 활동하고 있을 때, 예컨대 생시와 꿈의 상태에서는 그것이 순수한 **짜이따니야**, 곧 **브라만**의 이미지 혹은 반사에 의해 가려지거나 덮이기 때문에 그렇습니다. 그러나 우리가 잠들어 있거나 아니면 다른 이유로

활동하지 않거나 무의식일 때(즉, 기절이나 혼수상태)는 그런 이미지나 반사가 없는데, 이 사실에서 **짜이따니야**, 곧 **브라만의 몸** 안의 장소가 어디라고 확인되거나 위치 지워집니다. 그것은 **심장** 속에 위치하며, 깊은 잠 속에서는 그 속으로 영혼 혹은 에고가 물러나 몸의 모든 부분에서의 의식적 활동을 그칩니다. 이 **심장**은 다수의 **나디**들(*nadis*)[신경들]과 연결되어 있고, **심장**에 비치는 **짜이따니야**의 반사가 이 나디를 통해서 몸의 전 부분으로 퍼져 나갑니다. **짜이따니야**는 전기처럼 미세합니다. 전기가 드러난 형태로는 전등 불빛에서 보이듯이, 이 **짜이따니야의 빛**(*Chaitanya Jyoti*)[브라만의 빛]은 미세한 형태로 이 나디를 통해 사람의 몸 전체로 이동합니다. 태양이 하늘의 자기 위치에서 태양계 전체를 비추듯이, **짜이따니야의 빛**은 **심장** 안에 자기 자리를 잡고 사람의 몸 전체를 비춥니다. 그리고 그런 **짜이따니야**가 이 몸의 각 부분에 편재할 때, 몸을 가진 영혼, 곧 개아가 모든 경험을 하는 것입니다.

나디들이 들어가는 각 조직이나 기관이 하는 기능에 따라 서로 다른 나디들 안에서 다양한 힘들이 나타납니다. 그렇지만 그런 모든 힘들은 그 나디들에 편재하는 단 하나의 **짜이따니야**의 다양한 변형입니다. 그러나 **수슘나**(*sushumna*)라고 하는 하나의 나디가 있는데, 이것은 **짜이따니야** 그 자체의 현현과 특별히 두드러지게 연결되어 있는 나디입니다. 그것을 **아뜨마-나디**(*Atma-nadi*) 혹은 **암리따-나디**(*Amrita-nadi*)라고도 합니다. 인간이 다른 나디들만을 통해서 움직일 때는, 몸이 자신이고 외부 세계는 자신과 다르다는 인상을 갖습니다. 그래서 그는 '나라는 관념(*abhimanam*)'[1] 혹은 '몸이 나라는 관념(*dehabhimanam*)'으로 충만해 있습니다. 그러나 그

---

1) T. *Abhimana(m)*는 의식의 반사된 빛이 하나의 몸만을 '나'로 인식하면서 바깥 세계를 대상으로 경험 또는 향유하는 자아의식을 가리킨다. 불교철학에서는 아집我執으로 번역된다.

런 관념들[몸이 자신이고 외부 세계는 자신과 다르다는 관념]을 포기하고 '나라는 관념'을 몰아낸 다음, 집중력 있게 **자기탐구**로 들어가면, 그는 '신경 휘젓기(*nadimathanam*)'를 하고 있다고 말해집니다. 그런 휘젓기에 의해 **진아**라는 버터가 몸의 모든 부분에서 나디들과 분리되고, **진아가 암리따-나디**(*Amrita-nadi*) 혹은 **아뜨마-나디**(*Atma-nadi*) 안에서 빛납니다. 그럴 때 진아 곧 브라만을 깨닫습니다. 그때 우리는 도처에서 오직 **아뜨만(브라만)**만을 지각합니다.

   그런 사람이 감각대상들을 만날 수도 있지만, 그가 그 대상들의 인상을 받을 때조차도, 무지인의 소견처럼 그것을 그 자신과 다른 것으로 받아들이지 않고 그 자신으로 받아들일 것입니다. 무지인은 그가 보는 모든 것 속에서 형상을 지각합니다. 현자는 그가 보는 모든 것의 안팎에서 **브라만**을 지각합니다. 그런 사람을 '**빈나-그란티**(*Bhinna-granthi*), 즉 '매듭 없는 자'라고 합니다. 그에게는 물질, 곧 몸을 **브라만**과 묶었던 매듭이 끊어졌습니다. 그란티, 곧 매듭이라는 용어는 나디-반다(*nadi-bandha*), 곧 신경들 속의 물리적 매듭(신경절 같은 것)과, 그 매듭에서 비롯되는 '나라는 관념(*abhimanam*)', 곧 몸에 대한 집착에 공히 해당됩니다. 미세한 개아는 거친 물질을 지각할 때 이 나디의 매듭들을 통해서 기능합니다. 개아가 이런 모든 나디에서 물러나 단 하나의 나디, 즉 **아뜨마-나디** 안에서 휴식할 때, 그를 **빈나-그란티**, 곧 '매듭 없는 자'라고 합니다. 그리고 그의 깨침은 그가 **진아 깨달음**을 성취하는 결과를 가져옵니다.

   벌겋게 단 쇳조각의 경우를 봅시다. 여기서는 앞서 차갑고 시커멓던 쇠가 이제 불의 형상으로 충만해 있고 그 형상으로 보입니다. 마찬가지로, 무디고 차갑고 어두운 개아, 혹은 심지어 그의 몸조차도, **자기탐구**의 불길에 압도되면 **아뜨만**의 형상을 하고 있는 것으로 지각됩니다. 어떤 사람이 그 단계에 도달하면, 여러 전생에 걸쳐 생겼고 몸과 연결되어 있던 모든 원습(vasanas)이 사라집니다. 아뜨만은 자신이 몸이 아님을 깨달으면, 자신이 행위를 하는 자가 아니라는 것과, 따라서 그런 행위의 결과로 생긴 원습이나 열매가 자신에게 붙지 않는다는 것도 깨닫습니다. 아뜨만 외에는 다른 어떤 실체도 없으므로, 어떤 의심도 그 아뜨만을 괴롭힐 수 없습니다. 일단 자신의 매듭들을 끊어 버린 아뜨만은 다시는 속박될 수 없습니다. 그 상태를 어떤 이들은 **빠라마 샥띠**(*Parama Sakti*)[지고의 샥띠]라고 하고, 어떤 이들은 **빠라마 샨띠**(*Parama Santi*)[지고의 평안]라고 합니다.

제12장 우주론과 샥띠

까빨리 샤스뜨리의 질문들

K: 무지한 사람과 깨달은 사람 공히 실제의 일상적 삶 속에서는 경험자, 경험, 경험되는 대상을 지각합니다. 깨달은 사람이 무지한 사람보다 어떻게 더 낫습니까?

마하르쉬: 깨달은 사람은 겉모습의 다양성들 가운데서도 실재의 단일성을 보는 반면, 무지한 사람은 다수성의 겉모습만 보고 거기에 굴복합니다. 전자는 그 자신, 즉 경험자와 경험되는 대상, 그리고 경험을 똑같은 하나의 진아로 보지만, 후자는 그렇지 않습니다. 진아를 보지 못하는 무지한 사람에게는 모든 것이 서로 다릅니다.

K: (이런 차별상들이 나타나는) 실재 안에 에너지(*Sakti*)가 있습니까?

마하르쉬: 그렇지요! 실재는 모든 에너지를 포함합니다.

K: 그러나 그 에너지가 실재 안에서 활동합니까?

마하르쉬: 예. 그것이 활동하면서 이 세계들을 산출합니다. 그 활동 에너지는 어떤 지지물(*asraya*)을 필요로 하고, 그것을 가지고 있습니다. 그 지지물은 활동하지 않고 불변이지만, 에너지는 활동하고 변합니다. 이 활동과 변화를 '묘사 불가능한 환幻(*Maya*)'이라고 합니다. 환幻은 여러 겹입니다. 우주 내의 외관상의 변화, 운동 혹은 활동 그 자체가 하나의 환幻입니다. 실재는 변할 수 없고 변하지 않습니다. 진아와 에너지의 구분은 하나의 환幻입니다. 만일 감각에 속박된 사람이 시각을 바꾸면, 그 구분

이 사라지고 **일자**만이 남습니다.

K: 이 모든 세계들을 산출하는 그 에너지는 변하고 일시적입니까, 아니면 불변이고 영원합니까?

마하르쉬: 지고자가 그의 에너지로 인해 변하지만, 그럼에도 불변입니다. 이 심오한 불가사의는 진인들만이 풀 수 있습니다.

변화는 활동(*vyapara*)이고, 활동을 에너지(*Sakti*)라고 합니다. 지고자가 그의 에너지로 이 세계를 창조했습니다. 활동은 두 가지—전개(*pravritti*)와 거둬들임(*nivritti*)—인데, 지고자는 그의 에너지로써 이 세계들을 거둬들이기도 합니다. 『브리하다라니야까 우파니샤드』, 제4장 5절 15연에서 말하듯이 말입니다.

yatra tvasya sarvam ātmaivābhūt, tat kena kam paśyet.
일체가 오직 진아가 되었는데, 무엇을 보며 누가 보겠는가?

여기 이 구절에서 지고자가 우주를 거둬들이는 활동과 관련하여, 먼저 '일체(*sarva*)'라는 용어가 사용됩니다. 그것은 이원성이 경험될 때 지배한 겉모습들의 다수성을 가리킵니다. 다른 용어 '되었다(*abhut*)'는 어떤 활동을 가리킵니다. '오직 **진아**(*Atmaiva*)'라는 용어는 모든 차별화 활동이 마침내 **지고의 진아**(*Atma*) 속으로 거둬들여진다는 사실을 표현합니다. 그래서 우리에게는 하나인 **진아**만이 영원히 존재하고 **실재**하며, 다른 모든 것은 환적이고 찰나적이라는 것을 보여주는 베다라는 고준高峻한 전거典據가 있습니다.

K: 그것의 활동 없이 우리가 **실재**(*Swarupa*)를 알 수 있습니까?

마하르쉬: 아닙니다. 우리는 미현현의 **실재**를 그것의 현현되는 활동과 별개로는 알지 못합니다. **샥따**들(*Saktas*-샥띠주의자들)에 따르면 **샥띠**(에너지)

는 활동(vyapara)과 지지물(asraya)이라는 두 가지 이름을 가지고 있습니다. 활동은 창조·유지·재흡수(pralaya) 등입니다. 지지물은 **실재**, 곧 **지고자**일 뿐입니다. 실재가 모든 것이고, 모든 것의 저변을 이루며, 그것은 어떤 지지물도 필요로 하지 않습니다. 실재와, 그것의 에너지와 활동에 대한 진리가 그와 같습니다. 다양한 형상의 존재는 활동의 결과이고, 활동은 **지고자**와 함께하는 **에너지**를 전제합니다. 지고자에게서 에너지가 벗겨지면 어떤 활동도 일어나지 않고, 우주도 생겨나지 않습니다. 창조와 재흡수의 끝없는 소용돌이 속에서, 한 번 재흡수가 일어날 때는 활동이 **지고자** 안에 합일됩니다.

에너지가 없으면 인간의 모든 경험이 불가능하고, 그럴 때는 창조도, 지知도, 어떤 3요소도 존재할 수 없습니다. **샥따**들의 언어로는, **샥띠**가 **지고자**, 곧 단 하나의 **실재**인데, 창조 등의 행위에서는 활동이라는 이름을 띠고, 그것이 활동의 지지물 혹은 필수요건이기 때문에 **진아**라는 이름을 띱니다.

만일 **변화**(chalana)가 **에너지**를 식별하게끔 하는 특징이라는 것을 고려한다면, 우리는 그 위에서 **에너지**의 유희가 일어나거나 변화가 일어나는 **지고한 본체**(Supreme Substance)의 존재를 가정한다는 것을 시인해야 합니다. 그 **지고한 본체**를 서로 다른 부류의 사람들이 서로 달리 지칭합니다. 어떤 이들은 **샥띠**라 하고, 어떤 이들은 **스와루빠**(Swarupa)라고 하며, 어떤 이들은 **브라만**, 또 어떤 이들은 **뿌루샤**(Purusha)라고 합니다.

실재(Satya)는 두 가지 방식으로 볼 수 있습니다. 첫째는 그것을 묘사한 것을 통해 보는 것이고, 그 다음은 그것의 성품이나 구성에 의해, 즉 그것 자체로서 보는 것입니다. 묘사와 이름에 의해서, 즉 언어를 통해 우리는 그것에 접근하여 그것에 대한 어떤 관념을 얻으려고 노력할 수 있습니다. 그러나 그 자체 있는 그대로의 **실재**는 우리가 깨달을 수 있을 뿐 그것을 표현할 수는 없습니다. 베다에서는 그것을 이렇게 묘사하고 있습니다.

> *yato vā imāni bhūtani jāyante, yena jātāni jīvanti,*
> *yat prayanty abhisamviśanti, tad vijijñāsasva, tad brahmeti.*
> 실로 이 존재들이 거기서 태어나고, 태어나면 그것에 의해 살아가고, 떠날 때는 그것 속으로 들어가는 그것을 알려고 해야 하니, **그것이 브라만이다.**
>
> ―『따이띠리야 우파니샤드』, III.1.

(존재들이 태어나는) 저 **근원**, (그들의 삶의) 유지, 모든 것의 종말은 그것의 외적인 속성, 곧 활동을 가리키는데, 이는 배우는 사람에게 그에 대한 어떤 관념을 제시하기 위한 것입니다. 그러나 그 자체 있는 그대로의 사물은 즉각[직접적으로] **깨달아야**(aparokshanubhuti) 합니다.

현자들[즉, 베단타학자들]은 에너지의 기초 혹은 필수요건이 **진아**이며, 그것의 활동은 그것의 속성이라고 합니다. 우리가 그 활동의 원인 혹은 뿌리를 탐구하면 그 기초, 곧 **진아**에 도달합니다. **바탕과 속성, 즉 진아와 활동은 분리할 수 없습니다.** 어느 누가 그것들을 분리해 보려고 하면, 해보다가 그의 마음이 당혹하여 물러납니다. 진아가 알려지는 것은 늘 활동이라는 그것의 속성에 의해서이며, 따라서 속성, 곧 활동은 (이런 관점에서) 늘 **바탕인 진아**와 연관됩니다. 그러나 이 활동은 (실은 진아를 깨달은 자의 관점에서는) **영원한 진아**와 별개가 아닙니다. 바탕과 속성 간의 구분은 환幻의 결과입니다. 그 환이 사라지면 **진아**만이 남습니다.

제13장 여성과 진아 깨달음

1917년 8월 21일, 까비야깐타 가나빠띠 샤스뜨리가 그의 아내 비살락쉬(Visalakshi)의 마음속에서 일어난 다음 두 가지 의심을 해소하기 위해 마하르쉬님께 가다갔다. 그녀는 따라 비디야(Tara Vidya)와 빤짜다샤악샤리 만트라 염송(Panchadasakshari Mantra Japa)[1], 기타 영적인 수행 과정을 밟은 여성이었다.

질문 1: 만일 여자가 **진아 깨달음**을 성취했는데 한 가정의 일원으로서 계속 남아 있는 것이 자신에게 장애라고 느낀다면, 경전의 내용과 부합하게 가정과 일체를 떠나서 산야시니(sannyasini)나 한시니(hamsini)[2]가 될 수 있습니까?

마하르쉬: 진아 깨달음 안에서 완전히 성숙된 사람들에게는, 경전에서 말하는 산야사 단계(sannyasa asrama)를 취함에 있어 성별을 이유로 한 어떤 장애도 없습니다.

질문 2: 그런 여성이 **생전해탈자**(Jivanmukta)[육신을 가지고 있는 동안 속박에서 벗어난 사람]일 때, 그 상태에서 육신을 버리면 그녀의 몸을 어떻게 처리해야 합니까? 화장을 해야 합니까, 매장을 해야 합니까?

마하르쉬: 진지(Jnana), 깨달음 혹은 해탈의 성취에 관해서는 성별상의

---

1) *T.* 힌두 탄트라 전통에서, 여신의 삭띠를 숭배하는 체계를 Vidya라고 하며, 그 중 여신 Tara를 숭배하는 것이 Tara Vidya이다. '빤짜다샤악샤리 만트라'는 '15글자로 된 만트라'를 말한다.
2) *T.* 이것은 남성 출가자인 산야시(sannyasi)와 한사(hamsa)의 여성형이다. '한사'는 산야시의 한 유형이다.

어떤 차이도 없습니다. 그런 **생전해탈자**인 여성의 몸은 화장하면 안 됩니다. 진인의 몸은 신의 한 거처이기 때문입니다. 남성 진인의 화장에 대한 모든 반론은 여성 진인의 몸을 화장하는 것에 대해서도 똑같이 유효하게 해당됩니다.

제14장 생전해탈

같은 날(1917-8-21) 벤까떼사 샤스뜨리아르가 스깐다쉬람에 와서 마하르쉬께 **생전해탈**(*Jivanmukti*)[육신을 가지고 있는 동안 속박에서 벗어남]의 상태에 대해 온전히 설명해 달라고 청했다.

마하르쉬: 생전해탈자는 육신을 가지고 있는 동안 **아뜨만**을 깨달았으되, 책에서 일어나는 원습(경전습)이나 세간과의 접촉에서 오는 원습(세간습)에 영향을 받지 않고 그 **깨달음**의 상태 안에 계속 확고히 머무르는 사람입니다.

깨달음은 단 하나입니다. 거기에는 어떤 차이도 없습니다. 속박에서 벗어난 것도 같은 하나이며, (해탈 후) 몸을 벗어버린 사람과 몸을 유지하는 사람에게 동일합니다. 그러나 **생전해탈자**라는 용어로 불리는 사람은 후자입니다. 경전에서는 그런 해탈한 혹은 복 있는 영혼들이 **사띠야로까**(*Satyaloka*)에 있다고 합니다. 그러나 **깨달음**, 즉 내적 체험의 문제에서는 **사띠야로까** 거주자들과 **생전해탈자** 사이에 아무 차이도 없습니다. 진아를 깨달은 뒤 몸을 벗고 **브라만**과 하나가 된 사람(무신해탈자)의 체험도 앞의 두 사람과 다르지 않습니다. 이 세 부류 모두 똑같이 속박에서 벗어났고, 똑같이 **진아**를 깨닫고 있습니다. 해탈은 동일하지만, 다르다는 고정관념을 가진 사람에게는 위 세 경우에 그 체험이 서로 다른 것처럼 보일 수도 있습니다.

경전에서는 **생전해탈자**의 개아[에고]는 이 지상에서 **브라만**에 흡수된다고 합니다. 생전해탈자가 따빠스를 계속하여 그것이 성숙되면, 얼마 후 그로 인해 그에게 몇 가지 싯디가 생깁니다. 어떤 사람은 자기 몸 안의 밀도를 극복하는 힘이 생기고, 그러고 나면 그 몸은 더 이상 접촉할 수 있는 물질이 아니게 됩니다. 그들의 몸은 조밀한 물질의 몸이 아니라 공기처럼, 너울거리는 빛처럼 되는데, 이것을 쁘라나바 형상(Pranavakara)[쁘라나바, 곧 옴의 형상인 몸]이라고 합니다. 또 어떤 이들은 그 정도의 실체성마저 잃어버리고 색色(rupa)[형상]·미味(rasa)[맛]·향香(gandha)[냄새] 등 원래의 사람 몸의 성품을 극복하여 순전히 찐마야(Chinmaya), 곧 상념체想念體가 됩니다. 이런 싯디들은 그들의 몸에 관해서는 신들의 은덕에 힘입어 아주 빨리 성취될 수도 있습니다. 진아를 깨달은 사람들 가운데서 그런 싯디를 가졌느냐 안 가졌느냐에 따른 어떤 우열도 없습니다. 진아를 깨달은 사람은 늘 자유롭습니다.

그런 자유 혹은 해탈은 자신의 수슘나 나디(Sushumna nadi)를 지나 아르찌나디 길(Archinathi Margam)[1]로 위로 올라가는 지혜로운 사람도 성취합니다. 거기서 퍼져 나오는 지혜의 빛에 의해 해탈을 성취하는 것입니다. 하느님의 은총으로, 요가에 의해 마음이 성숙된 수행자는 이 탁월한 나디-드와라 이동(Nadi-dwara Gati)[2]을 성취합니다. 그에게는 모든 세계를 마음대로 다니고, 어느 몸 속이나 마음대로 들어가며, 누구에게나 마음대로 은택을 주는 능력이 옵니다.

어떤 이들은 까일라사(Kailasam)[시바의 주처]가 해탈한 영혼들이 가는 곳

---

1) T. '아르찌나디 길'이란 지구에서 삶을 마친 진보된 영혼이 태양으로 올라갈 때 타고 간다는 햇살을 뜻한다. 우파니샤드 철학에서는 태양에 진아의 화현인 '뿌루샤'라는 존재가 주재하고 있고, 햇살의 길을 타고 올라간 공기 같은 몸의 많은 존재들이 살고 있다고 설명한다.
2) T. '나디에서 (태양의) 입구로의 이동.' dwara는 '들어가는 문, 입구', gati는 '이동, 움직임'의 의미이며, 이 구절은 수행자의 영혼이 수슘나를 통해 올라가서 태양으로 진입하는 것을 가리킨다. 이런 방식의 해탈은 부분적 해탈이지만, 윤회계에서는 벗어난다고 한다.

이라고 말하고, 어떤 이들은 그것이 **바이꾼타**(Vaikuntam)[비슈누의 주처]라고 하며, 또 어떤 이들은 그것이 **수리야 만달람**(Surya-Mandalam), 곧 태양의 구球라고도 합니다. 해탈한 영혼들이 가는 이런 모든 세계들은 이 세계가 그러한 만큼이나 실제적이고 구체적입니다. 그 세계들은 모두 샥띠의 경이로운 힘에 의해 **진아**(Swarupa) 안에서 창조됩니다.

제15장 청문·성찰·일여내관이란 무엇인가?
1917-8-22

까비야깐타: 삼가 여쭈겠습니다. 청문·성찰·일여내관이 무엇입니까?

마하르쉬: 그 용어들은 몇 가지 의미가 있는데, 어느 정도는 각기 다른 하나에서 파생되거나, 그것과 연결되어 있습니다.

우선 '청문聽聞(Sravana)'을 봅시다. 어떤 이들에 따르면 그것은 한 스승에게서 적절한 설명과 함께 경전 말씀(Veda vakya)을 듣는 것일 뿐이고, 그것이 청문이라고 합니다. 그러나 다른 이들은 그것은 무시하고, 설사 가르치는 내용이 베다 문구가 아니거나 거기에 관한 언급이 아니고 세간의 언어로 표현된다 하더라도, 만약 (1) 그 자신 진아를 깨달은 스승이 가르침을 주고, (2) 그의 말이 빛을 던져 준다면, 즉 진아 깨달음을 가르친다면, 그것은 청문이라고 합니다.

그대가 (a) 스승이 경전 구절을 창송하는 것이나 스승 자신이 하는 말을 듣든, 그렇지 않으면 전생에 쌓은 공덕에 의해서, (b) 그 목소리가 내면에서 들리고, '나'라는 관념이나 개인성의 관념 저변의 진리 혹은 뿌리는 몸이 아니라는 어떤 관념이 그대의 마음속에서 형성된다면, 그대는 참으로 청문을 했다고 여겨도 됩니다. 무엇보다도 청문은 단순히 소리가 귀에 들리는 것은 아니라는 사실을 유념하십시오. 그것은 자기탐구에 주의를 기울이는 것과 관계됩니다.

그러면 성찰省察(Manana)을 봅시다. 어떤 이들은 성찰이 경전의 의미

탐구(Sastrartha Vichara)[경전의 의미나 취지에 대한 탐구]라고 말합니다. 하지만 본질적인 것에 주목한다면 성찰은 마음을 자기탐구에 전념케 하는 것이라고 말하는 것이 옳겠지요.

마지막으로 일여내관—如內觀(Nidhidhyasana)이 무엇인지 살펴봅시다.

어떤 이들은 브라만이나 아뜨만에 대한 철저한 지식이 일여내관인데, 다만 그 지식이 의심을 벗어나 있고 경전과 충돌하지 않는다면 그렇다고 말합니다.

그러나 이런 정의는 해당 주제에 대한 순전한 지적 이해에도 들어맞을 것입니다. 깨달음이 수반되지 않는다 해도 말입니다. 경전에 나오는 개아와 이스와라의 단일성에 대한 한갓 공부만으로는, 설사 그것이 의심이나 "나는 몸이고, 이들 현상들은 실재한다"와 같은 미혹에서 벗어나 있다 해도 깨달음이 보장되지는 않습니다. 수백 가지 경전을 공부한다 할지라도 그것만으로는 의심과 미혹을 제거하지 못할 것입니다. 물론 믿음을 가지고 이런 경전들을 공부하면 그런 의심과 미혹은 제거되지만, 그런 제거는 영구적이지 않습니다. 왜냐하면 믿음은 종종 약해지고, 그러면 그 사람이 동요하기 때문입니다. 깨달음만이 의심과 미혹이라는 그런 장애들의 근절, 즉 영구적인 제거를 보장해 줍니다.

마음 혹은 개아가 다양한 외적인 경험을 할 때는, 심지어 수백 가지 경전을 탐색한다 해도, 진아를 깨달아 그 안에 머무르지 못하는 한 직접지知(Aparoksha Jnana), 즉 직접 깨달은 진아-깨침(Self-Illumination)을 얻지 못합니다. 그러나 만일 어떤 사람이 그런 깨달음을 얻었다면, 그는 진아에 대한 직접체험(Sakshatkara)을 얻습니다. 그것이 해탈이고, 그것이 최고의 상태(Nishta)입니다.

제16장 헌신

ankolam nija-bīja-santatir ayaskāntopalam sūcikā
sādhvi naija-vibhum latā ksitiruham sindhuh saridvallabham
prāpnotīha yathā tathā paśupateh pādāravindadvayam
cetovrittir upetya tisthati sadā sā bhaktir ity ucyate. ‖ 61 ‖

안꼴라(*ankola*-나무 이름) 씨가 그 줄기에 들러붙고, 쇠가 자석에 붙으며,
아내가 남편에게 애착하고, 덩굴식물이 나무에 붙고, 강물이 바다로 가듯이
영혼이 하느님의 두 발에 이끌려 늘 그곳에 머무른다면
이런 끌림을 헌신이라고 부른다네.

— 『시바난다 라하리(*Sivanandalahari*)』,[1] v.61

까비야깐타: 마하르쉬께서는 헌신(*Bhakti*)이라는 주제에 관하여 부디 저희를 깨우쳐 주시겠습니까?

마하르쉬: 누구에게나 가장 소중한 대상은 그 자신입니다. 그는 늘 그 자신을 사랑하고, 가능한 최대의 사랑으로 그렇게 합니다. 그런 끊어짐 없는 사랑의 흐름을 경전에서는 흔히 부단히 흘러내리는 기름 줄기에 비유하는데, 만약 그것이 신을 향하면 그것을 헌신이라고 합니다. "헌신은 지고의 신에 대한 흔들림 없는 애착이다(*Sā parā'nurakitarīśvare*)"라고 했습니다(『샨딜리야 박띠 수트라(*Shandilya Bhakti Sutras*)』,[2] I.1.2).

범부들은 보통 신이 그들 자신의 바깥에 존재하고, 그들처럼 하나의 인격을 가지고 있다고 여깁니다. 그러나 진인은 인격신이 그 자신에 다

---

[1] *T.* '시바 지복의 물결.' 100연으로 된 샹까라의 운문체 저작이다.
[2] *T.* 베다 시대의 진인 샨딜리야(아기 붓다의 미래를 예언한 진인 아시타의 아들)가 쓴 저작.

름 아니라고 봅니다. 그리고 이 경우 **자기사랑**(Self-love)은 신에 대한 사랑이거나 신에 대한 사랑이 됩니다. 그의 경우, 헌신은 **진아 깨달음**으로 정의됩니다. 인격신을 그들 바깥의 어떤 것으로 여기는 사람들은 그런 신에게 깊은 헌신을 계발하고, 마침내 그들의 인격을 그의 안에 가라앉게 합니다. 사랑에 빠진 **진아**의 심금이 전율하다가 음악 속에서 사라집니다. 사실 숭배는, 아니, 강렬하고 집중된 모든 생각이나 감정은 마음이 그 숭배하는 혹은 집중하는 대상에 합일되는 것입니다. 그러나 인격신에 대한 강렬한 믿음은 그 헌신자를 비인격적 **절대자**(Swarupa Brahman)에게로 쉽게, 자연스럽게 데려갑니다. 대개 신에 대한 헌신의 시작은 슬픔을 피하고 행복을 얻으려는 욕망에서 비롯됩니다. 그래서 대단한 열망과 열의를 가진 사람들은 그들의 신에게 접근하여, 그에게 이름과 형상을 부여하고 그들이 욕망하는 대상들을 성취합니다. 그런 것들을 성취한 뒤에도 헌신의 습習은 이어지며, 형상과 이름을 가진 신을 숭배하는 데 훈련된 마음은 **형상 없고 이름 없는 것**(절대자)에 대해 내관하는 힘을 계발합니다. 어떤 인격신에 대한 헌신의 첫 흐름에 의해 성취한 찰나적 대상들은 지속적인 행복을 갈구하는 그 구도적 영혼을 만족시키지 못합니다. 그 진보하는 영혼은 상대적인 행복 이상의 그 무엇을 추구하는 늘 새로운 이 충동을 가지고, 궁극적으로 그 내관의 대상에서 이름과 형상을 놓아 버리고, 그리하여 절대자를 생각하거나 깨달으려고 시도합니다. 이처럼 어떤 인격신에 대한 헌신은 점차 **비인격자**에 대한 헌신으로 변환되거나 성숙되는데, 그것은 **탐구**(Vichara) · 깨달음과 같습니다.

svasvarūpānusandhāna bhaktirityapare jaguh.
진아에 대한 탐구는 헌신에 다름 아니다.
— 『분별정보(*Vivekachudamani*)』, v.32.

처음에는 헌신이 있다가 없다가 할 수도 있겠지요. 그렇다고 그 구도자가 우울해할 필요는 없습니다. 그것이 점차 계발되어 더 안정되고, 마침내 끊어짐 없는 하나의 흐름으로 흐를 테니 말입니다. 헌신이 성숙되면 한 순간의 가르침(Sravana)으로도 지知의 다음 단계로 충분히 나아갈 수 있습니다. 믿음은 우리의 직관을 계발하고 완전한 깨침—**우주 의식**을 성취하는 데 도움이 됩니다. 그래서 그 약한 구도자가 처음에는 단속적斷續的인 이름과 형상을 통해서 유한한 현세적 목적을 얻기 위해 헌신에 노력하지만, 그러다 보면 궁극적으로 모든 이름과 형상을 넘어서 **절대자**에 대한 끊임없는 사랑의 흐름 속으로 들어갑니다. 이것이 **해탈**입니다.

5

마하르쉬와의 대화

A Dialogue with the Maharshi

by B. V. Narasimha Swami

The Mountain Path, 1982 July. Vol.19, No.3
The Mountain Path, 1982 October. Vol.19, No.4
The Mountain Path, 1983 January. Vol.20, No.1
The Mountain Path, 1983 April. Vol.20, No.2

서언

B. V. 나라싱하스와미는 『진아 깨달음』 초판(1931)에서 다음과 같이 썼다. "나라싱하 스와미에 대해서는 여기에 짧게나마 자전적 기록을 말하지 않기로 한다. 그는 법률가이자 정치인으로서 활발하게 활동했고, 따라서 증거를 선별하고 가늠하며, 사람과 사물들을 연구할 풍부한 기회를 가졌다고 언급하는 것으로 족하다. 그는 1928년 5월부터, 즉 3년 동안 라마나 마하르쉬와 당신의 가르침을, 존경하되 엄밀히 검증하는 자세로 연구해 왔다. 그는 또 힌두교의 가르침 중 최상의 것과 서양의 윤리학·심리학·철학의 성과들을 결합시키려고 시도해 왔으며, 그것들 사이에 실제적인 혹은 외관상의 갈등이 있을 때는 마하르쉬께 그에 대해 어떤 설명이나 조화로운 해석을 제시해 달라고 청했고, 좋은 말씀을 들은 적이 많았다. 이런 내용들은 본서(『진아 깨달음』)의 자매서이지만 아직 출간되지 않은 『마하르쉬와의 대담』에 나온다."

B. V. 나라싱하 스와미의 이 책 『마하르쉬와의 대담』은 결코 출간되지 못했지만 그 원고의 몇 부분들이 아쉬람 문서고에 보존되었고, 우리는 그 내용들을 지난 수년간 「마운틴패스(*Mountain Path*)」에 하나씩 게재해 왔다. 그 미간행 원고들 중에서 우리는 스리 바가반과 이름 모를 한 헌신자 간의 다음과 같은 흥미로운 긴 대화를 발견했는데, 이것을 「마운틴패스」에 네 차례에 걸쳐 연재하기로 한다. 위에 인용한 『진아 깨달음』의 구절로 미루어, 우리는 이 이름 모를 헌신자가 아마도 나라싱하 스와미 자신이었을 것으로 추측할 수 있을 것이다.[1]

---

1) *T*. 이 글은 「마운틴 패스」의 네 차례 연재물 중 1982년 7월호에 실린 첫 번째 '대화'의 서두에 있는 것이다. 여기서는 그 '대화'들을 하나로 모았다. 「마운틴 패스」에 게재된 다른 자료들 중 이와 비슷한 것으로 Scenes From Ramana's Life(I~III)가 있었는데, 이것은 나중에 별도의 단행본 *Surpassing Love and Grace*(2001)에 수록되었다.

마하르쉬와의 대화

헌신자: 스와미님, 부디 저에게 어떤 만트라 가르침(*mantra-upadesa*)을 주십시오.

마하르쉬: 저는 그런 가르침을 베푸는 습관이 없습니다.

헌: 스와미님, 저는 그런 축복을 얻을 희망으로 여기 왔습니다.

마: 무엇 때문에 그것을 원합니까?

헌: 가르침(*upadesa*)을 얻는 것은 좋지 않습니까?

마: 예, 좋을 수도 있지요. 그러나 그대는 그저 그것을 염송하기 위해서 가르침을 원합니까, 아니면 거기서 어떤 이익을 얻기를 기대합니까?

헌: 뭐, 가르침·염송 등을 지니면 분명히 저에게 이익이 되겠지요.

마: 어떤 이익 말입니까?

헌: 제가 초자연적 능력(*siddhis*), 천상(*swarga*), 신의 은총 등과 같이 좋은 것을 많이 성취하겠지요.

마: 그런 모든 것에서 그대는 무엇을 추구합니까?

헌: 이런 모든 것을 가지면 제가 더 좋지 않겠습니까? 이렇게 하면 제가 좋은 상태(*gati*)를 얻게 될 것입니다.

마: 그대는 그런 것에서 완전한 행복을 기대하지요, 그렇지 않습니까?

헌: 물론입니다, 스와미님.

마: 그렇다면 그대는 그런 모든 노력에서 행복을 얻고 싶은 거지요?

헌: 예, 저는 행복을 원합니다.

마: 그러면 지금은 그것을 얻지 못하고 있습니까?

헌: 이따금 부분적으로 얻지만, 그만큼 자주 슬픔과 걱정을 얻습니다.

마: 그러면 그대는 슬픔과 섞이지 않은 행복을 원하는군요?

헌: 예.

마: 바로 지금, 그대에게는 슬픔이 없지 않습니까?

헌: 예.

마: 그렇다면 더 무엇을 추구합니까?

헌: 금방 슬픔이 찾아올 것이고, 그것을 막고 싶은 것입니다.

마: 그렇다면 그대는 지속적이고 영구적인 지복을 추구하는군요. 그렇지 않습니까?

헌: 그렇습니다.

마: 그러면 그대의 현재 상태가 영구적으로 되면 만족하겠군요?

헌: (잠시 생각하더니) 스와미님, 그걸로는 충분하지 않을 것 같습니다. 저는 지금 이 순간 어떤 행복도 즐기고 있지 않습니다.

마: 그대는 저에게 계속 질문을 하는 데서 즐거움을 느낍니까, 고통을 느낍니까?

헌: 질문을 드리고 배우는 것은 상당히 즐겁습니다.

마: 거기서 그대에게 즐거움을 주는 것은 무엇입니까?

헌: 저에게 지식과 인도를 베푸시는 당신의 친절함이 저에게 즐거움을 줍니다.

마: 그러나 그 즐거움은 그대가 답변을 얻을 때만 있습니다. 그대가 질문을 하고 있을 때 그대에게 즐거움을 주는 것은 무엇입니까?

헌: 제가 질문을 하면, 친절하신 당신께서 저에게 답변을 주실 것이 확실합니다.

마: 그 말은, 답변들이 나올 것이 확실하고, 그것이 나오면 그대에게 즐거움을 줄 거라는 기대 그 자체가 즐거움이다, 달리 말해서, 다가올 즐거움이 미리 그것의 그림자나 반영(반사된 모습)을 드리운다는 의미군요.

헌: 그렇습니다.

마: 그것이 그 즐거움의 유일한 이유나 원인입니까?

헌: 어쩌면 성스러운 분들의 친존이나 그분들 가까이에 있는 것 자체가 즐거운 것인지도 모릅니다.

마: 그대가 보통의 사람들에게 질문을 할 때, 예를 들어 그대가 어떤 마을로 가는 길을 물을 때는 그 묻는 것이 즐거움을 주지 않습니까?

헌: 줍니다.

마: 왜지요?

헌: 거기서도 사실들을 알게 될 거라는 기대가 있기 때문입니다.

마: 어떤 행인이 다른 사람에게 많은 사실들에 대해 이야기하고 있는데, 그 이야기가 그대의 귀에 들린다고 합시다. 그것도 사실들을 아는 것 아닙니까? 하지만 그대는 지나가면서 그 사람의 말에 구태여 귀를 기울이지 않습니다. 그 앎은 그대에게 즐거움을 주지 않습니까?

헌: 아니요, 스와미님, 저는 그런 것에 신경 쓰지 않습니다.

마: 그렇다면 그 앎이나 알게 될 거라는 기대는, 그대가 그것에 신경을 써야만, 즉 그것에 관심이 있어야만, 그대에게 즐거움을 주는군요.

헌: 예, 바로 그겁니다.

마: 그대가 관심을 갖는 대상이 즐거움을 줍니다. 그렇지 않습니까?

헌: 그렇습니다.

마: 그대가 관심이라고 하는 것은 무슨 뜻입니까? 그대는 왜 어떤 앎에 관심이 있습니까? 예를 들어, 그대는 왜 저에게 질문을 하는 데 관심이 있습니까?

헌: 제가 관심이라고 하는 것은, 어떤 이유에서(습관이든 우연한 접촉이든) 저의 마음이 어떤 앎이나 행위로 끌림을 느낀다는 뜻입니다. 제가 지금 하는 질문들이 그렇듯이, 앎은 저의 관심을 끕니다. 그것이 저를 이롭게 할 것이기 때문입니다.

마: 이 앎이 어떻게 그대를 이롭게 할까요?

헌: 그것은 저를 어떤 좋은 상태(*gati*)로 이끌어줄 것이고, 그래서 저에게 행복을 얻게 할 것입니다.

마: 그렇다면 그 질문들이 그대에게 행복을 주는 이유는, 그 질문들이 그대가 거기서 얻기를 기대하는 그 좋은 상태라는 형태의 행복과 마음속에서 연관되기 때문에, 달리 말해서, 그 질문들이 다가올 행복의 한 반영 혹은 이미지를 산출하기 때문이군요.

헌: 아마 그것이 그에 대한 설명이겠지요.

마: 만일 그대가 그 상태에 관심이 없다면, 그대가 그에 대한 질문을 하겠습니까? 아니면 남들이 한 그런 질문들이 즐거움을 주겠습니까?

헌: 아니요, 즐거움을 주지 않을 것입니다.

마: 그렇다면, 만일 그대가 어떤 대상에서 즐거움을 얻겠다고 결심하면, 그 대상을 얻었을 때 즐거움을 느낄 것이 분명하지 않습니까?

헌: 그렇습니다.

마: 그러면 그대는 어떤 특정한 대상에서 즐거움을 얻거나 얻지 않기를 선택할 수 있습니까?

헌: 예.

마: 그렇다면 그대는 즐거움이나 행복이 바깥 대상들의 한 성질이라고 말할 수 있습니까? 오히려 행복은 그 대상들에서 그대가 마음대로 즐거움을 얻거나 얻지 않을 수 있는 그대의 어떤 성질 아닙니까?

헌: 말씀하신 대로 분명히 즐거움이나 행복은 저의 안에 있지, 바깥 대상들 안에 있지는 않습니다. 그러나 여전히 의문이 있습니다. 그렇다면 왜 설탕은 모든 사람에게 언제나 즐거운 맛이 나며, 만일 즐거움이 설탕 그 자체의 속성이 아니라면 왜 저는 설탕 같은 즐거움의 대상들을 결코 거부하지 않습니까?

마: 그대가 그런 사실들에서 이유를 추구하기 이전에, 그대의 사실들에서 정확을 기하는 것이 좋습니다. 설탕이 모든 사람에게 언제나 즐겁다는 것은 하나의 사실인가요?

헌: 예, 스와미님, 누구나 설탕을 좋아하고, 설탕이 든 캔디나 케이크 한 조각을 보면 분명히 즐거운 기색을 보입니다.

마: 막 종기 수술을 받고 있는 당뇨병 환자에게 그 설탕 캔디나 설탕 케이크를 가져간다면, 그것이 그에게 즐거움을 주겠습니까?

헌: 아니요, 그때는 그것이 그에게 두려움을 야기하겠지요. 제 말은, 건강한 사람들은 모두 설탕을 좋아한다는 뜻입니다.

마: 과연 그런가요? 그들이 언제나 그것에서 즐거움을 얻습니까?

헌: 예.

마: 랏두(*laddus*)[단 과자]로 자신의 배를 가득 채우고 나서, 구토를 해서 복부의 통증을 덜려고 애쓰는 대식가가 있다고 합시다. 그럴 때 그대의 케이크가 그에게 즐거움을 주겠습니까, 고통을 주겠습니까?

헌: 즐거움을 주지 않겠지요. 왜냐하면 그때는 그가 그런 것들을 없애려고 할 테니 말입니다. 그러나 건강 상태가 정상이고, 과식 같은 그런

부자연스러운 상태에서 벗어나 있는 정상적인 상태의 사람에게는 설탕이 즐거움을 줄 것입니다.

마: 그대의 사실들을 세밀히 살폈으니, 이제 그것들에 관해 그대가 제기한 그 질문, 즉 "만일 설탕이 그 자체 안에 즐거움을 주는 성질을 가지고 있지 않다면, 왜 모든 사람이 설탕을 좋아하는가?"라는 것을 검토해 보십시오. 그대는 이런 사실들이, 그 즐거움은 주체 안에 있지 않고 단 대상 안에 있다는 것을 보여준다고 믿지요. 그렇지 않습니까?

헌: 그런 것 같습니다.

마: 그렇다면 왜 같은 설탕이 당뇨병 환자나 구토하는 대식가에게서도 같은 즐거움을 산출하지 않았습니까?

헌: 그것이 그들의 건강을 해칠 것이기 때문입니다.

마: 그것이 다른 사람들의 건강에는 어떻게 영향을 주겠습니까?

헌: 설탕은 좋은 영양 식품이고, 보통 사람들의 경우에는 그들의 건강을 증진하겠지요.

마: 자 그렇다면, 사람들은 일반적으로 좋은 건강을 유지하는 것에서 즐거움을 느끼고, 따라서 좋은 건강을 산출하는 대상들에서도 즐거움을 느낀다는 것, 그리고 만일 그런 것들을 먹어서 그들의 건강이 나빠진다면 같은 대상들을 거부한다는 것이 분명하지 않습니까?

헌: 그렇습니다.

마: 그러면 설탕이 즐거움을 주는 이유는 설탕 자체에 있는 것이 아니라 건강에 대한 주관적 선호에 있는 것입니다.

헌: 그렇습니다.

마: 인간에게 자연스러운 것은 건강입니까, 질병입니까?

헌: 건강입니다.

마: 그렇다면 건강을 얻는 즐거움은 우리의 자연적 상태를 얻는, 아니 오히려 '다시 얻는' 즐거움이군요. 그렇지 않습니까?

헌: 그렇습니다.

마: 인간이 설탕을 먹을 때, 그는 자신의 몸에 부족한 것, 몸의 본래적 상태인 건강의 완전함(purnatvam)을 위해 몸이 필요로 하는 것을 몸에 넣어줌으로써 행복을 얻고자 하는 것 아닙니까?

헌: 그렇습니다.

마: 행복하려는 것은 인간의 성품 아닙니까? 즉, 외적인 그 무엇도 그에게 간섭하지 않을 때, 그가 행복하지 않습니까?

헌: 그렇습니다.

마: 그렇다면 우리는 인간의 성품이 곧 행복이라고 말해야 하지 않겠습니까?

헌: 아마 그렇겠지요. 그러나 여전히 그렇다고 말하기에는 저에게 약간의 망설임이나 의심이 있습니다.

마: 그대의 경험상 그것을 없앨 수 있는데, 왜 그런 의심을 품고 있어야 합니까?

헌: 제가 어떤 경험을 가지고 있습니까, 스와미님?

마: 그대는 그대의 자아를 경험하지 않습니까?

헌: 다소 막연하게는요. 그러나 제가 저 자신을 생각할 때, 그것은 늘 다른 수많은 외적인 것들, 산만한 생각들과 연관되어 있습니다. 저는 저 자신에 대한 분명한 관념을 좀처럼 얻을 수 없습니다.

마: 그대는 어느 때나 그런 외적인 것들과 산만한 생각들에서 자신을 벗어나게 하지 않습니까?

헌: 그러려고 노력해 왔습니다.

마: 왜 노력해야 합니까? 그대는 매일 자신이 그런 것들에서 벗어난다는 것을 발견하지 않습니까?

헌: 저는 자신이 그런 것들에서 벗어나 있는 것을 결코 발견하지 못했습니다.

마: 그대는 생시의 상태를 이야기하고 있지요. 그렇지 않습니까?

헌: 그렇습니다.

마: 그러나 잠 속에서 그대의 상태는 어떻습니까?

헌: 저는 잠을 잡니다. 그러나 우연히 저에게 강한 인상을 안겨주는 몇 가지 말고, 제가 잠에 대해 무엇을 기억할 수 있습니까?

마: 저는 그대가 꿈을 꾸는 잠을 말하는 것이 아닙니다. 그것은 그대의 생시 상태의 약한 메아리 혹은 복제품에 불과합니다. 그대는 꿈 없는 잠을 자 본 적이 없습니까?

헌: 매일 밤 그런 잠을 잡니다.

마: 그럴 때 그 상태에서, 그대는 그런 외적인 것들과 그에 대한 산만한 생각들에서 벗어나 있지 않습니까?

헌: 모르겠습니다. 제가 깨어날 때는 그 상태에 대해 아무것도 기억하지 못합니다.

마: 그대는 꿈 없는 잠의 시간을 불행 속에서, 혹은 산만한 생각들을 가진 채 보냈다는 느낌을 가지고 깨어납니까?

헌: 아니요, 물론 그렇지 않습니다.

마: 지복스럽고 동요 없는 안식의 느낌을 가지고 깨어나지 않습니까?

헌: 그렇습니다.

마: 꿈 없는 잠의 시간 동안 그 지복스럽고 동요 없는 안식을 누가 즐겼습니까?

헌: 저 자신이 그것을 즐겼습니다.

마: 그럴 때 외적인 것들과 산만한 생각들이 그대와 함께했습니까?

헌: 아니요.

마: 그렇다면 여기에, 외적인 것들과 산만한 생각들에서 벗어나 있을 때의 그대 자신에 대한 그대의 일상적 경험이 있고, 그대는 그것이 지복스럽고 즐겁다고 느낍니다. 그렇지 않습니까?

헌: 그렇습니다.

마: 이것은 그대 자신의 본질적 성품이 행복이라고 추론하게 되는, 한 걸음 더 나아간 논거 아닙니까?

헌: 예, 그런 것 같습니다.

마: 왜 다시 의심합니까?

헌: 꿈 없는 잠은 저에게 워낙 막연해 보이는 상태이고, 제가 지금 생시 상태에서 지각하는 진리들처럼 분명하고 납득할 만하지 않기 때문입니다.

마: 그대가 말했듯이 그대는 꿈들도 꾸어 왔습니다. 그렇지 않습니까?

헌: 그렇습니다.

마: 그대가 꿈의 경험들을 가질 때, 그 꿈들은 그대에게 참되고 실재하는 것으로 보이지 않았습니까?

헌: 예, 대체로 그랬습니다만, 가끔 예외도 있었습니다.

마: 예외들은 우선 젖혀두고, 그대는 꿈의 상태에서 실재성을 발견했습니다. 그렇다면 왜 그대는 꿈들이 실재하지 않는다고 말합니까?

헌: 꿈들은 종종 워낙 불가능하고, 개연성 없고, 말도 안 되는 환경들의 뒤범벅입니다. 예를 들면 땅 위에 있다가 갑자기 공중으로 솟아오르고, 그런 다음 갑자기 자신이 늙거나 젊은 모습인 것을 발견하는 그런

식입니다.

마: 이런 꿈의 경험들이 불가능하거나 말이 안 되는 것은 그것을 생시의 기준으로 판단할 때입니다. 그러나 그대가 그 꿈을 겪고 있는 동안에는, 꿈의 기준들로 판단하면서 그것들을 불가능하거나 말이 안 되는 것으로 보지 않았습니다.

헌: 맞습니다.

마: 꿈들이 실재하지 않는다고 주장하는 그대의 다음 논거는 무엇입니까?

헌: 그것들이 저의 생시 상태에서 (실재하는 것으로) 확인되지 않기 때문입니다. 예를 들어 제가 헤엄을 치다가 익사하는 꿈을 꾸지만, 깨어나면 저에게 어떤 물도 없거나, 제가 침대 위에 있는 것을 발견합니다.

마: 그대의 생시 경험들도 그대의 꿈의 상태에서는 확인되지 않았지요. 확인되었습니까?

헌: 아니요. 일반적으로 각 상태는 그 자신의 독립적 존재성을 가지고 있습니다.

마: 그렇다면 왜 그대는 생시의 경험들만 실재하고, 꿈의 경험들은 그렇지 않다고 말하는 것을 선호합니까?

헌: 저는 생시의 상태에서 제 시간을 훨씬 더 많이 씁니다. 그것은 더 긴 경험입니다. 지금 저는 의식하면서 실재성을 논의할 수 있습니다. 의식의 빛은 지금 더 강하고 더 분명하게 나타납니다. 저는 이런 경험들을 무수한 사람들과 함께 끝없이 계속 뒷받침할 수 있습니다. 모두가 생시는 실재하는 상태이고 꿈들은 실재하지 않는다는 데 동의합니다.

마: 모두가, 혹은 거의 모두가 해는 매일 아침에 뜨고 매일 저녁에 진다고 말하는 데 동의하지요. 그렇다고 해서 그대가 지구를 도는 것이 해

라는 데 동의합니까?

헌: 아닙니다.

마: 왜 아닙니까?

헌: 지리학적·천문학적·과학적 탐구가 마음에 대한 1차적 인상은 진실이 아님을 증명하기 때문입니다.

마: 그러면 왜 그대는 꿈의 상태에 대해, 그리고 꿈 없는 잠에 대해 그와 비슷한 과학적 탐구를 해보지 않습니까?

헌: 예, 제가 그래야 한다는 데 동의합니다.

마: 그러면 그 사실들 속으로 들어가 봅시다. 그대는 꿈 속에서 경험하는 실재성의 느낌에 예외들이 있다고 말했습니다. 그것이 무엇입니까?

헌: 가끔 우리는 꿈속에서 우리가 꿈을 꾸고 있다는 꿈을 꾸는데, 그것이 꿈들의 비실재성을 말해줍니다.

마: 바로 그 반대 아닙니까? 만일 1차적 꿈 속에서 하나의 꿈인 막간 혹은 2차적 꿈이 끼어들면, 1차적 꿈이 지배할 때 그에 대한 느낌은 그것이 참되고 실재하며, 2차적 꿈은 실재하지 않는 것으로 느껴집니다. 그렇지 않습니까?

헌: 그런 것 같습니다.

마: 다른 어떤 예외가 있습니까?

헌: 꿈속에서는 이따금 막연하고 혼란스러운 불확실성의 느낌이 있습니다.

마: 생시 상태의 사람들은 사물들의 비실재성에 대한 느낌을 전혀 경험하지 않습니까? 특히 큰 슬픔이나 깊은 몽상의 뒤에 말입니다.

헌: 예, 때로는 그런 것을 경험합니다.

마: 생시 상태에서의 이런 예외들이 그 생시 상태가 실재하지 않는다

는 것을 그대에게 납득시켜 줍니까?

헌: 아니요, 그것은 예외적인 경험들이고, 저의 결론은 표준적이고 신뢰할 만한 자료들에 기초해야 합니다.

마: 좋습니다. 그러나 꿈의 상태는 바로 지금 당면한 이 문제를 고려하는 데 있어 꿈 없는 잠만큼 그다지 관련성이 있거나 중요하지 않습니다. 꿈 없는 잠을 탐색해 보는 것이 어떻습니까?

헌: 어떻게 할 수 있습니까?

마: 자, 그대는 깊은 잠 속에 있을 때, 그대의 몸, 그대의 호흡과 그대의 마음이나 지성을 의식합니까?

헌: 아니요.

마: 그때는 그대 자신이 없습니까?

헌: 그런 것 같습니다.

마: 그대는 매일 밤 꿈 없는 잠의 지복을 즐겼다고 인정하지 않았습니까?

헌: 그렇습니다.

마: 만일 그것을 즐겼다면, 그 지복의 체험을 겪기 위해 그대가 존재했어야 합니다. 모든 외적인 사물과 산만한 생각들에서, 심지어 그대의 몸, 호흡 혹은 마음에 대한 생각에서조차도 벗어나 있는 지복 말입니다.

헌: 예, 그런 것 같습니다.

마: 왜 '같다'고 말합니까? 그 지복을 누가 즐겼습니까? 그대였습니까, 아니면 다른 누구였습니까?

헌: 저였고, 달리 누구도 아니었습니다.

마: 만일 그대 자신이 존재하지 않았다면 그 체험을 가질 수 있었겠습니까?

헌: 아니요.

마: 그대는 또 그때는 그대의 몸, 호흡 또는 마음에 대한 어떤 관념도 없었다고 말했습니다. 누구에게 아무 관념이 없었습니까?

헌: 저입니다.

마: 꿈 없는 잠 속에서는 그런 것들 중 아무것도 존재하지 않았다고 말할 수 있으려면, 그대가 거기에 존재했어야 합니다. 그렇지 않습니까?

헌: 그렇게 보입니다. 그러나 그 상태에 대해서는 일체가 아주 막연합니다. 저는 그것을 지금 이 생시의 상태를 살펴보듯이 분명하게 살펴볼 수 없습니다.

마: 그대는 시베리아에 가 보지 못했지요. 그렇지 않습니까?

헌: 그렇습니다.

마: 하지만 그것이 존재한다는 것은 믿지 않습니까?

헌: 믿습니다.

마: 왜입니까?

헌: 그런 땅이 있다고 말하는, 그리고 그곳에는 그들이 거기 갔을 때 주목한 특이점들이 있다고 말하는, 믿을 만한 목격자들의 진술을 제가 받아들이기 때문입니다.

마: 만일 그대 자신보다 더 나은 장비를 가지고 꿈 없는 잠이라는 이 시베리아를 본 사람들이 있다면, 그리고 그대가 그들을 믿을 만한 목격자로 간주한다면, 그들의 진술을 받아들일 수 있지 않습니까?

헌: 예. 그러나 어디에 그런 목격자들이 있습니까?

마: 그대는 베다와 우파니샤드를 베풀어 준 현자들을 무엇이라고 여깁니까? 그대는 그들의 능력이나 진실성을 의심합니까?

헌: 어느 것도 의심하지 않습니다.

마: 자 그렇다면, 그들이 우파니샤드에서 말하는 것을 들어 보십시오. 예를 들어 『브리하다라니야까 우파니샤드』(2.1.17)에서 말하기를, 깊은 잠 속에서는 그 개인이 **진아허공**(Atmakasa) 속에 흡수되어 있다고 합니다. 또 『찬도갸 우파니샤드』(6.8.1)에서 말하기를, 어떤 사람이 잠을 자고 있다고 이야기될 때, 그는 사실 **실재**와 결합되어 있고, 그 자신의 성품을 성취한 것이라고 합니다.

헌: 이것이 철학과 형이상학 속으로 점점 더 깊이 들어가고 있는데, 그것은 매우 당혹스럽고 골치 아픕니다. 왜 제가 수고롭게 이런 문제들을 해결하려고 해야 합니까?

마: 왜 그래야 하느냐고 그대는 묻습니다. 왜냐하면 그대는 행복을 얻는 수단으로서 가르침, 싯디 등을 얻고 싶어 했고, 그래서 이런 모든 문제들을 이해할 필요가 있기 때문입니다. 그러나 형이상학이나 철학은 전혀 상관하지 마십시오. 그대는 행복을 원합니까, 원치 않습니까?

헌: 물론 원합니다.

마: 그대는 무엇이 행복을 안겨주는지 알고 있습니까?

헌: 예, 너무나 많은 것들이 행복을 안겨줍니다. 그러나 제가 발견하고 싶은 것은 어떻게 그것을 슬픔과 뒤섞이지 않게 얻을 것이며, 어떻게 그것을 영구적으로 얻을 것이냐입니다.

마: 행복에 등급이나 종류가 있습니까?

헌: 어떤 사물들은 다른 것들보다 더 즐겁습니다. 어떤 것들은 더 오래 가는 즐거움을 줍니다. 어떤 것들은 즐거움을 주기는 하나, 슬픔과 뒤섞이거나 슬픔이 뒤따릅니다.

마: 그러면 그대는 어떤 종류나 등급을 원합니까?

헌: 저는 가장 높고 가장 영구적인 종류, 즉 그것과 뒤섞이는 슬픔의

어떤 자취도 없는 그런 종류를 원합니다.

마: 어떤 어둠이나 그에 대비되는 그림자가 없는 빛을 본 적이 있습니까?

헌: 아니요.

마: 만일 어떤 사람이 한 가지 맛만 경험해 보았고 다양한 맛들을 경험해 보지 못했다면, 그것이 단지, 신지, 쓴지 말할 수 있겠습니까? 만일 한 가지 색깔을 제외하고는 모든 색깔이 어떤 사람의 눈앞에 한 번도 다가온 적이 없다면, 그에게 색깔에 대한 관념이 있겠습니까? 그대가 촉감, 맛, 색깔, 냄새 등을 알고 그것을 경험하는 것은 대비에 의해서 아닙니까?

헌: 그렇습니다.

마: 마찬가지로, 즐거움이 즐거움으로서 인식되는 것은 이전의 고통의 경험 때문 아닙니까?

헌: 그렇습니다.

마: 만일 어떤 사람이 매 순간이나 매분, 일주일이나 한 달 내내 계속 혀 위에서 설탕 맛을 본다면, 그것의 단맛을 인식하겠습니까?

헌: 아니요, 그는 금세 그것에 물리고 말 것입니다.

마: 즉, 즐거움이었던 것이 고통으로 보일 것이고, 조금이라도 다양한 것이 즐거움으로 환영받겠지요. 그렇지 않습니까?

헌: 그렇습니다.

마: 그러나 그대는 고통과 섞이지 않은 즐거움을 늘 원한다고 했습니다. 그렇지 않습니까?

헌: 그렇습니다.

마: 그러면 그대가 원하는 즐거움은 상대적인 즐거움일 수 없지요. 그

릴 수 있습니까?

헌: 아니요, 그럴 수 없습니다.

마: 그러니까 그대는 절대적인 즐거움 혹은 행복을 원합니다. 만일 한 사물을 어떤 사람이 행복으로 보고, 다른 사람은 불행으로 본다면, 그것은 절대적인 행복이 아니지요. 그렇지 않습니까?

헌: 예, 아닙니다.

마: 좋습니다, 그러나 여하튼 그대 자신의 관점에서 행복을 분석하는 것부터 시작하는 것이 그대에게 최선입니다. 그래서 그대는 "무엇이 나에게 행복을 안겨줄 것인가?"라는 물음을 가지고 시작할 수 있습니다.

헌: 좋습니다.

마: 그러나 "무엇이 나에게 행복을 안겨줄 것인가?"라는 물음에 대한 답은 더 나아간 물음, 곧 "나는 무엇인가?"에 대한 답에 달려 있습니다. 그렇지 않습니까?

헌: 왜입니까? 제가 무엇이든, 행복은 행복이어야 합니다.

마: 호랑이가 어떤 사냥꾼이 매어 놓은 새끼 양을 잡는 경우를 들어 봅시다. 사냥꾼은 근처의 나무 위에서 그 호랑이를 쏠 때를 기다리며 지켜보고 있습니다. 새끼 양을 잡는 것은 그 새끼 양에게 행복입니까, 사냥꾼에게 행복입니까, 아니면 호랑이에게 행복입니까?

헌: 호랑이에게는 일시적으로만 행복이고, 사냥꾼에게는 궁극적으로 행복이며, 새끼 양에게는 전혀 행복이 아닙니다.

마: 따라서 어떤 것이 한 사람에게 행복이 될 것인지를 결정하기 전에 먼저 그 사람이 누구인지를 확인해야 하는 것입니다. 그래서 무엇이 그대에게 행복을 줄 것인지를 알아내기 전에 먼저 "나는 누구인가?"를 탐구하여 알아내야 합니다.

헌: 저는 누구입니까?

마: 그 문제에 대한 그대의 첫 인상은 무엇입니까?

헌: 저는 지금 여기 앉아서 이야기를 하기도 하고 듣기도 하는 그 사람입니다.

마: 발성기관과 청각을 가지고 여기 앉아 있는 것은 그 몸입니다. 그러면 그대가 그 몸입니까?

헌: 아닙니까?

마: 그대의 몸은 손, 다리, 눈, 코 등으로가 아니면 무엇으로 구성됩니까? 그대가 그 손입니까? 그대는 손 없이도 존재할 수 있지 않습니까?

헌: 저는 제 손 없이도 존재할 수 있고, 그래서 저는 손이 아닙니다.

마: 같은 이유로, 그대는 그 다리, 코, 눈 등이 아닙니다.

헌: 바로 그렇습니다.

마: 그대가 그 부분들이 아니라면, 그대는 전체 몸조차도 아닙니다.

헌: 어떻게 그런 결론이 나옵니까?

마: 그대에게 속하고 그대의 재산인 것은 그대 자신이 아닙니다. 그렇지 않습니까?

헌: 그렇게 보입니다.

마: 그대는 "저의 몸"이라고 이야기했습니다. 그러면 그 몸은 그대의 재산입니다. 그렇지 않습니까?

헌: 그런 것 같습니다만, 저는 그 몸을 소유한 '나'가 누구인지를 알지 못합니다.

마: 그렇다면 그 소유자인 그대 자신은 눈에 보이지 않는 것일 수밖에 없습니다. 눈에 보이지 않는 어떤 개체들도 존재하지 않습니까?

헌: 예, 귀신·영靈 등과 같은 것들이 있습니다.

마: 그러면 그대는 하나의 영靈일 수도 있겠군요, 그렇지 않습니까?

헌: 어떻게 살아 있는 사람이 하나의 영靈일 수 있습니까?

마: 그는 언제 영靈이 될 수 있습니까?

헌: 그가 죽은 뒤입니다.

마: 살아 있을 때는 그 영靈이 어디 있었습니까?

헌: 그것은 그 살아 있는 몸과 연결되어 있었거나, 아니면 그 안에 거주하고 있었음이 분명합니다.

마: 자연 속에서, 산 몸이든 죽은 몸이든, 영靈과 몸의 구분은 무엇입니까?

헌: 제가 생각하기에는, 영靈은 미세한 반면 몸은 거칠고 물질적이며, 영靈은 몸에 영향을 준다는 사실입니다.

마: 그렇다면 몸도, 감각기관도, 쁘라나(pranas)[호흡 기타 생명 기능들]도 영靈을, 즉 그대 자신, 그대의 '나'를 구성하지 않습니다.

헌: 예, 그것들은 '나'가 아닙니다.

마: 그대가 '나'를 생각하거나 이야기할 때, 달리 무엇을 그대의, 곧 그대의 영靈의 일부라고 느낍니까?

헌: 사람들은 우리가 몸과 마음 둘 다를 가지고 있다고 말합니다. 만일 제가 몸이 아니라면, 저는 마음이라는 이야기가 됩니다.

마: 그 마음이 무엇입니까? 무엇이 마음을 구성합니까?

헌: 뭐라고 말 못하겠습니다.

마: 그대가 자신의 마음을 지칭할 때, 그 마음 뒤편에 어떤 관념을 가지고 있습니까? 마음은 사지, 머리, 목소리가 달린 몸통은 아니지요. 그렇습니까?

헌: 아닙니다.

마: 그대는 그대의 목소리로 표현하는 이 거친 몸보다 더 미세한 뭔가를 가지고 있습니다. 그대는 지금 왜 이야기를 합니까?

헌: 제 마음속에 있는 생각과 관념들을 표현하기 위해서입니다.

마: 그렇다면 생각과 관념들은 마음의 내용이고, 그것들이 함께 마음을 구성합니다.

헌: 그렇습니다.

마: 생각과 관념들은 모두 같은 종류입니까, 아니면 그것들은 서로의 토대입니까?

헌: 잘 모르겠습니다.

마: 그대가 어떤 사람을 볼 때, 그대는 어떤 생각을 합니까?

헌: 저는 영리함, 키가 작음 등과 같은 어떤 성질들을 가진 한 인물을 본다고 생각합니다.

마: 그대는 그것이 영리함이나 키 작음이라는 것을 어떻게 압니까?

헌: 이전에 그런 것들을 알고 있었습니다.

마: 그러니까 그대는 1차적 감각들을 갖고, 그런 다음 그 감각들을 이전에 가졌던 그런 축적된 인상들과 비교하는군요. 기억, 비교, 유사성과 상이성에 대한 이 판단의 힘은, 단순히 인상들을 수용하는 것보다 더 높은 힘 아닙니까?

헌: 그렇습니다.

마: 지성(*buddhi*)이라고 불리는 것은 이 2차적 기능입니다. (1) 감각이나 생각들과, (2) 지성, 이 두 가지 중에서 어느 것이 더 우위입니까?

헌: 생각들을 인도하고, 정리하고, 제어하는 것이 지성입니다. 그래서 지성이 생각들(*manas*)보다 더 우위입니다.

마: 그래서 지성은 이 마음에 대해 하나의 내적인 껍질, 일종의 핵심

이라고 볼 수 있습니다. 이 지성이 그것의 겉껍질인 다른 내적인 핵심을 발견할 수 있습니까?

헌: 제 마음은 그런 어떤 신비한 영역도 꿰뚫고 들어가지 못합니다.

마: 아니, 바로 지금도 그대는 꿰뚫었지요. 왜냐하면 "제 마음"이라고 했으니 말입니다! 그대는 그대의 생각들과 지성을 "제 마음"이라는 용어 안에 포함시킵니다. 그렇지 않습니까?

헌: 그렇습니다.

마: 그대가 "저의 지성"이라고 할 때, 그대와 지성의 관계는 무엇입니까? 그것은 소유자와 그의 재산의 관계 아닙니까?

헌: 그럴지도 모르지만, 그 문제는 저의 지성에 분명하게 이해되지 않습니다.

마: 지성은 그대에게 언제나 동일한 것입니까, 혹은 그대와 여타 모든 사람에게 동일한 것입니까?

헌: 아니요, 저 자신의 지성은 때에 따라 다르고, 그것은 남들의 지성과도 다릅니다. 특히 제가 그들에게 동의하지 않을 때는 그렇습니다.

마: 모든 인간은 나이·교육·건강 등이 어떠하든, 같은 정도나 성질의 지성을 가지고 있습니까?

헌: 아닙니다. 유아들은 지성이 거의 없습니다. 나이가 들고 교육 받은 사람들은 더 많은 지성을 가지고 있습니다. 병들어 아픈 사람들은 지성이 적습니다. 천재들은 많은 지성을 가졌습니다. 바보, 술 취한 사람, 정신이상자들은 지성이 거의 없거나 전혀 없습니다.

마: 정신이상자들에게는 지성이 어디에 있습니까?

헌: 그것은 가려져 있거나 파괴되었습니다.

마: 그들은 그것을 결코 회복하지 못합니까?

헌: 어떤 사람들은 그렇습니다.

마: 그대가 도난당한 재물을 회수하듯이, 지성은 그대의 재산이고, 향상시킬 수 있고, 변화를 겪으며, 파괴될 수 있고, 소유자인 그대에게 다시 회복될 수도 있습니다. 그렇지 않습니까?

헌: 그렇습니다.

마: 그렇다면 지성은 그대의 재산일 뿐, 그것이 그대는 아닙니다.

헌: 정말 그렇습니다.

마: 그러면 그대는 무엇입니까?

헌: 저는 제가 무엇인지 알아내지 못하겠습니다.

마: 그 말은, 그대의 지성이 그대가 누구인지를 보여주지 않는다는 뜻이군요.

헌: 예, 그게 바로 제가 말하려는 뜻입니다.

마: 그대는 지성 외에는 아무 능력도 가지고 있지 않습니까? 그런 것을 가졌는지 왜 보지 않습니까?

헌: 어디서, 혹은 무엇을 봐야 합니까?

마: 그대 자신의 내면을 보십시오. 그대 자신을 보십시오.

헌: 보이지 않는 것을 제가 어떻게 봅니까?

마: 그 육안을 가지고는 볼 수 없지요.

헌: 다른 어떤 눈을 제가 가지고 있습니까?

마: 그대는 그대의 '나'를 가졌습니다. 그것을 가지고 보고, "나는 누구인가?"를 탐구하십시오.

헌: 제가 저의 '나'를 어떻게 봅니까?

마: 그대가 '나'를 이야기할 때, 뭔가를 의식하지 않습니까?

헌: 합니다.

마: 그 의식은 대상들에 대한 의식이 아닙니다. 그러니 그것은 다른 어떤 것에 대한 의식임이 분명합니다. 그렇지 않습니까?

헌: 그것은 어떤 결론에 이릅니까?

마: 그대가 어떤 대상을 생각할 때, 그대는 그 대상 속에 흡수되고 그것으로 변형됩니다. 그럴 때 그대는 '나'를 생각하는 것이 아니라 그 대상을 생각하는 것입니다. 그렇지 않습니까?

헌: 정말 그렇습니다.

마: 지금 만약 그대가 그 대상을 놓아버리면 무엇이 남습니까?

헌: 아무것도 남지 않습니다.

마: 그러나 그대가 그 대상을 지각했을 때는 그 지각 대상(*drisya*)과 지각자(*drik*)인 그대 자신 둘 다 있었지요.

헌: 그렇습니다.

마: 만일 이 두 가지 중에서 그대가 앞의 것, 즉 대상을 제거하면 무엇이 남게 됩니까?

헌: 논리적으로나 수학적으로 말하면, 주체인 '나'가 남겠지요. 그러나 사실의 면에서 저는 그것이 남는다고 느끼지 못합니다. 제가 대상들을 생각하기를 멈추면 모든 생각이 그칩니다. '나'만 남지는 않습니다.

마: 그것은 부분적으로 맞습니다. 지성과, 그 상대적 개념인 주체로서의 '나'는 다른 비슷한 개념 대상과 별개로 존재하지 않습니다. 주체와 대상은 함께 나타나고 함께 사라집니다. 1인칭, 2인칭, 3인칭은 모두 함께 의식 속으로 뛰어들고 의식에서 뛰어나옵니다. 그러나 이런 지성적 개념들과 별개로는 어떤 의식도 없습니까?

헌: 저에게는 아무것도 보이지 않습니다.

마: 깊은 잠 속에서 그대에게 지성이 있었습니까? 즉, 그때 그대는 사

물이나 대상들을 지각하고, 비교·대조하고, 기억하고 판단했습니까?

헌: 아니요, 그때는 생각할 어떤 대상도 없었고, 어떤 지성도 활동하지 않았습니다.

마: 하지만 그대는 행복을 느꼈다고 이미 시인했습니다. 그렇지 않습니까?

헌: 그렇습니다.

마: 이 일반적인 느낌, 어떤 대상이나 생각과도 관계가 없는 이 행복, 거기서 지성이 어떤 역할도 하지 않는 이 느낌이나 의식이 무엇입니까? 그대는 이미 '나', 곧 **진아**의 성품이 행복하다는 것을 발견했는데, 여기서 그대는 지성을 초월할 때 행복을 발견합니다. 따라서 그대는 '나', 곧 '진아'와 '행복'이 똑같은 하나이고, 하나로서 **느껴졌다**고 결론지을 수 있습니다. 다만 지적으로는 하나로 지각되지 않지만 말입니다.

헌: 이제 저는 그것이 그럴 수밖에 없다는 것을 납득합니다만, 아직 그것을 분명하게 느끼지는 못합니다. 저는 지성을 초월하는 이 무관계적인 혹은 절대적인 행복을 느끼지 못합니다.

마: 그것은 그대가 자신을 다른 대상들과 함께 생각하고 그것들과 동일시하는 것이 오랜 습이었고, 위와 같은 방식으로 그대의 '나'와 한 번도 대면해 본 적이 없기 때문입니다. 그대는 늘 그대의 지성을 사용해 왔지만 그대의 직관은 한 번도 사용하지 않았습니다. 이제 그대의 노선을 뒤집어서 내면적 시선을 취하여, 모든 외적인 이미지를 차단하고 직관적 느낌에 의지하면, 그대의 마음이라는 어두운 방 안에서 그대 자신의 참된 모습을 포착하게 될 것입니다. 이것이 **실재**이고, **깨달음**이고, 깨닫는 자, 곧 **진아**—말로 묘사할 수 없고 마음이 도달할 수 없는 일자(the One)인데, 그것을 묘사하기 위해 흔히 사용되는 용어, 즉 **사뜨-찌뜨-**

아난다(*sat-chit-ananda*)[존재-의식-지복]는 그것을 암시할 뿐입니다.

헌: 스와미님, 이제 당신께서 이것을 저에게 밝혀주셨으니, 제가 진지(*Jnana*)를 성취하게 됩니까?

마: 아닙니다. 단지 그대가 지적인 토대를 준비하고, 그대의 의지를 필요한 방향으로 돌릴 수 있게 될 뿐입니다. 해야 할 일은 깨닫는 것입니다. 그대에게 불사의 감로(*amruta*) 한 병이 주어졌지만, 그대가 그것을 실제로 맛보아야만 행복을 얻을 수 있습니다. 깨달음에 의해서만 그것이 확고해지고 습관적으로 됩니다. 즉, 실재하지 않는 것들, 곧 진아 아닌 것과 그대 자신을 동일시하도록 그대를 끌고 가는 저 오랜 습(*vasanas*)이 소멸되고, 그대가 실제로 자유로워져서 비非진아에 의해 방해받지 않게 됩니다. 이 지속적인 자유, 혹은 영구적 깨달음을 해탈(*Moksha*) 혹은 구원이라고 합니다.

헌: 이 구원 혹은 깨달음은 순간적입니까, 아니면 점진적입니까?

마: 지적 토대를 준비하는 데는 시간이 걸리고, 그에 힘입어 직관이 형성됩니다. 그런 시간의 길이는 경우에 따라서 천차만별일 수 있습니다. 그러나 그 직관, 곧 깨달음은 시간을 논할 수 없는 어떤 것입니다. 진아에 대한 깨달음과 시간에 대한 의식은 밀랍과 물과 같습니다.[1] 삼매 속에서는 시간에 대한 느낌이 없습니다. 빠른 혹은 지연된 깨달음으로 여겨지는 것은 실은 깨달음에 이르는 준비 과정에서의 빠름이나 지연이지, 깨달음 그 자체에서 그런 것은 아닙니다.

헌: 확고한 깨달음을 얻으려면 베다나 최소한 3전범典範(*Prasthanatraya*)[『바가바드 기타』, 주요 우파니샤드, 『브라마경』과 그 주석서들]을 공부하는 것이 필

---

1) *T.* 녹은 밀랍은 물처럼 보이지만 물이 아니다. 또한 밀랍과 물은 한데 섞이지 않는다. 즉, 이것들은 서로 완전히 별개라는 의미이다.

요하지 않습니까?

마: 아닙니다. 그대 자신을 보는 데 그런 모든 것이 필요합니까? 그 모든 것은, 만일 남들이 의문이나 어려움을 제기하거나 그대 자신이 사고 과정에서 그런 문제들을 만난다면 그것을 설명하는 데 유용한 지적 재산입니다. 그러나 깨달음을 얻기 위해 그 모든 것이 필요하지는 않습니다. 그대는 신선한 물을 마시고 싶을 뿐이고, 그대의 갈증을 해소하기 위해 갠지스 강의 모든 물이 필요하지는 않습니다.

헌: 해탈자(*Mukta*)[깨달음을 얻은 자]의 정확한 태도는 어떤 것입니까? 그는 자신이 깨달았고, 완전한 진인이라는 것, 자신이 무지의 속박, 곧 윤회에서 벗어났다는 것, 자신이 신 혹은 진아 혹은 3요소(*triputi*)[보는 자, 보이는 것, 봄의 세 요소] 모두라는 것, 자신이 실재하는 단 하나의 것이고 이 모든 현상들은 실재하지 않는다는 것을 의식합니까?

마: 그런 것들은 모두 지적인 개념입니다. 어떤 개념도 깨달음이 아닙니다. 지성을 뒤로 하고 진아에 대한 직관을 확고히 해야 합니다. 완전한 깨달음을 성취하고 나면, 이 모든 개념들 중 어느 것도 필요하지 않고, 확고함을 보장하는 보조수단으로서조차도 필요치 않습니다. 사람은 계속 "나는 사람이다, 나는 자유롭다, 나는 의식하고 있다"는 식으로 중얼거리지 않습니다. 깨달음은 단순한 의식이고, 그와 같은 생각들로 복잡해지지 않습니다.

헌: 그때는 비이원론(*advaita*)만이 진리입니까? 깨달음을 얻었을 때 이원론(*dvaita*)과 한정비이원론(*visishtadvaita*)은 그릇된 것입니까? 그 관점에서 보자면, 진인은 존재의 단일성을 깨닫지 않습니까?

마: 그는 단일성을 깨닫기도 하고 깨닫지 않기도 합니다. 비이원론·이원론·한정비이원론은 깨닫기 전의 그 개인의 태도를 표현합니다. 그

런 것들도 지적인 개념입니다. 깨달음 속에는 체험한 횟수 같은 그런 어떤 것도 없습니다. 즉, 단일성과 다수성의 어떤 대비도 없습니다. 하나와 다수의 이런 다툼들은 깨달음 밖에 있습니다.

헌: 실재는 오직 하나 아닙니까?

마: 경전에서는 그것을 두고 "말이 마음과 함께 도리 없이 돌아 나오는 곳(Yatho vacho nivartante aprapya manasa saha)"(『따이띠리야 우파니샤드』, 2.9.1)이라고 말하지요. 그렇다면 왜 그대가 그것에 심적인 개념들을 부과해야 합니까?

헌: 그러나 경전들은 "마음에 의해서만 그것을 알 수 있다(Manasa eva boddhavyam)"2)고 덧붙임으로써 스스로 모순되고, 그 상태를 쁘라냐나 가남(Prajnana ghanam)[절대적 자각]이라고 묘사하지 않습니까?

마: 거기서 '마음(manas)'이라는 용어는 깨달음에 의해 그것으로 변화된 마음(tadakara)을 뜻합니다. '따뜨(tat)'[그것]·'지혜'·'의식' 등의 용어들이 사용되는 것은 그것들이 그것에 가장 가깝게 근접하기 때문입니다.

헌: 경전에는 각종 행복이나 즐거움이 다른 종류에 대해 갖는 비율이나 비례를 보여주는 어떤 표가 나오는데, 이 깨달음은 그 계열에서 열두 번째입니다.3) 이것은 이 깨달음이(거기서는 스와루빠난다(Swarupananda)나 브라마난다(Brahmananda)라고 불리지만) 상대적이라는 것을 보여주지 않습니까? 그것은 단지 한 학도의 행복의 십억 곱하기 십억 배일 뿐입니다. 이것을 절대적이라고 부를 수 있습니까?

마: 주석자들은 그 단어도 근사치(upalakshana)라고 말합니다. 그 말은,

---

2) 『까타 우파니샤드』, 2.1.11("마음에 의해서만 그것이 얻어진다(manasaivedam aptavyam)")와 비교해 보라.
3) T. 『따이띠리야 우파니샤드』, II.8.1.에서는 심신이 건강하고 세상의 모든 부를 지닌 젊은이의 행복을 기준으로, 그보다 백배씩 높아가는 행복의 수준들을 10단계로 열거하는데, 여기서는 다른 문헌이나 주석자가 12단계로 늘려서 설명한 것을 인용한 듯하다.

깨달음의 상태는 어떤 학도의 행복이라는 단위에 비할 때 무한히 행복하다는 뜻입니다. 하나와 무한은 비교가 되지 않습니다. 무한자가 곧 **절대자**인데, 행복·지식·힘 등의 점에서도 마찬가지입니다.

헌: 진인은 진지(*Jnana*), 곧 깨달음을 얻고 나서도 선한 행위들(*karmas*)을 해야 하지 않습니까?

마: 이 질문은 앞서 깨달음에 대해 이야기한 것이 이해되지 못했음을 보여줍니다. 진인에게는 진지 외에 아무것도 없습니다. 변화·다수성·행위자 관념 등을 의미하는 행위(*karma*)는 지적·물리적 장場들 안에서만 존재합니다.

헌: 그러나 영靈과 특정한 몸의 조합인 한 사람이 탐구(*vichara*)로써 진보하여 깨달음을 성취할 때, 그 사람의 몸은 깨달음을 얻은 뒤에도 이전 행위의 결과로 계속 일을 하게 되지 않겠습니까?

마: 진인의 관점에서 보자면, 어떤 속박(*bandha*)이나 해탈(*moksha*)도 결코 없었고, 어떤 몸도, 어떤 행위도 결코 없었습니다. 관찰자의 견지에서는 하나의 몸이 그 몸에서 작용하는 원습(*vasanas*)에 부합하게 계속 행위를 하고 있는 것으로 보입니다. 발현업(*prarabdha*)[운명]이 무엇입니까? 활을 떠난 화살은 곧장 날아가서 표적을 맞힙니다. 그러나 진인은 활이나 화살이 전혀 없었다고 느끼는데, 화살에 맞게 될 과녁이 어디 있습니까?

헌: 그러나 우리는 화살이 움직이는 것을 봅니다.

마: 그렇다면 그대가 보기에는 발현업이 있습니다. 그러나 발현업이나 그것의 효과를 아는 사람에게 외에, 발현업이 어떤 의미를 갖습니까? 그대가 보는 그 몸은 그 진인이 아닙니다. 그것은 그가 예전에 가졌던 혹은 벗어 버린 허물입니다. 뱀의 허물은 바람에 이리저리 날릴지 모르지만, 뱀 자체는 자유롭고, 행복하고, 영향을 받지 않습니다.

헌: 그러나 이 모든 행위와 원습들은 **깨달음**에 의해 소멸될 수 있지 않습니까?

마: 진인에게는 그런 것들이 결코 존재하지 않았고, 따라서 그에게 그것들이 소멸되어야 한다고 말하는 것은 아무 의미가 없습니다.

헌: 그러나 우리의 수행을 위해서는 우리가 자신의 행위를 제거하거나 그것을 중화하기 위해 신에게 기도하고, 우리의 **해탈**을 앞당기는 것이 올바르지 않습니까?

마: 올바르지요. 그대가 더 높은 힘들과 다르다고 느끼는 한, 그대에게 짐들이 있다고 느끼는 한, 그것들에 관해 기도하십시오. 그러나 이왕이면 쁘라빠띠(*prapatti*)[자기순복의 상태]를 성취하고, 그대의 짐 전체를 하느님께 맡기십시오. 그러면 그가 그대의 등에서 짐을 가져가면서, 그대가 그의 안에 있고, 그와 하나라는 느낌을 그대에게 안겨줄 것입니다.

헌: 스와미님, 어떤 사람들은 몸·감각기관·마음의 변화나 활동은 삼매(*samadhi*)에 장애라고 말하는 반면, 다른 사람들은 그것이 꼭 그렇지는 않다고 말합니다. 그들 중 누가 옳습니까?

마: 둘 다 옳습니다. 합일무상삼매(*kevala nirvikalpa samadhi*)에서는 마음이 일시적으로 진정되어 활동이 없지만, 아직 죽지는 않았습니다. 그것은 심잠心潛(*laya*) 상태이지 심멸心滅(*nasa*) 상태가 아닙니다. 따라서 대상들이 몸·감각기관과 접촉하고 있을 때나 마음이 다른 방식으로 발휘될 때는, 삼매라는 그의 가는 실이 끊어집니다. 그러나 본연무상삼매(*sahaja nirvikalpa samadhi*)로 알려진 완전한 삼매의 경우에는, 그 삼매 상태가 영구적으로 되고, 우리의 성품의 일부가 됩니다. 대상들은 그의 몸·감각기관들과 접촉할 수 있고, 그의 마음도 작용하고 있을지 모르지만, 그의 삼매는 동요되지 않습니다. 이것이 어떻게 가능합니까? 한 가지 비유가

그것을 잘 보여줄 것입니다. 한 소년이 음식을 먹지 않고 잠이 듭니다. 잠이 깊이 드는 아이여서, 힘들게 깨웠다 해도 겨우 음식을 좀 삼키게 할 만큼만 깨우는 것이 고작입니다. 아이는 그때 먹는 것을 거의 의식하지 못하고, 나중에 아침에 깨어나서도 먹은 기억이 없습니다. 또, 우리가 늘 보는 황소달구지 모는 사람의 경우를 들어봅시다. 그들은 앉은 채로 혹은 달구지 안에 누워서 자지만, 황소들은 달구지를 바로 목적지로 끌고 갑니다. 이 두 경우에서 공히, 소년이나 그 사람은 잠으로 인해 몸의 움직임을 까맣게 모릅니다. 본연삼매의 경우 몸의 소유자는 **의식-지복**에 도취되어 있어, 몸의 움직임이나 변화를 까맣게 모릅니다.

6
마하르쉬의 친존(親存)에서 얻은 가르침

Crumbs from His Table

by Ramanananda Swarnagiri

(First Edition, 1936; Ninth edition, 2012)

스리 라마나께 바치는
헌사

오, 인도자들의 영적 인도자이신 당신! 오, 스승들의 스승이신 당신! 오, 샹까라의 화신이신 당신! 오, 라마·크리슈나의 화신이신 당신! 바라보심만으로 무지의 구름을 몰아내시는—아니, 육체의식이라는 환幻에 대한 최강의 소멸자이신—당신, 스리 사드구루(Sadguru)의 형상으로 당신의 비천한 헌신자에게 당신 자신을 나투는 분이시여, 당신의 성스러운 두 발에 바치는 이 하찮은 헌사를 부디 받아주시고 저를 이끌어 주시며, 오, 저의 목표를 비추는 빛나는 빛이신 당신, 저를 당신과 하나 되게 하소서.

라마나난다 스와르나기리

제3판 간행사

　20년 넘게 절판되었던 이 귀중한 보석 같은 책을, 여러 헌신자들의 요청에 따라 이제 다시 찍게 되어 매우 기쁘다. 스리 바가반은 이 책을 좋아하셨고, 종종 어떤 헌신자들에게 이 책을 읽어 보라고 하셨다. 독자들도 이 작은 보물에서 즐거움과 이익을 함께 얻을 것이라고 우리는 확신한다.

1963년 12월 31일
스리 바가반의 84회 탄신일(Jayanthi)에
발행인

서문

　1936년 12월에 나는 소책자 하나를 발간했다. 그것은 1935년 내가 띠루반나말라이의 스리 라마나 아쉬람에 두세 달 머무르는 동안 스리 라마나 바가반과 나눈 대화들 일부와, 내가 있는 자리에서 내 친구들 몇 명이 당신과 나눈 대화들 일부를 담고 있는 것이었다. 이것은 당신의 성스러운 입에서 그 말씀이 떨어질 때 내가 건질 수 있었던 영적인 가르침들이다. 나에게 베풀어주신 가르침뿐만 아니라 다른 질문자들에게 베푸신 가르침들도 기록되다 보니, 외관상 다소 일관성이 없고 질문과 답변의 순서도 비논리적일 수 있으며, 어떤 경우에는 중복되기도 한다. 나는 이 책에서 그 가르침을 최대한 순서가 있게 엮어내려고 했다. 그러나 (이 책 자체에서든, 혹은 스리 바가반의 가르침에 대한 다른 출판본이나 기록본에서든) 어느 정도의 뒤섞임과 비일관성은 피할 수 없을 것 같다. 거기에는 여러 가지 이유가 있다. 첫째로, 질문자들이 여러 학파에 속하고 수행과 진보의 단계가 각기 다르며, 답변도 그들이 하는 질문의 성격에 따라 다르기 때문이다. 둘째로, 주장과 확언들에 대해 스리 바가반이 무관심한 태도를 보이시기 때문이다. 무엇보다도 셋째로, 질문자들이 당신의 답변을 정확히 기록해 두었다가 나중에 그것을 잘 표현해내는 능력이 부족하기 때문이다.

　스리 바가반은 당신의 권위 있는 출판물에서나 질문자들에 대한 답변에서 '**탐구**(Enquiry)', 즉 "나는 누구인가?"의 방법이 구원에 이르는 가장 쉽고 가장 직접적인 길이라고 거듭해서 말씀하셨지만, 언제 어디에서도 결코 다른 방법과 길들—행위 요가, 헌신 요가, 아쉬땅가 요가(Ashtanga Yoga-라자 요가) 등—을 폄하하시지 않았다. 이 점은 '진아 깨달음'이라는 항목의 한 질문에 대한 당신의 답변에서 볼 수 있다.

내가 **진아, 진리** 혹은 신에 대한 탐구에 몰두하고 있든 않든, 나에게 주신 스리 바가반의 지침은 "나는 누구인가?"에 대해 내면을 탐구하라는 것이었다. 그것은 가장 합리적인 지침이자, 순례지들을 쫓아다니기보다 내가 맨 먼저 해야 하고 알아야 할 것으로 보였다. 그렇지 않았으면 순례여행을 고려했을 것이다. 특히 당신이 자애롭게도 내가 형편 닿는 대로 공짜 기차 여행을 할 수 있게 허락하시기까지 했으니 말이다. 스리 바가반은 1936년 8월에 내가 형제 한 명의 강요로 인해 띠루빠띠 산지(Tirupatti Hills)로 잠시 여행을 가야 하는 상황에 대해, 나는 그럴 여력이 되니 여행을 가도 되지 않겠느냐고 말씀하셨다. 그 말씀의 의미는, 내가 비록 공짜 여행을 할 수 있는 편의를 얻을 수 있다 해도, 그런 곳들의 방문 성과는 당신이 보장할 수 없고, 나는 그런 여행을 할 필요가 없다는 것임이 분명했다.

당신의 가르침은 몸·마음·지성이 정화될 때까지 한없이 기다리지 말고 아예 처음부터 탐구법을 써야 한다고 당신이 주장한다는 점에서 독특하다. 이 탐구는 다년간 염송을 하기 전에는 얻지 못하는 마음의 고요함을 곧바로, 말하자면 일순간에 얻게 해 준다. 최고의 진언인 가야뜨리(Gayatri)의 의미를 알고 그것을 천만 번 염하는 수행자들도 이 점을 인정한다. 반면에 어떤 사람이 그 의미를 알고 올바른 마음가짐으로 가야뜨리를 단 한 번 염한 다음, "나는 그와 같이 명상하겠다, 그와 같이 명상하겠다"고 염하는 대신 그 진언의 의미—즉, 우리의 지성을 삶 속의 다양한 추구로 이끄는 그 힘은, 빛으로 이 지상의 어둠을 몰아내고 지상의 모든 산 존재들이 존재하고 성장하는 원인이 되는 태양 속의 힘과 동일하다는 것—를 확신하고 고요히 머물러 있으면, 이내 자신이 몸과 형상이 없이 완벽히 고요하고 무념인 그 빛 자체임을 발견하게 될 것인데, 이것은 실로 즐거운 체험이다. 이런 식으로 우리가 성취하게 되는 것은, 그저 "나는 누구인가?" 하고 물어 생각의 근원, 곧 첫 번째 생각인 '나'라는 생각을 탐색하고 '고요히' 어떤 답을 기다리면서, 은밀한 침입자 [생각이라는 원숭이]가 방해하지 못하도록 주의 깊게 방지하는 것으로도 성취된다. 스리 바가반의 가르침은 다른 행법들에 덧붙여, 그리고 그 행법들에 손해를 끼치지 않으면서 실천할 수 있고, 그것도 바로 처음부터 할 수 있으며, 헤아릴 수 없이 엄청난 이익이 있다.

첫 번에는 내가 주된 가르침만 수록하고 설명적 이야기들은 수록하지 않은 간략한 보고서를 간행했다. 왜냐하면 약간의 '빵 부스러기(crumbs)'만 맛보아도 독자들이 바가반의 손에 있는 삶 그 자체라는 빵을 추구할 마음이 족히 날 것이고, 당신과 당신의 가르침에 대한 관심을 불러일으키려는 내 뜻이 충분히 달성될 거라고 보았기 때문이다. 그러나 그 소책자가 나온 이후 내 친구 몇 사람과 다른 사람들이, 내가 경험한 것들에 대한 더 자세한 이야기, 특히 스리 바가반의 가르침을 더 많이 담은 책을 내달라고 촉구했다. 그래서 이제 그들의 매우 진지한 요구를 받들면서, 이 책의 초판을 읽어 볼 기회가 없었던 다른 사람들도 이제는 읽어 볼 수 있도록 하기 위해 이 책을 간행하게 되었다.

1937년 12월, 라마나난다 스와르나기리

1. 스리 라마나스라맘을 방문함

1933년 12월 23일, 나는 (남인도 마드라스 주) 살렘 군郡 나마깔 현縣 (Taluk) 센다망갈람의 스리 아바두따 스와미(Sri Avadhuta Swami)[1]를 방문했다. 이 스와미의 동굴이 있는 그 산 정상에서 스리 닷따뜨레야의 상像을 오른돌이 하던 중에, 학교를 갓 졸업한 스무 살이 넘지 않은 소년처럼 보이는 아주 젊은 고행자의 사진을 우연히 보게 되었다. 그 젊은 요기의 꿰뚫는 듯한 눈과 앳된 용모가 내 마음을 사로잡았다. 그리고 그 현자가 (마드라스 주, 북 아르코트 군[2]) 띠루반나말라이에 살고 있고, 완전한 진인이라는 말을 듣게 되었다.

나는 1934년 3월 30일 성聖금요일 오전 8시에 처음으로 스리 라마나스라맘을 방문했다. 스리 라마나 앞에 엎드려 절을 한 다음, 점심때인 11시 30분경까지 회당에 머물렀다. 스리 라마나도, 어느 누구도 아무 말이 없었다. 점심 식사가 끝난 뒤 대다수 방문객들은 스리 라마나의 어머니 삼매지, 곧 사당 맞은편의 돋운 지대에 앉았다. 나는 옆에 앉아 있던 한 신사에게, 내가 오염 상태[3]에 있어서 어떤 성자나 진인으로부터 어

---

1) *Avadhuta*는 일상적인 평범한 세계의 일체를 내버린 사람으로서 어쩌면 살가리개조차 벗어버린 외모로 상징되며, 최고의 영적 자유를 특징으로 하는 깨달은 고행자를 의미한다. 그러나 이제 이 단어는 깨달았든 않든 살가리개를 벗어버리고 알몸으로 돌아다니는 고행자를 의미하는 것으로 통상 이해되며, 그것이 깨달음보다 우선시된다. 그래서 내가 그를 찾아간 것은, 한편으로 사람이 어떻게 성욕을 제어하면서 알몸으로 있을 수 있는지 알고 싶은 호기심에서였고, 다른 한편 그의 가르침을 받는 은총을 얻기 위해서였다.
2) *T.* '마드라스 주'는 현재 타밀나두 주이며, 띠루반나말라이는 이제 타밀나두 주의 '띠루반나말라이 군'에 속한다.
3) 힌두들 사이에서는, 어떤 사람의 사촌에게 자식이 태어나면 처음 열흘간은 그 사람이 오염 상태라고 말한다.

떤 영적 가르침도 얻을 수 없는 것이 유감이라고 말했다. 지난 몇 달간 그런 가르침에 대한 갈망이 내면에서 솟구치고 있었기 때문이다. 나는 지난 12월에 센다망갈람에 갔는데, 여정을 시작하기 직전에 한 형제의 아내가 쌍둥이를 낳았다. 또 이곳으로 올 때는 맘발라빠뚜에서 다른 형제의 아내가 방금 아이를 낳았다는 소식을 들었던 것이다. 마드라스 항만재단의 은퇴한 회계관인 라오 바하두르 나라야나 아이어라는 분이 나에게 오염이나 그 밖의 무엇도 걱정할 필요가 없다고 했다. 왜냐하면 스리 라마나는 오염이건 비오염이건 영적인 가르침(upadesa)을 주지도 않고, 누구에게서 가르침을 받지도 않기 때문이라는 것이었다.

내가 최근에 센다망갈람으로 아바두따 스와미를 찾아간 적이 있었기 때문에, 나라야나 아이어 씨는 그 스와미가 행한 어떤 기적(siddhis)에 대해 아는 것이 있느냐고 꼬치꼬치 물었다. 나는 그런 것은 모른다고 하면서, 그 스와미가 샅가리개도 걸치지 않고 다년간 세간을 돌아다니고 있다고 해서, 그의 소위 기적들에 대해 알아보거나 그것을 우러르기 위해서라기보다 성적인 절제를 얻는 법을 알기 위해 찾아가 보고 싶은 충동을 느꼈기 때문이라고 말했다. 또 나는 스리 라마나와 아바두따 스와미가 띠루반나말라이에서 함께 사신 적이 있다고 들었는데, 만약 스리 라마나께서 말씀을 하시게 내가 설득할 수 있으면 그 스와미에 대한 정확한 묘사를 들을 수도 있지 않겠느냐고 덧붙였다. 이 말에 동의한 회계관은 스리 라마나께서 앉아 계시던 회당으로 나를 데려갔다.

회당에 들어서자 나라야나 아이어 씨 자신이 스리 바가반께 그 센다망갈람 스와미(일명 깔빠뚜 스와미)를 아시느냐고 여쭈었다. 바가반은 안다고 하면서, 그를 훌륭한 무욕인無慾人(vairagya purusha)[강력한 무집착의 정신을 가진 사람]으로 묘사하셨다. 이 용어는 어떤 사람을 성자나 스와미로 지칭하는 데 필요한 다른 모든 자질을 내포한다고 생각되기 때문에, 나는 아이어 씨에게 더 이상의 질문이 필요 없다고 했다. 그러나 그는 거기서 멈추지 않고, 스리 바가반께 그 아바두따가 어떤 기적을 행한 것을 아시느냐고 여쭈었다. 스리 바가반은 모른다고 대답하셨다. 그러자 나라야나 아이어는 나에게 몇 가지 질문을 해 보라고 부추겼다. 나는 무슨 질문을 해야 할지 몰라서 주저했지만 아이어 씨가 계속 부추기는 바람에, 스리 바가반께 당신과 아바두따 스와미 두 분이 같은 곳에서 한동안 따빠스(*tapas*)를 하신 것은 사실 아니냐고 여쭈었다. 스리 바가반은 그렇다고 하면서, 그것은 산 위의 한 망고나무 아래서였다고 대답하셨다. (아이어 씨가) 질문을 몇 가지 더 해보라고 했지만, 나는 그렇게 하지 못했다. 그러는 동안 계속 스리 바가반은 마치 질문을 기다리는 것처럼 나를 바라보셨다. 그래서 더 이상 안 되겠다 싶어 이렇게 말했다. "제가 당신께 몇 가지 질문을 더 드리기를 바라는 분이 있는데, 무엇을 여쭈어야 할지 모르겠습니다."

2. 감로 방울들

바가반: 그대는 누구입니까?

제자: 저는 나라야나스와미입니다.

바: 그대가 이야기하는 그 '나'를 대표하는 것은 그 몸입니까, 입입니까, 손입니까?

제: 입, 혀, 몸, 모두가 합쳐져서 '나'를 구성합니다.

바: (그 제자를 가리키며) 이것은 누구의 몸입니까?

제: 저의 몸입니다.

바: 그러니까 그대는 그 몸과 다르군요? 그대는 소유주이고 몸은 그대의 소유물이군요?

제: 이제 제가 저의 몸과 다르다는 것을 알겠습니다만, 그래도 제 몸과 저의 '진아' 간의 경계선을 분명하게 보지 못합니다. 저는 제가 누구인지 보지 못합니다.

바: 그 질문을 그대의 '진아'에게 해 보십시오. 그러면 그대가 누구인지 알게 될 것입니다.

제: 누구에게 그 질문을 던지며, 어떻게 던져야 합니까?

바: 그대의 '진아'에게 그 질문을 던지고, 그 '나'가 솟아나는 원천을 추적하십시오. 그러면 그 답이 그대에게 다가올 것입니다.

나는 나라야나 아이어 씨나 다른 사람들이 말한 것과는 반대로, 스리 라마나 바가반이 가르침(upadesa)[영적인 지침과 인도]을 베풀지 않는 것이 아니라 실제로 탐구할 뭔가를 주신 거라고 느꼈다. 나는 이 가르침에 만족했고, (타밀어로 된)『당신의 생애와 가르침』한 권을 사서 바로 그날 밤 아쉬람에서 읽었다. 읽으면 읽을수록 스리 바가반에게 끌렸고, 당신이 보이시는 모범과 당신의 가르침은 이제까지 들어 본 그 무엇보다도 더 가슴에 와 닿았다.

다음날 나는 몇 명의 친구와 가까운 친척 한 사람과 함께 산스크리트어와 타밀어에 해박한 한 학자를 찾아갔다. 그는 한때 지역위원회 고등학교들 중 한 곳의 산스크리트어 교사였고, 바가반이 초년에 사셨다고 하는 대다수 장소들 가까이에서 살던 사람이었다. 바가반이 저녁이면 앉으셨다는 한 장소에 갔을 때는, 내가 그곳의 흙을 조금 집어서 (힌두들이 어떤 사람을 존경할 때 흔히 그렇게 하듯이) 이마에 바르고 그 중 일부를 입에 넣었다. "그런 성인이 앉았던 땅 자체가 성스럽고, 그분의 발자국들은 천상의 모든 세계들만큼이나 값어치 있다"고 느꼈기 때문이다. 내 친척은 즉시 화를 내면서, 내가 스리 라마나를 신격화한다고 이의를 제기했다. (전통에 충실한 철학파에 속한) 그에 따르면, 스리 라마나는 당신 어머니의 장례식을 거행하여 마누(Manu)[힌두법의 입법자]의 금법禁法을 위반했고, 이것은 고행자는 자신의 부모와 더 이상 어떠한 관계도 맺지 않아야 한다는 확립된 규칙에 반하는 것이었다. 고대의 전승지傳承知를 원용한 그의 주장을 논박할 만큼 많이 배우지 못한 나는, 스리 라마나는 인간 행위에 대한 규범을 제정할 모든 권위를 가진 현시대의 마누이지만, 당신은 주로 영적인 인도에 집중하고 있다는 점에서 마누보다 훨씬 더 높은 차원에 있다고 항변했다. 그러나 불행히도 내 친척은 내가 무지하게도 성인(마누)의 명예를 훼손했으니 곧 과보를 받을 거라고 하면서 저주까지 덧붙였다. 10분이 채 되지 않아 평지로 내려오던 그는 아주 작은 돌부리에 걸려 땅바닥에 곤두박질쳤다. 몇 걸음 앞서 걷던 나는 길모퉁이를 돌아가 있었는데, 한 친구가 나를 다시 불렀다. 가서 보니 친척은 부상을 입었을 뿐만 아니라, 넘어질 때 다친 다리 하나가 퉁퉁 부은 채 한 오두막에 의식불명으로 누워 있었다. 나는 그곳으로 달려가 말이 끄는 달구지 한 대를 불러 그를 기차역으로 데려갔다. 응급처치를 한 다음 찬물을 그의 얼굴에 덮어씌우면서 마실 물 등을 좀 주자, 그가 의식을 회복했다. 그의 저주와 그 즉시 일어난 그 사고 간의 연관성에 대해서는 독자들이 나름대로 판단하시기 바란다. 그에게는 지금도 불가해한 사건이지만 말이다.

  나는 기적을 추구하는 것을 좋아하지 않고, 스리 바가반께서도 당신이 어떤 초능력을 가지고 있다고 주장하지 않으시지만, 당신 때문에 그런 일들이 일어났다고 하는 사람들은 무수히 많다.

  나는 그해 5월 27일과 10월 20일에 다시 스리 라마나를 방문했다. 5월의 경우 불과 두 시간만 머물렀다. 10월의 경우 하루 동안 머물렀는데, 이때 스리 라마나스라맘의 도감都監(아쉬람의 운영 책임자)인 스리 니란자나난다 스와미(Sri Niranjanananda Swami)가 가벼운 기분으로 나에게 말하기를, 만약 스리 라마나의 은총을 온전히 받는 이익을 얻고 싶으면 최소한 닷새는 아쉬람에 머무를 결심을 하는 것이 좋을 거라고 했다. 나는 그 말의 진정한 의미를 이해하지 못했고, 그때는 그렇게 머무르는 데 대해 별로 열의가 없었다. 그러나 스리 라마나를 처음 뵌 날부터 "나는 누구인가?"의 탐구를 계속 닦고 있었다.

3. 당신의 메신저

1935년 7월 14일 일요일, 나의 직속상관인 한 신사가 아난단[타밀어로 지복의 경험자라는 뜻이다]이라는 이름의 자기 친구를 데리고 내 집을 찾아와서 그 친구의 안내자로 스리 라마나스라맘에 함께 가줄 수 있느냐고 물었다. 나는 죄송하지만 어렵겠다고 했다. 그러나 상관은 고집하면서 이 문제를 다시 생각해 보고 다음 화요일까지 최종 답변을 달라고 했다. 화요일에 상관은 띠루반나말라이까지 내 기차 왕복 여비를 대 주겠다고 했는데, 이 대화를 나누고 있을 때의 느낌은 마치 스리 라마나께서 이 상관의 몸을 빌려 여비를 대줄 테니 가라고 하시는 것 같았다. 그래서 더 이상 망설임 없이, 안내자로서―아니 오히려 친구의 안내자 역할을 스리 라마나를 찾아뵙는 구실로 삼아―스리 라마나스라맘으로 가는 것을 승낙했다.

그래서 나는 1935년 7월 17일 수요일 아침에 스리 라마나 앞에 당도해 있었다. 가는 동안 나는 바가반께 몇 가지 질문을 드려서 더 자세한 설명을 들을 수 있겠다고 생각했으나, 아쉬람에 도착하자 너무 쑥스럽고 자신이 없어 질문을 하지 못했다. 내 마음 상태를 자주 뒤집어 놓은, 혹은 그렇다고 생각한 것 한 가지는, 내가 결혼생활을 하면서 육욕적 사고와 행동의 여지를 만들고 있다는 것이었다. 그러나 그 질문을 스리 바가반께 감히 드리지는 못했다. 그 이유는, 만약 바가반이 그 해법은 출가하여 모든 세간적 삶의 속박을 단절하는 거라고 답변하시면, 나는 당시 그것을 받아들일 준비가 되어 있지 않았기 때문이다. 뿐만 아니라 그 질문 자체가 그러한 성인께 드리기에는 너무 주제넘은 것으로 보였다. 그러나 스리 바가반은 내가 그리 쉽게 불만족스러운 채로 넘어가게 내버려 두시지 않았다.

이내 한 젊은 신사가 들어와서 스리 바가반 앞에 자리를 잡았다. 그가 당신 앞에 무릎을 꿇고 울면서 던진 바로 첫 번째 질문은 이러했다. "당신께서 저의 꾼달리니(kundalini)[1]를 일으켜주셨는데, 그 결과 저는 직장까지 그만두게 되었습니다. 그러나 스리 바가반께서 권하시는 **자기탐구**(Atma Vichara)를 하려고 애쓰고는 있지만, 저에게는 장애로 보이는 한 가지 문제로 힘들어 하고 있습니다. 제 마을에서는 저의 집 맞은편에 사는 젊은 여성에게 마음이 자주 끌립니다. 제 욕망을 제어할 수가 없습니다. 어떻게 해야 합니까?"

스리 바가반은 그에게 차분히 물으셨다. "누가 끌립니까?" 그가 대답했다. "저입니다. 그녀를 볼 때마다 제 마음이 그녀에게로 가고, 그녀와 함께 있고 싶다는 생각 따위가 제 마음 속으로 몰려듭니다." 스리 바가반은 그에게 이런 질문들을 해 보라고 하셨다. "누가 보며, 누가 끌리는가? 누가 육욕으로 심란해지는가? 누구의 안에서 욕망들이 일어나는가?" 그리고 덧붙이시기를, 그런 질문을 하는 순간 그 모든 생각들이 그를 떠나는 것을 발견할 거라고 하셨다.

---

[1] 입문하지 않고 계발이 덜 된 수행자들에게는 잠재해 있다고 생각되는 몸 안의 신적인 힘 (shakti).

4. 약간의 체험과 봉헌

1935년 7월 17일과 18일 사이 밤, 오전 4시에 나는 평소에 하던 좌선을 했는데, 눈을 감자마자 절대적인 내면의 고요가 있었다. 이것이 30분은 족히 지속되었다. 왜냐하면 그 체험 이후 손목시계를 보았기 때문이다. 이 체험 도중 나는 마치 많은 개미들이 등을 타고 올라오는 것 같고, 어떤 부드럽고 무해한 불이 온통 몸 주위에서 이글거리며, 나 자신은 몸이 없이 그 빛과 합일된 것처럼 느껴졌다. 그 빛은 보슬비가 내릴 때의 저녁 햇살과 비슷했다. 눈에서는 눈물이 방울방울 흘러내렸다. 이 체험이 끝나자 나는 탄성을 질렀고, 좌선을 끝내면서 평소처럼 염주를 세기 시작했다. 오전 8시까지 이것을 누구에게도 이야기하지 않았지만, 8시경에 목이 메고 앞서와 같이 눈에서 눈물이 솟구치는 바람에, 폴 브런튼의 『비밀 인도에서의 탐색(A Search in Secret India)』의 일부 장들에 나오는 첫 번째와 네 번째 인상과 비교해 보지 않을 수 없었다. 이렇게 목이 메고 이어서 목소리가 막히는 것을 보신 스리 바가반이 무슨 일이냐고 물으셨다. 그러자 나는 새벽에 있었던 그 체험을 말씀드렸다. 스리 바가반은 모든 것이 곧 좋아질 거라고 하셨다.

조금 뒤 내가 (위 책에서) 꿈바꼬남의 까마꼬띠 사원(Kamakoti Peeta) 승원장인 스리 자가드구루 샹까라짜리야[1])가 브런튼 씨에게 **진아지**眞我知에 대한 질문에 관해 그를 일깨워 줄 수 있는 두 명의 성자를 찾아가 보라고 조언하는 대목에 이르러, 그 중 한 분은 스리 라마나였지만 다른 한

---

1) T. 꿈바꼬남 까마꼬띠삐따(Kamakotipeeta)의 제69대 샹까라짜리야(1894-1994).

분이 누구인지 알고 싶었는데, 그분이 당시 뜨리치노폴리 인근의 마하다나뿌람에 거주하던, 지금은 돌아가신 스리 라마난다 스와미2)라는 것을 알게 되었다. 이것은 브런튼 씨와 동행하여 칭글푸트(Chingleput)로 스리 샹까라짜리야를 방문했던 K. S. 벤까따라마니 씨[언론인이자 저술가]의 이야기에 따른 것이다. 나는 마하다나뿌람에서 아주 가까운 곳에 살고 있었고, 이미 스리 바가반께 센다망갈람의 아바두따 스와미를 만나보았다고 말씀 드린 적이 있었기 때문에, 바가반께서 나에게 스리 라마난다도 만나본 적이 있느냐고 물으셨다. 나는 그를 만나보지는 못했지만 지금 듣고 보니 만나보고 싶다고 대답했다. 그리고 그의 책을 읽으면 나 같은 사람은 도무지 구원을 성취할 가망이 없다고 거의 절망하게 되는데, 왜냐하면 내가 생애의 태반을 그 스와미가 비종교적이고 죄스럽다고 여길 그런 방식으로 살아 왔고, 베다에 대한 지식도 없고 브라민에게 필수적인 행법들도 닦지 않고 있으니 해탈(mukti)[구원]이라는 문제를 제기할 자격조차 없기 때문이라고 덧붙였다. 나는 구원을 열망하지만, 방대한 산스크리트 문헌—그 점에서는 다른 문헌들도 마찬가지지만—에 대한 공부를 하겠다고 고집하는 것이 하나의 걸림돌로 보인다고 했다. 그리고 나는 그 나이의 내 생활 상태에서는 도저히 어찌해 볼 수 없는 이 상황을 벗어날 어떤 방법이 있는지 알고 싶었는데, 가능한 해법으로 보이는 것을 발견하고 그 모든 의문을 스리 라마나의 손에 놓아 드린 뒤로는 더 이상 달리 누구도 찾아가 보고 싶은 마음이 없다고 했다.

스리 바가반은 방대한 공부나 고등교육은 **진아 깨달음**에 필수적인 것이 아니며,3) 때로는 도움이 되기보다 장애가 될 수 있다고 말씀하셨다.

---

2) *T. Sri Ramananda Swami*(1867-1936).
3) *Cf.* "자기 자신에 대한 겸허한 앎이 학문에 대한 깊은 탐색보다 신에게 다가가는 더 확실한 방도이다." — 토마스 아 켐피스, 『그리스도를 본받아(*Imitation of Christ*)』.

교육을 많이 받은 빤디뜨는 일반인보다 더 큰 세간연世間緣(samsara)[가족]을 거느리고 있다는 것이었다. 일반인은 '진아' 탐구의 직접적인 장애물이 처자식과 몇 명의 친척·친구들에 집중되어 있고, 만약 그런 사람이 부단한 탐구로써 이런 속박들을 끊을 수 있으면 구원에 이르는 길을 순조롭게 나아가는 반면, 빤디뜨는 가족 등의 직접적 유대를 끊는 것에 더해 자신이 읽은 다양한 책들이 안겨주는 의문과 절망들도 끊어야 하며, 사실 이 길의 한 단계에서는 자신이 읽은 것들을 잊어버리려고 노력할 필요가 있을 것이었다. 바가반은 진아지가 참된 지知이고, 공부로 얻은 어떤 지식도 그에 비할 바가 아니며, 진아지 혹은 진아 깨달음은 공부를 아무리 많이 해도 얻어지는 것이 아니고 수행에 의해서만 얻어진다고 덧붙이셨다. 나는 당신이 이렇게 거듭 확인해 주신 것이 얼마나 큰 위안과 안도가 되었는지 이루 말할 수가 없다.

나는 1935년 7월 21일 일요일까지 아쉬람에 머물렀는데, 이때 이전의 직업생활로 돌아가지 않고 차라리 바가반 곁에 영구히 머무르고 싶다고 말씀드렸다. 바가반은 당신이 시간과 공간에 속박되지 않으니, 내가 어디에 머무르든 걱정할 필요가 없다고 답변하셨다. 그 말씀은, 당신의 은총을 얻기 위해서일 뿐이라면 꼭 당신 곁에 있을 필요가 없다는 것이 분명했다. 나는 먼 나라 사람들이 보내온 편지에서 아직까지 그들이 스리 라마나를 뵙지는 못했지만 매일 당신에게서 인도를 받고 있다고 말한 것들을 읽어 보았기 때문에, 이 보증 말씀을 쉽게 납득하고 22일 아침에 직장으로 돌아갔다.

내가 아쉬람으로 가기 전에 친구 한 명이 (라마크리슈나 정사精舍의) 스리 스와미 브라마난다가 쓴 『영적인 가르침』이라는 책을 준 것이 있었는데, 225쪽에 있는 다음 구절은 특히 내가 아쉬람에서 그 체험을 한 뒤로 강하게 마음을 사로잡았다. 그래서 집에 돌아오자마자 스리 라마나 스라맘의 스리 니란자나난다 스와미에게 편지를 보내어, 그 이후로 나는 스리 라마나에 대한 봉사에 자신을 봉헌奉獻했다고 말했다.

보통 사람들은 스승(Guru)이라는 말을, 제자의 귓속에 어떤 만트라를 속삭여 주는 사람으로 이해한다. 그들은 그가 참된 스승의 모든 자격을 보유하고 있는지 여부에 신경 쓰지 않는다. 그러나 오늘날 그러한 개념은 근거를 잃고 있다. 이제는 깨달은 영혼 외에는 영적인 교사의 자격이 없는 것으로 인식된다. 본인이 그 길을 모르는 사람은 그것을 남들에게 보여줄 수 없다.

5. 스승님 곁에서 살기

　1935년 9월 14일의 새벽 4시에 나는 평소의 내적인 고요함을 얻을 수 없었다. 그래서 마음속으로 스리 바가반께, 당신께서 은총을 내려주지 않으셨다고, 그래서 한결같이 마음의 평정 상태를 유지하지 못한다고 항의했다. 그러나 그 순간, 고요한 작은 목소리가 내면에서 이렇게 말하는 것이 들렸다. "만약 그대가 실망을 느낀다면 나에게 다시 오는 게 좋겠지." 나는 어떻게 하겠다고 결심하지는 않았으나, 돌아오지 않겠다는 결의와 함께 집을 떠났고, 결국 어느 스와미에게서 얼마간의 위안을 얻고 좋은 집중력을 회복할 수 있었다. 그때 문득, 스리 샹까라짜리야가 그토록 높이 평가하여 이야기했던, 내 집 근처 아주 가까이에 살고 있는 스리 라마난다에게서 뭔가를 얻을 수 있을지 모른다는 생각이 들었다. 그래서 그날 저녁 그곳으로 갔다. 그날 밤은 스와미를 만나지 못해 친구 한 명과 같이 머물렀고, 아침에 카우베리 강에서 목욕을 했다. 그 직후 강둑에 앉아 명상을 해 보니 명상이 잘 될 뿐만 아니라 그 상태가 평소보다 오래 지속되었다. 오전 11시경에 스와미를 만났더니, 스와미는 내가 읽은 것에 대해서는 묻지 않고, 무엇을 체험했는지, 그리고 어떤 어려움이 있는지를 물었다. 그것을 이야기하자, 스와미는 자기가 보기에 나는 **심잠**心潛(*manolaya*)[1])을 얻은 것 같다면서, **참스승**(*Sad-Guru*)을 찾아가 봐야 할 거라고 말했다. 그는 나에게 가야뜨리 염송(*Gayatri Japa*)에 집중해 보라고 했다. 나는 그의 친존에서 매우 행복감을 느꼈고, 내적인 고

---

1) 그 의미에 대해서는 뒤에 나오는 제8장을 보라.

요함을 즐겼다. 나는 그에게 가벼운 마음으로, 왜 그의 책 『힌두적 이상 (The Hindu Ideal)』에서 말한 것과는 달리 (짧은 머리에 산스크리트를 모르고 정통 브라만 계급의 일과日課 의례를 지키지 않는 현대화된 브라민인) 나를 용납했는지 물었다. 그는, 자신이 그 책을 쓴 것은 진아 깨달음의 길을 보여주기 위해서였을 뿐이고, 과거의 업으로 인해 나와 같은 단계에 도달한 사람이 새롭게 학문을 시작해야 한다는 뜻은 아니었다고 했다. 그의 지침들은 매우 안목을 틔워주는 것이었고 이해하기 쉬웠다.

나는 일요일 밤, 마하르쉬께서 부르신다는 어떤 가시적 확증을 얻게 될 거라는 느낌을 가지고 집으로 돌아왔다. 아니나 다를까, 월요일에 사무실에 출근하자 1935년 9월 14일자[내가 온갖 문제와 내면에서 나온 답을 들었던 바로 그 날짜]로 바가반의 오랜 제자들 중 한 분이 보낸 편지가 와 있었다. 편지에는 무엇보다도 다음 문장이 들어 있었다.

바가반의 은총에 의해, 형편을 보아서 즉시, **가능한 한 가장 빠른 기회**에, 이곳에 와서 직접 당신의 축복을 받으시기 바랍니다.

나는 이것을 내면으로부터의 그 메시지에 대한 확인으로 간주했고, 그래서 고용주에게서 두 달간 휴가를 얻었다. 이 기간 내에 더 진보했다는 어떤 구체적인 증거라도 있으면 가족 인연을 완전히 끊고 직장을 그만둔 뒤 전적으로 진아 깨달음에 매진하기를 바라면서 말이다. 당시 일흔이던 어머니는 아들이 출가할지 모른다는 생각에 우셨다. 그것은 내가 당신을 버리는 것으로 보였기 때문이다. 이때 나는 스리 라마나께 어머니를 위로해 드릴 수 있게 해 달라고 기도했고, 타밀어 시구 하나가 떠올랐다. 그 의미는, 닭을 자신이 깨고 나온 계란껍질 속으로 도로 집어넣을 수 없듯이, 무지의 껍질을 깨고 나온 영혼은 더 이상 무지로 도로 떨어질 수 없다는 것이었다. 무지의 소멸, 몸이 자기라는 환幻의 소멸과 함께, 영혼은 결코 다시는 탄생과 죽음으로 돌아올 수 없는 것이다.

6. 열의 혹은 믿음

> 믿음은 지知에 필수불가결하다.
> *Sraddhāvāl labhate jñānam*
> —『바가바드 기타』, 4:39

내가 지난 7월 스리 라마나스라맘을 찾았을 때, 스리 라마나의 위대한 작품인「실재사십송(*Ulladu Narpadu*)」에 대한 주석 하나를 보고 그것을 필사하고 싶었지만, 겨를이 없어 하지 못하고 집으로 왔다.

그래서 이번에 다시 아쉬람에 돌아와서 맨 처음 한 일이, 스리 바가반에게서 그것을 한 부 얻어 직접 필사한 것이었다. 일정 정도의 어려움과 긴장(분명 바닥에 앉아서 계속 쓰기 작업을 하는 데 익숙하지 않은 탓이겠지만)은 있었지만, 내가 열의(*sraddha*)를 가지고 이 작업을 하는 것을 보신 바가반은, 아쉬람의 오랜 상주자 두 명과 그때 당신 앞에 있던 몇 명의 방문객들에게 이른바 스랏다(*sraddha*), 즉 목적에 대한 열의가 어떤 것인지 보여주기 위해, 어느 출가수행자(*sannyasi*)와 그의 제자들에 대한 이야기를 들려주셨다.

한때 여덟 명의 제자를 둔 한 스승이 있었다. 하루는 그가, 제자들 전원이 자신이 보관하고 있던 공책에서 자신의 가르침을 필사하기를 바랐다. 그들 중 한 명은 출가하기 전에 태평한 삶을 영위했던 사람이었는데, 직접 필사를 하지 못했다. 그래서 그는 동문 제자에게 2루피 정도를 주고 자신을 위해서도 한 부를 필사해 달라고 부탁했다. 하루는 스승이 그 필사본들을 점검하다가 두 권이 똑같은 필체로 되어 있는 것을 알고 제자들에게 경위를 물었다. 필사자와 필사를 부탁한 사람이 진실을 고했다. 스승은, 진실을 말하는 것은 구도자의 필수적 자질이기는 하나, 그것만으로는 사람이 자신이 목표에 도달할 수 없고 스랏다[목적에 대한 열의]도 필요한데, 자신의 노력을 남에게 맡긴 제자는 그것을 보여주지 못했으므로 제자 될 자격이 없다고 말했다. 그 제자가 작업의 대가로 돈을 준 것에 대해서도, '구원'은 그보다 더 비싼 대가가 필요하며, 그는 자신의 밑에서 훈련 받기보다는 구원을 돈으로 사고 싶으면 얼마든지 사도 된다고 통렬하게 말했다. 그러면서 스승은 그 제자를 내보냈다.

필사 과정이 지루해서 내가 그 책을 끝내지 못했을지도 모르던 차에, 이 이야기는 나에게 그것을 전적으로 내 손으로 필사하고, 거기서 말하는 목표를 향해 힘써 부단히 노력하게 하는 적지 않은 추동력을 주었다. 그 이야기를 여기서 하는 것은 다른 구도자들을 격려하기 위해서이다.

7. 마음의 제어

> 마음이야말로 인간의 속박과 자유의 원인이다.
> *Mana eva manushyānām kāranam bandhamoksha yoh*
> — 『암리따빈두 우파니샤드』, v.2

헌신자: 저는 아직 제 마음을 제어하는 법을 터득하지 못했고, 그래서 북인도에서 독살이(*ekantavasam*)[홀로 살아가기]를 할 생각입니다. 스리 바가반의 은총을 받고 싶습니다.

바가반: 그대는 독살이를 위해 멀리서 띠루반나말라이까지 왔고, 그것도 바로 라마나 바가반의 직접 친존에, 그리고 바로 옆에 있는데도 그 마음의 고요함을 얻지 못한 것 같군요. 그대는 지금 다른 데로 가고 싶어 하는데, 거기 있다 보면 또 다른 데로 가고 싶겠지요. 그러다가는 그대의 여행에 끝이 없을 것입니다. 그대는 이런 식으로 그대를 몰고 다니는 것이 그대의 마음이라는 것을 깨닫지 못하고 있습니다. 그것을 먼저 제어하십시오. 그러면 어디에 있어도 행복할 것입니다. 그대가 비베카난다의 강의록을 읽어 보았는지 모르겠으나, 제 기억에 그는 책의 어디에선가 자기 그림자를 묻으려고 한 사람의 이야기를 들려주었습니다. 그 사람은 땅을 파서 자기 그림자를 묻으려고 했지만 구덩이에 흙을 덮을 때마다 그 위에 그림자가 다시 나타났고, 그래서 결코 그림자를 묻을 수 없었습니다. 자신의 생각을 묻으려고 하는 사람의 경우도 그와 같습니다. 따라서 우리는 생각이 솟아나는 바로 그 근원에 도달하여 생각, 마음, 욕망을 뿌리 뽑으려고 해야 합니다.

헌: 제가 저 너머 산 위에서 한두 시간을 보냈을 때는, 이따금 여기서 보다 더 나은 평안을 발견했습니다. 그것은 홀로 있는 곳이 결국은 마음 제어(mind-control)에 더 이롭다는 것을 말해줍니다.

바: 그렇지요, 하지만 만약 그곳에 한 시간 더 머물렀다면 그곳도 그대가 이야기하는 평온함을 주지 않는다는 것을 발견했을 것입니다. 마음을 제어하면 지옥조차도 그대에게 천당이 될 것입니다. 홀로 있음, 숲에서 살기 등 다른 모든 이야기는 잡담에 지나지 않습니다.[1)]

헌: 만약 홀로 있기나 출가가 필요하지 않다면, 스리 바가반께서 열일곱 살 때 여기 오실 필요는 어디 있었습니까?

바: 이것[당신 자신을 뜻함]을 여기로 데려온 것과 같은 힘이 그대를 집에서 떠나게 해야 한다면, 얼마든지 그러라고 하십시오. 그러나 그대 자신의 노력으로 집을 버리려고 해 봐야 아무 소용없습니다. 그대가 해야 할 일은 수행, 즉 부단한 자기탐구 수행입니다.

헌: 현자들[성자와 진인들]과의 친교를 구하는 것이 필요하지 않습니까?

바: 그렇지요. 그러나 최고의 사뜨-상감(sat-sangam-현자들과의 친교)은 그대의 '진아' 안에 머무르는 것입니다. 그것이 진정한 혈거六居(guhavasam)[동굴 거주]이기도 합니다. 혈거란 그대의 '진아' 속으로 물러나는 것입니다. 현자와의 친교는 확실히 큰 도움이 되겠지요.

헌: 저는 제가 염하는 만트라의 뿌리를 추적해서도, 만약 제가 "나는 누구인가?"의 탐구를 한다면 얻게 될 그런 생각의 고요함을 얻는 것 같

---

1) Cf. "인간들은 끊임없이 시골이나 바닷가 혹은 산중으로 물러나 수행하고 싶어 한다. 그리고 그대 자신도 그런 것을 갈망하는 경향이 있다. 하지만 이 모든 것은 어리석은 짓일 뿐이다. 왜냐하면 매 시간 얼마든지 그대 자신 속으로 물러날 수 있기 때문이다." —마르쿠스 아우렐리우스.
"여기저기로 달려가도 그대는 안식을 찾지 못하겠지만, 더 높은 분의 처분에 겸손히 복종하면 안식을 찾을 것이다. 장소들에 대한 상상과 거주지 변경이 많은 사람을 속여 왔다." —토마스 아 켐피스, 『그리스도를 본받아』.

습니다. 이런 식으로 제가 만트라를 계속하면 무슨 해로움이 있습니까? 아니면 "나는 누구인가?"만 하는 것이 필수적입니까?

바: 아닙니다. 어떤 생각이나 만트라의 근원을 추적해도 되고, 계속 그렇게 하다 보면 그대의 물음에 대한 답을 얻게 됩니다.

헌: 염송이나 만트라의 효과는 무엇입니까?

바: 방향 돌리기(diversion)지요. 마음은 하나의 통로, 생각들의 한 급류이고, 만트라는 그 물을 필요한 곳으로 돌리기 위해 이 흐름의 물길을 막는 둑이나 댐입니다.

헌: 어떤 때는 생각의 고요함이 찾아온 뒤에, 처음에는 만일 우리가 돌아가는 방앗간 한복판이나 근처에 있다면 듣게 될 소리와 비슷한 어떤 소리가 들리다가, 조금 지나면 증기기관이 기적을 울리는 것 같은 소리가 들리곤 합니다. 집에 있을 때는 명상을 할 때만 그랬는데, 여기서는 제가 당신 앞에 있든 아쉬람을 돌아다니든 관계없이 그 소리가 계속 들립니다.

(주: 이제는 그 소리가 윙윙거리는 꿀벌 소리처럼 경험된다.)

바: 그 소리를 누가 듣는지 물으십시오. 이따금 그 물음을 반복하십시오.

8. 마음의 제어 대對 마음의 소멸

헌신자: 저는 '나'가 솟아나는 근원에 대해 탐구하다 보면 마음이 고요한 단계에 도달하는데, 그 너머로는 더 이상 나아갈 수 없습니다. 이때는 아무 생각도 없고, 하나의 텅 빔, 어떤 공백 상태가 있습니다. 은은한 빛이 충만한데 저는 그것이 몸이 없는 저 자신이라고 느낍니다. 몸과 형상은 인식되지도 않고 보이지도 않습니다. 그 체험은 거의 반시간가량 지속되며 즐겁습니다. 영원한 행복[자유, 구원 또는 그것을 뭐라고 부르든]을 얻기 위해 필요한 것은 이런 체험이 여러 시간, 여러 날, 여러 달 동안 유지될 수 있을 때까지 그 수행을 계속해 나가는 것이 전부라고 제가 결론 내리면 옳겠습니까?

바가반: 그것은 구원을 뜻하지 않습니다. 그런 상태를 심잠心潛(mano-laya), 곧 생각의 일시적 고요함이라고 합니다. 심잠은 일시적으로 생각의 움직임을 정지시키는 집중을 의미합니다. 이 집중이 끝나자마자 예전에 하던 생각과 새로운 생각들이 평소처럼 밀려드는데, 설사 이러한 마음의 일시적 진정 상태가 천 년을 간다 하더라도, 그것은 결코 생각의 완전한 소멸, 즉 구원 혹은 생사해탈이라고 하는 것에 이르지 못할 것입니다. 따라서 수행자는 늘 정신을 바짝 차리고 있어야 하며, 이러한 체험을 하는 자, 그 즐거움을 아는 자가 누구인지를 내면에서 탐구해야 합니다. 이 탐구를 하지 못하면 오랜 황홀경이나 깊은 잠[요가 수면(Yoga nidra)]에 빠지게 될 것입니다. 많은 사람들이 수행의 이 단계에서 적절한 인도를 받지 못해 자신이 구원을 성취했다는 착각에 빠졌고, 소수의 사람들만이

전생에 한 선행의 공덕에 의해, 혹은 특단의 은총에 의해 목표에 무사히 도달할 수 있었습니다.

스리 바가반은 이어서 다음과 같은 이야기를 들려주셨다.

바: 어떤 요기가 갠지스 강둑에서 여러 해 동안 따빠스(*tapas*)를 하고 있었습니다. 그는 고도의 집중에 도달하자, 그 단계를 오랜 기간 동안 유지하면 구원을 이룰 거라고 믿고 그것을 닦았습니다. 하루는 깊은 집중에 들어가기 전에 갈증을 느끼자, 제자를 불러 갠지스 강에서 마실 물을 조금 떠오라고 했습니다. 그러나 제자가 물을 가져오기도 전에 그는 삼매(요가 수면)에 들어 버렸고, 수많은 세월을 그 상태에 머물러 있었습니다. 그 세월 동안 많은 강물이 다리 밑을 흘러갔습니다. 그가 이 상태에서 깨어났을 때, 맨 먼저 요구한 것은 "물! 물!"이었습니다. 그러나 그의 제자도 갠지스 강도 보이지 않았습니다.

그가 깨어나서 맨 먼저 요구한 것은 물이었는데, 왜냐하면 깊은 집중에 들어가기 전에 그의 마음 가장 겉층에 있었던 생각은 물이었고, 그 집중이 아무리 깊고 오래갔다 하더라도 그는 자신의 생각들을 일시적으로 가라앉힐 수 있었을 뿐이었기 때문입니다. 따라서 그가 의식을 회복하자 가장 겉층에 있던 그 생각이, 둑을 터뜨리는 홍수처럼 엄청난 속도와 힘으로 튀어나온 것입니다. 명상에 들어가기 직전에 형태를 갖춘 생각이 이러하다면, 그 전에 더 깊이 뿌리 내린 생각들도 여전히 절멸되지 않고 남아 있으리라는 것은 의심할 여지가 없습니다. 생각의 절멸이 구원이라면, 그가 구원을 성취했다고 할 수 있겠습니까?

수행자들(*sadhakas*)은 마음의 이 일시적 고요함[심잠心潛, *manolaya*]과 생각의 영원한 소멸[심멸心滅, *manonasa*] 간의 차이점을 좀처럼 이해하지 못합니다. 심잠心潛에서는 생각의 물결이 일시적으로 가라앉는데, 설사 이 일시적 기간이 천 년을 간다 하더라도 그렇게 일시적으로 고요해진 생각들은 심잠이 끝나자마자 다시 일어납니다. 따라서 우리는 자신의 영적인 진보를 주의 깊게 지켜보아야 합니다. 생각이 고요해지는 그러한 상태에 빠져들지 않도록 해야 합니다. 그것을 체험하는 순간, 의식을 회복하여 이 고요함을 체험하는 자가 누구인지를 내면에서 탐구해야 합니다. 어떤 생각도 침입하지 못하게 하는 동시에, 이러한 깊은 수면[요가 수면] 또는 자기최면에 빠져서도 안 됩니다. 이런 체험은 목표를 향해 진보하고 있다는 징표이기도 하지만, 구원으로 가는 길과 요가 수면이 갈라지는 분기점이기도 합니다. 구원에 이르는 쉬운 길, 직접적인 길이자 가장 빠른 지름길은 탐구법입니다. 이러한 탐구에 의해 그대는 생각의 무리를 더 깊이 몰아넣어, 결국 그 근원에 이르러 그 안에 녹아들게 할 것입니다. 그럴 때 내면에서 나오는 반응이 있을 것이고, 그대가 모든 생각을 일거에 소멸해 버린 뒤 거기서 휴식하고 있음을 발견할 것입니다.

생각의 이러한 일시적인 고요함은 우리의 통상적인 수행 과정에서 자동적으로 나옵니다. 그것은 우리가 진보하고 있다는 분명한 징표이지만, 그것을 수행의 최종 목표로 착각하여 속을 위험이 있습니다. 정확히 여기서 영적인 인도자가 필요하며, 그 인도자는 그렇지 않으면 아무 소득 없이 낭비될 구도자의 많은 시간과 기력을 덜어줍니다.

이제 나는 자신의 진보에서 이 중요한 가르침을 얻을 바로 그 지점에 와 있었고, 자신도 모르게 그리고 자신의 뜻에 반해 상관의 개입을 통해서 스리 라마나께 오게 되었다는 것을 깨달았다. 나는 길이 나뉘는 지점, 즉 한편으로는 우리를 생각의 소멸[구원]로, 또 한편으로는 요가수면[오랜 깊은 잠]으로 이르게 하는 그 지점에 정확히 와 있었던 것이다. 이 단계에서는 길을 보여주는 자나 도로 표지판이 필요했고, 길을 보여주는 자는 반드시 개인적 스승, 깨달은 영혼의 형상을 하고 있어야 했다. 내가 스리 라마나라는 깨달은 영혼 앞에 와서 그런 가르침을 얻게 된 것은 아마 순전히 전생의 공덕행에 의해서였지, 금생에 한 '알려진 특별한 공덕'에 의한 것은 결코 아니었을 것이다. 그렇지 않았다면 아마 위에서 이야기한 갠지스 강둑의 그 현자와 마찬가지로 헤매고 있었을 것이다. 다음 그림이 이 점을 아마 잘 보여줄 것이다.

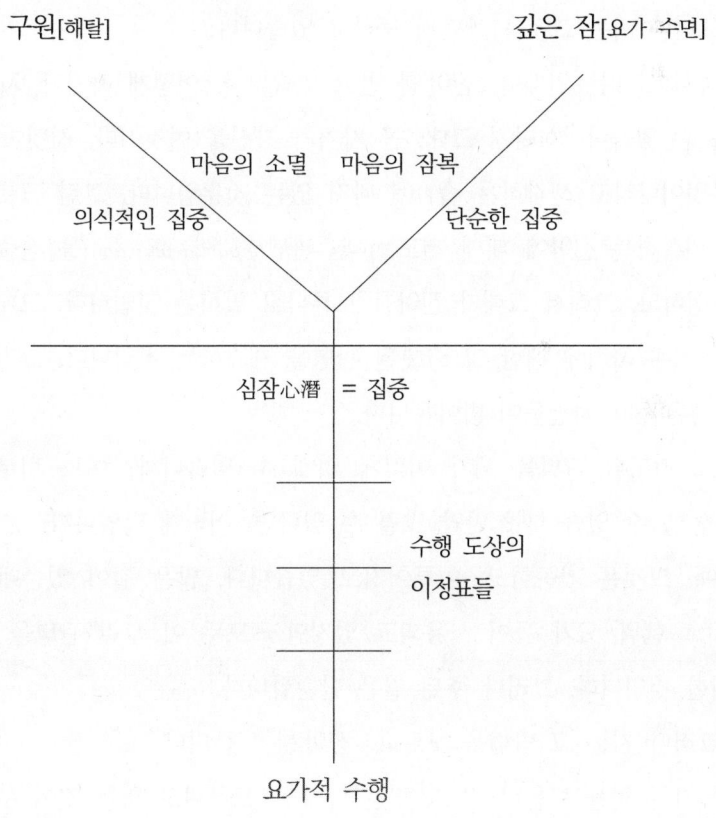

9. 진아 깨달음

헌신자: 제가 '진아'에 대한 지_知를 얻을 수 있습니까? 그러니까, 제가 '진아'에 대한 직접적인 깨달음을 얻을 수 있습니까?

바가반: 왜요? '자기'(진아)를 모르는 사람이 누가 있습니까? 누구나 '자기'에 대한 체험을 가지고 있습니다.

헌: 그러나 저는 그것을 깨닫지 못하고 있습니다.

바: 사실 그대는 언제나 "진아"를 알고 있습니다. 어떻게 자기가 '자기'를 모를 수 있습니까? 단지 그대, 곧 자기가 자신을 이것이다, 저것이다, 다른 무엇이다라고 생각하는 습習에 빠져 있는 것뿐입니다. 그런 그릇된 관념이 현존하는 진아에 대해 전도顚倒된 관념(viparita bhavana)을 산출하거나 구성하고, 그래서 그대가 진아를 모른다고 말하는 것입니다. 그대가 해야 할 일은 자기에 대한 그 그릇된 관념을 제거하는 것입니다. 그러면 진아지 혹은 진아 깨달음이 밝아옵니다.

헌: 그 전도된 관념을 제가 어떻게 없앨 수 있습니까? 여느 범부도 그것을 없앨 수 있습니까? 만약 그럴 수 있다면, 어떻게 말입니까?

바: 예. 그것은 가능하고, 이루어지고 있습니다. 많은 길이 있는데—헌신·지知·행위·요가 등이 사용되고 있지만—모두 이 분리 관념을 없애기 위한 것입니다. 그러나 주된 길은 단순합니다.

헌: 그러나 저는 그 방법을 모르고, '진아'를 모릅니다.

바: 누가 무엇을 모릅니까? 그 질문을 하고, 모른다고 하는 것이 누구인지를 탐구해 들어가십시오. 일단 그 질문을 던지고 '나'를 탐색해 들어

가다 보면 그 '나'는 사라집니다. 그럴 때 남아 있는 것이 진아지 혹은 진아 깨달음입니다.

헌: 그러나 거기에 어떻게 도달합니까? 스승의 도움이 필요하지 않습니까? 신의 도움이 필요하지 않습니까?

바: 왜요? 수행에서는 그 모든 것이 사용됩니다. 그러나 궁극적인 탐구에서는, 즉 목표에 도달하고 나면, 사용한 방법과 수단들 그 자체가 목표임을 발견하게 됩니다. 스승은 궁극적으로 신임이 드러나고, 신은 그대 자신의 진정한 '자아'임이 드러납니다.

헌: 그러나 우리가 이 탐구(vichara)에서 진보하려면 스승의 은총이나 신의 은총이 필요하지 않습니까?

바: 그렇지요. 그러나 그대가 하고 있는 탐구 그 자체가 스승의 은총 또는 신의 은총입니다.

헌: 당신의 은총으로 저를 축복해 주시기를 청합니다.

마하르쉬님은 한동안 침묵을 지키며, 영원한[본연의(sahaja)] 삼매에 들어 있는 당신의 그 묵연한 친존이야말로 늘 존재하는 도움이라는 것을 보여주신다. 갈증이 난 질문자가 그것을 마시고 영적인 갈증을 해소하는 것이다. 그런 다음 당신이 말씀하신다.

바: 그대의 탐구를 계속해 나가십시오.

헌: 어떻게 말입니까? 저는 어떻게 해나가야 할지 모르겠습니다.

바: 누가 모릅니까? 그대는 '나'라고 말하면서 '나'를 모른다고 합니다. 어느 누가 자기 자신을 모를 수 있습니까? 그것은 우스울 만큼 불가능하지 않습니까? 성취하거나 알아야 할 다른 어떤 것이 있다면 그것을 성취하거나 아는 데 어려움을 느낄 수 있을지 모릅니다. 그러나 항상 존재하고 피할 수 없는 '나'의 경우, 어떻게 그것을 모를 수 있습니까? 그대는

부단히 싸워서 그대의 거짓된 '나'의 관념을 없애야 합니다. 그것을 하십시오.

헌: 그렇게 하는 데는 스승의 도움이 필요하고도 유용하지 않습니까?

바: 그렇지요, 그대가 탐구를 시작하도록 하기 위해서 말입니다. 그러나 그대 자신이 탐구를 해야 합니다.

헌: 이 일은 어느 정도까지 스승의 은총에 의존할 수 있습니까? 어느 지점까지 그 탐구 자체를 해 나가야 합니까?

바: 그대의 마지막 그릇된 관념이 파괴될 때까지―진아를 깨달을 때까지는, 탐구로써 그릇된 관념들을 이렇게 계속 파괴해 나가야 합니다.

헌: 저는 남들을 어떻게 도울 수 있습니까?

바: 그대가 도울 누가 있습니까? 남들을 도와야 하는 그 '나'는 누구입니까? 먼저 그 점을 밝혀내십시오. 그러면 일체가 저절로 풀릴 것입니다.

헌: 저의 노력에서, 이스와라[신]의 도움으로 말하면 기도, 숭배 등으로 그것을 확보해야 하지 않습니까? 그것이 도움이 되지 않겠습니까?

바: 이스와라의 은총과 그것에 대한 숭배 등은 모두 목표에 도달하지 못한 한에서 사용하는, 또 사용할 필요가 있는 중간적 단계들입니다. 목표에 도달하면 신이 곧 진아입니다.

헌: 구체적으로 어떤 단계들이 도움이 되겠습니까?

바: 그것은 각 경우의 상황 나름입니다.

헌: 저에게는 어느 길이 가장 적합합니까? 신에 의해 모든 도움이 주어지지 않겠습니까?

바: 헌신·지知·행위·요가―이 모든 길은 하나입니다. 신을 모르면서 그대가 신을 사랑할 수 없고, 신을 사랑하지 않고 신을 알 수도 없습니

다. 사랑은 그대가 하는 모든 것에서 드러나는데, 그것이 행위(Karma)입니다. 심적인 지각의 계발[요가]은 그대가 신을 제대로 알거나 사랑할 수 있기 전까지 필요한 예비 단계입니다.

헌: "나는 신이다"라고 계속 생각해도 됩니까? 그것은 올바른 수행입니까?

바: 왜 그런 생각을 합니까? 사실 그대가 신입니다. 그러나 누가 "나는 사람이다, 나는 사람이다"라고 계속 생각하거나 말합니까? 어떤 상반되는 생각, 예컨대 자신이 짐승이라는 생각을 내려놓아야 한다면, 그럴 때는 물론 "나는 사람이다"라고 말할 수도 있겠지요. 그 사람의 잘못된 상상에 따라 자신이 이것이나 저것이라고 믿는 그릇된 관념을 분쇄하는 경우에 한해서, 자신이 그런 것들이 아니고 신 또는 진아라는 관념을 수행 삼아 가져볼 수는 있겠지요. 그러나 수행이 끝나면 그 결과는 전혀 어떤 생각(예를 들어 "나는 신이다"와 같은)이 아니고, 진아 깨달음일 뿐입니다. 그것은 개념적인 생각을 넘어서 있습니다.

헌: 모두를 사랑하고, 모든 것을 알고, 모든 능력을 가진 신이 어떤 사람의 깨달음에 필요한 모든 것을 공급해 주지 않습니까?

그 탐구자 내면의 생각은 "스승이 아무리 위대하다 해도, 우리가 늘 스승의 변덕과 기분에 의존해야 하는가? 만약 그렇다면, 진아와 자기의존(독립성)의 자유는 어디 있는가?"라는 것이었다.

답변은 당신에게서 화살처럼 신속하게 곧바로 나왔다. 마치 그 탐구자 내면의 문제를 그 자신보다 더 잘 알고 계신 듯이.

바: 이 몸을(당신의 몸을 가리키며) 스승이라고 생각하지 마십시오.

헌: 진아 깨달음은 도달하기 결코 쉬운 일이 아니라는 두려움이 있습니다.

바: 왜 그대의 수행이 실패할 것을 예상하고 경직됩니까? 밀고 나가십시오. 그거면 됩니다. 진지한 구도자에게는 **진아 깨달음**이 한순간에 올 것입니다.

자나까 이야기

이 점을 보여주기 위해 스리 바가반은 언젠가 다음과 같은 이야기를 하셨다.

자나까 왕이 국가 빤디뜨(國家博士)가 낭독하는 철학논고를 듣고 있었는데, 그 중 한 구절은 말을 타는 사람이 등자鐙子에 한 발을 걸친 채 깨달음에 대해 성찰하면 다른 발을 반대편 등자에 걸치기 전에 깨달을 수 있다는 취지였다. 즉, 깨달음이 올 때는 단박에 금방 일어날 거라는 것이었다. 그는 빤디뜨에게 읽는 것을 멈추게 하고, 그 대목을 경험적으로 증명해 주기를 바란다고 했다. 빤디뜨는 자신은 이론가일 뿐이고 실제적 지혜를 전수하지는 못한다고 시인했다. 자나까는 그 구절이 거짓이거나 과장된 것이라고 했으나, 빤디뜨는 그것을 인정하지 않으려고 했다.

그 자신은 실제적 지혜를 전수할 수 없었지만, 그는 그 구절이 과거의 지혜로운 현인들이 한 말씀이기 때문에 거짓이거나 과장된 것일 수 없다고 말했다. 자나까는 빤디뜨에게 짜증이 나서 홧김에 그를 감옥에 가둬 버렸다. 그는 현자로 통하는 모든 빤디뜨에게, 만약 그 경전 구절을 증명하지 못하면 그와 비슷한 벌을 내렸다.

어떤 빤디뜨들은 투옥되는 것이 두려워 자진해서 그 나라를 떠났는데, 그들 중 두세 명이 밀림을 통과해 도피하던 중, 몸 여덟 군데가 기형인 (이 때문에 아쉬따바끄라(Ashtavakra)로 불리던 [*ashta*=여덟; *vakra*=굽은 곳])

현자를 만났다. 현자는 그들의 고충을 듣고, 자신이 그 구절을 왕에게 설명하여 투옥된 빤디뜨들을 석방시키겠다고 했다. 그의 대담한 말에 놀란 그들은 왕에게 그를 데려갔다. 현자를 보자 왕은 일어나서 큰 존경심으로 절을 했다. 아쉬따바끄라는 그에게 모든 빤디뜨를 석방하라고 명령했다. 자나까는 이런 명령적 권고는 자신의 의심을 해소해 줄 능력을 가진 사람에게서나 나올 수 있다고 생각하여, 빤디뜨들을 모두 석방했다.

그런 다음 왕과 아쉬따바끄라는 근처의 어느 숲으로 갔다. 자나까가 말의 등자鐙子 하나에 발을 걸친 다음 아쉬따바끄라에게 그 경전 구절을 증명해 달라고 했다. 현자는 그에게 그들 서로 간의 입장이 스승과 제자의 관계를 나타내는지 여부를 물었다. 이 질문의 뜻을 쉽게 이해한 자나까는 말에서 내려 아쉬따바끄라에게 절을 하고 가르침을 청했다.

그러자 아쉬따바끄라는 왕에게, 제자는 그 자신과 그의 소유물 등 일체를 스승에게 내맡긴 뒤에 브라만의 지知(Brahma Jnana)를 배워야 한다고 말했다. 자나까는 일체를 내맡겼다. 그러자 아쉬따바끄라가 말했다. "좋소!" 자나까는 멍해져서 마치 석상처럼 서 있었다. 아쉬따바끄라는 그 자리에서 사라졌다. 시간이 흘러갔고, 왕이 돌아오기를 기다리던 시민들은 자나까가 돌아올 기미가 없자, 걱정이 되어 그를 찾기 시작했다. 자나까가 아직도 서 있는 곳에 당도한 그들은, 왕이 자신들이 와 있다는 것도 모르고 그들이 진지하게 하는 질문에도 무관심한 데 놀라고 당황했다. 그들은 아쉬따바끄라를 찾으려고 했고, 그가 자기네 왕에게 어떤 마법을 걸어 둔 야바위꾼임이 틀림없다고 생각하여, 그에게 복수하겠다고 맹세했다. 하지만 그들은 왕의 상태가 걱정되었고 또 왕을 섬기고 싶었기 때문에, 왕을 가마에 태워 도시로 모셔왔다. 그러나 왕은 계속 같은 상태에 들어 있었다.

대신들이 아쉬따바끄라에게 왕에게 건 마법을 풀어서 그를 정상 상태로 되돌려 달라고 간청했다. 동시에 그들은 그가 왕에게 마법을 건 책임을 져야 한다고 말했다. 아쉬따바끄라는 그들의 무지한 말을 대수롭지 않게 취급하고 자나까를 불렀다. 그러자 자나까가 즉시 절을 하며 그의 부름에 응했다. 대신들은 놀랐다. 아쉬따바끄라는 왕에게, 자신은 왕에게 어떤 고초를 안겨주었다는 악의의 비난을 사람들로부터 받고 있으니, 그만 정상적인 기능을 회복하라고 했다. 그리고 브라만의 지(知)는 근기가 되는 사람들에게만 가르칠 수 있고, 왕은 시험을 성공적으로 통과했기에 자신이 그것을 전수해 준 것이라고 덧붙였다. 그러면서 그는 『아쉬따바끄라 기타(Ashravakra Gita)』를 짓고(그 주된 주제는 "브라만은 새롭거나 우리와 별개의 것이 아니며, 브라만을 깨닫기 위해 어떤 특별한 시간이나 장소는 필요치 않다"는 것이다), "그대가 그것이다"를 의미하는 "따뜨 뜨왐 아시(Tat Tvam Asi)"라는 말로 매듭지었다. 그것이란 영원하고 무한한 진아이다.

다음날 대신들은 왕이 회의를 소집하고 평소처럼 말하고 움직이는 것을 보았다. 대신들이 모인 궁궐에서 아쉬따바끄라가 왕에게, 경전에서 말하는 것처럼 브라만의 지(知)를 단박에 금방 얻을 수 있는지에 대한 의문이 풀렸는지, 그리고 만약 풀렸다면 말을 데려와서 그 구절의 진리성을 보여줄 수 있느냐고 물었다.

왕은 이제 아주 겸손하게 말했다. "스승님! 제가 성숙하지 못하여 그 경전 구절이 옳음을 의심했습니다. 이제 저는 그 구절의 글자 하나하나가 다 참되다는 것을 압니다."

대신들은 현자에게 감사를 드렸다.

옴! 옴! 옴!

10. 장애와 하타 요가

헌신자: 명상 등을 닦는 사람들은 새로운 병을 얻는다고 합니다. 여하튼 저는 허리와 가슴 앞쪽에 조금 통증을 느낍니다. 이것은 신의 시험이라고 합니다. 바가반께서 이 점을 설명해 주시고, 그것이 사실인지 말씀해 주시겠습니까?

바가반: 그대의 바깥에 어떤 바가반(신)도 없고, 따라서 어떤 시험도 부과되지 않습니다. 그대가 하나의 시험 또는 수행에서 오는 새로운 병이라고 믿는 것은, 실은 지금 그대의 신경과 오관에 나타나는 긴장입니다. 이제까지 나디(*nadis*)를 통해 작용하여 외부의 대상들을 감각하고, 그러면서 그 자신과 지각기관들 사이의 연결을 유지하던 마음이 이제 그 연결에서 물러나야 하는데, 이 물러남의 행위가 통증을 수반하는 어떤 긴장, 뻠 혹은 부러짐을 자연스럽게 야기하면, 사람들은 그것을 병이라고 하거나 어쩌면 신의 시험일 거라고 합니다. 그러나 명상을 계속하면서 생각을 오로지 그대의 **진아** 이해하기에, 혹은 **진아** 깨달음에만 두면 그 모든 것들은 사라질 것입니다. 이러한 끊임없는 요가, 즉 신 또는 아뜨만과의 결합보다 더 대단한 치료법은 없습니다. 그대가 오랫동안 지녀 온 원습을 버리는 결과로서 생기는 통증은 있을 수밖에 없습니다.

헌: 하타 요가 행법들은 질병을 효과적으로 물리친다고 하고, 따라서 지(知) 요가의 예비단계로서 필요하다고 합니다.

바: 그런 것들을 주장하는 사람들은 그것을 하라고 하십시오. 여기서는 그렇게 한 적이 없습니다. 모든 질병은 끊임없는 자기탐구에 의해 효

과적으로 절멸될 것입니다.

헌: 조식調息(pranayama)은 어떻습니까?

바: 그게 어떠냐고요? 저는 내쉼·들이쉼·숨멈춤이라든가 그것들의 지속시간(matras)과 같은 잘 알려진 용어들을 가지고 조식을 이야기하지는 않지만, 그것을 사용할 수는 있다고 말해 왔습니다. 마음과 생명기운은 같은 근원에서 솟아납니다. 그 중 하나의 흐름을 멈추면 자동적으로 다른 하나의 흐름도 멈춘 것입니다. 마음제어가 호흡제어보다 쉽습니다. 후자는 암소의 젖을 억지로 짜는 것과 같고, 전자는 암소에게 풀을 먹이고 등을 부드럽게 토닥여 주며 어르는 것과 같습니다.

스리 바가반이 하루는 하타 요가 등에 관해 말씀하시다가 쁘라부링가(Prabhulinga)[1]의 생애에 나오는 일화 하나를 다음과 같이 들려주셨다.

링가야트 파(Lingayat sect)[지금은 주로 마이소르 주에서만 성행한다]의 창시자인 쁘라부링가가 영적인 성향의 사람들을 고양시켜 주기 위해 나라를 주유周遊하고 있었습니다. 그가 고카르남(Gokarnam)[인도 서해안의 고아에서 몇 킬로미터 남쪽에 있는 힌두 순례지]의 유명한 요기 고라크나트(Gorakhnath)를 만났습니다. 이 요기는 존경스럽게 그를 맞이했으나, 원소들을 지배하는 자신의 비상한 능력을 자랑스럽게 의식하고 있었습니다. 그는 이 손님이 자신과 거의 비등한 사람일 것으로 여겼고, 그를 만나서 기쁘다고 했습니다. 그리고 인사를 하면서 그가 누구인지를 물었습니다.

쁘라부링가는, 에고를 뿌리와 가지째 소멸해 버리고 '그 자신'을 깨달은 사람만이 자신이 누구인지 알 수 있는데, 사멸할 육신에 집착하는 비실체인 사람에게는 뭐라고 말할 수 있을지 모르겠다고 대답했습니다.

---

1) *T.* 카르나타카 지역에서 주로 활동한 12세기의 신비가-성자. 보통 알라마 쁘라부(Allama Prabhu)로 알려져 있다.

자신의 몸을 **자기**와 동일시하고 있던 고라크나트가 대답했습니다. "시바의 은총을 얻고 굴리까(*Gulikas*)2)를 먹어서 육신의 불멸을 얻은 그런 사람만이 결코 죽지 않을 것입니다. 따라서 그러한 불멸을 얻지 못한 사람은 죽습니다."

쁘라부가 말했습니다. "당신은 마치 어떤 불멸의 몸 안에 있는 존재가 당신의 진정한 존재이고 그 몸의 죽음은 당신의 죽음인 것처럼 말씀하시는군요. 분명히 당신은 그 몸 자체가 당신의 **진아**라고 생각하는 듯합니다. 무지한 대중들만이 당신에게 필적할 수 있을 것입니다[즉, '당신은 비록 유명한 싯다이고 요기이기는 하나, 무지한 사람보다 나을 게 없습니다']. 만일 몸이 당신 자신이라면, 왜 당신은 '내 몸'이라고 말합니까? 모두가 자신의 소유물을 '내 옷, 내 금' 따위로 말합니다. 옷·금 따위와 자신을 동일시하는 사람이 '나는 옷이다, 나는 금이다'라는 식으로 말하는지 어디 말씀해 보십시오."

고라크나트가 대답했습니다. "사람들은 '나는 생각한다', '나는 걷는다' 등으로 말합니다. 그런 경우에 그 '나'가 무엇을 의미하는지 부디 말씀해 주십시오."

쁘라부가 말했습니다. "'나는 생각한다'는 생각하는 기능과의 연관을 의미합니다. 다른 경우들도 그와 마찬가지로 몸, 감각기관 및 기능들과의 연관을 의미합니다. 반면에 만약 '나'가 그것들과 같다면 얼마나 많은 '나'들이 있는 것입니까? 당신은 하나의 덧씌움(superimposition)3)을 실재로

---

2) 굴리까는 몇 가지 약초로서, 고까르남 근처의 사히야드리 산지(Sahyadri hills)에서 구할 수 있는 것으로 생각된다. 어떤 사람들은, 유명한 성 사비에르(St. Xavier)가 이것을 먹어서 육신이 여전히 썩지 않은 채 고아에 남아 있다고 주장한다. 그 성분은 몸의 활력을 증진하여 그것이 수백 년 동안 썩지 않게 하는 것으로 생각된다.
3) *T*. 한 토막의 밧줄을 뱀으로 착각하는 경우, 실재하는 밧줄 위에 실재하지 않는 뱀이 덧씌워진다고 이야기한다. 즉, 이것은 **실재**를 가리는 그릇된 환幻을 의미한다.

착각하고 있습니다."

고라크나트는 쁘라부에게 "나는 목숨을 잃는다"는 말의 의미가 무엇인지를 설명해 달라고 했습니다. 다른 목숨을 잃는 하나의 목숨이 있느냐고 말입니다.

쁘라부가 말했습니다.

"생명기운이 '목숨'이라는 말의 진정한 의미이지만, 진아도 비유적으로는 '목숨'이라고 합니다. 진아는 존재・지知・지복이라고 하는 경전 말씀에도 불구하고, 당신은 왜 살과 피, 뼈와 지방 등으로 이루어진 사멸할 몸을 자신과 동일시하여 당신 자신을 망치려 하십니까? 끝없는 탄생과 죽음의 반복을 불러오는 물건인 이 몸에 염오厭惡(싫음)를 느끼고 자유(해탈)를 얻는데 전념하는 사람은, 마치 길에서 무심코 혐오스러운 똥을 밟은 사람처럼 염오심厭惡心으로 이 몸을 바라볼 것입니다."

"현자는 더 이상 몸을 받지 않도록 해 달라고 시바에게 기도하는데, 이는 마치 어떤 사람이 단번에 질병에서 벗어나기 위해 약을 먹는 것과 같습니다. 당신이 신의 은총으로 그 몸을 영원히 지속시키려고 든다는 것은 놀라운 일 아닙니까? 그것은 병자가 그 병을 영원히 지속시키기 위해 약을 먹는 것과 마찬가지 아닙니까?"

"설사 그런 영광스러운 몸이 태어난 적이 있다 한들, 그것이 죽음을 만나지 않은 적이 있습니까? 위로 던져 올린 돌이 땅으로 돌아오지 않는 경우는 한 번도 없습니다. 그와 마찬가지로, 시작이 있는 것은 언젠가 끝이 있을 수밖에 없습니다. 태어나지 않은 어떤 것이 있다면 그것은 죽지 않고 머무를 수 있겠지만 말입니다."

"당신이 약을 복용하고 신의 은총을 얻어 육신의 불멸을 얻었다고 하는 것은, 당신이 그 몸을 가지고 살 날이 무한하다는 가정에 기초한 것과 다름없습니다. 그런 가정은 유지될 수 없습니다. 오! 위대한 고행자시여! 최소한 이제부터라도 구원을 얻기를 바라십시오."

고라크나트는 설득당하지 않았고, 자신의 입장에서 한 치도 물러서지 않으려고 했습니다. 그는 쁘라부에게 길고 밝은 빛의 예리한 검을 하나 건네주면서 자신(고라크나트)의 몸을 한 번 베어 보라고 했습니다. 그의 몸은 벨 수 없었지만, 쁘라부가 그에게 이번에는 자기(쁘라부)를 베어 보라고 했을 때, 고라크는 쁘라부의 원자 하나도 건드리지 못했습니다. 쁘라부가 그에게 그 자신의 힘과 친척들의 힘[4]까지 동원해 보라고 했는데도 불구하고 말입니다. 이에 놀란 고라크는 쁘라부의 우위를 인정하고 브라만의 지知(Brahma Vidya)를 가르쳐 달라고 간청했습니다.

그러자 쁘라부는 고라크에게 다음과 같이 브라만의 지知를 설했습니다.

"고라크 님, 당신의 몸을 '자기'로 여기지 마십시오. 내거자(In-dweller)[동혈 거주자]를 추구하십시오. 그러면 탄생과 죽음이라는 질병을 단번에 없애버릴 것입니다. 그 동혈은 당신의 심장일 뿐이니, 그곳의 내거자를 신이라고도 하고 '내가 그것이다(I am That)'라고도 합니다."

---

4) 명백히 육욕, 분노, 정념 등의 성질이 갖는 힘이며, 이것들만이 우리와 함께 태어난다.

11. 꿈, 잠 그리고 삼매

헌신자: 꿈을 어떻게 제어할 수 있습니까?

바가반: 생시(*jagrat*)에 꿈을 제어할 수 있는 사람은 잠을 잘 때도 제어할 수 있습니다. 꿈은 생시 상태에서 받은 인상들이 꿈의 상태[즉, 깊은 잠(*sushupti*)과 구별되는 반수면 상태]에서 마음에 되살아나는 것일 뿐입니다.

질문자는 자신이 꿈에서 본 것을 언급하며 이렇게 말했다. "저는 그것이 무엇인지 알 수 없었습니다. 저의 꿈 속에 원숭이 얼굴을 한 거대한 모습들이 있었습니다."

바: 진아는 한정되지 않습니다. 한정된 형상을 산출하는 것은 마음입니다. 크기를 가진 것은 마음이고, 그것이 다른 것들의 크기를 낳습니다. 진정한 한계는 마음속에 있습니다. 마음은 **지고의 존재**와 다르지 않습니다. 금 장신구는 금 자체는 아니지만 금과 다르지도 않습니다. 마음은 **지고의 존재**가 가진 하나의 놀라운 힘, 불가사의한 힘(*shakti*)입니다. 마음이 일어난 뒤에 신, 세계 그리고 개아(*jivas*)가 나타납니다. 반면에 잠 속에서는 우리가 이 세 가지 중의 어느 것도 모릅니다. 그것이 신의 불가사의한 힘입니다. 그러나 잠 속에서 우리가 그것들을 모른다 해도, 잠 속에서도 우리가 존재했다는 것은 압니다. 마음이 일어나면서 우리는 잠에서 깨어납니다. 의식과 무의식은 마음과 관련해서만 있습니다. 생시 상태에서는 우리가 자신을 마음과 동일시합니다. 만약 지금 우리가 마음 이면의 진정한 **자아**를 발견한다면, 그런 한계들을 갖지 않을 것입니다. 깊은 잠의 상태에서는 무슨 한계가 있습니까?

헌: 제가 아는 어떤 한계도 없습니다.

바: 잠 속에서는 몰랐다고 말하는 그것 또한 마음입니다. 깊은 잠 속에서는 그대가 진정한 자아와 하나입니다. 그 틈새에서 나타나는 것 또한 사라집니다. 잠이든 꿈이든 생시 상태든 진아는 늘 머물러 있습니다. 그것은 생시 상태와 잠의 상태 둘 다의 바탕입니다. 꿈·잠·생시의 여러 상태들은 마음에게 있을 뿐입니다. 황홀경과 무의식도 마음에게 있는 것일 뿐이고, 그런 것들은 진아에 영향을 주지 못합니다.

헌: 스승님께서는 시인·미술가·서기·엔지니어 등의 사이에 아무 차이가 없다고 말씀하시겠습니까?

바: 차이는 마음 속에만 있습니다. 각자의 성향에 따라 차이점들이 존재합니다. 똑같은 두 사람이 없는 것은 원습(vasanas) 때문입니다. 무지한 마음은 사물들이 나타나는 대로 그 이미지를 포착하는 감광판과 같은 반면, 현자의 마음은 맑은 거울과 같습니다.

헌: 스승님께서는 여기 계십니까?

바: 스승이 누구입니까? 그대는 여기에 스승이 있다고 생각합니다. 그대는 스승의 몸을 보지만, 스승은 그 자신을 어떻게 인식합니까? 그는 진아, 곧 아뜨마(Atma)입니다. 그는 모두를 그 자신으로 봅니다. 그와 별개의 세계가 있을 때만 그가 한 세계를 볼 수 있겠지요. 만약 진아가 세계와 동일시된다면, 세계가 어디 있겠습니까? 어떤 창조도, 파괴도, 보존도 존재한 적이 없습니다. 존재하는 것은 늘 진아, 곧 아뜨마입니다. (그대가 말한) 그런 것들은 각자의 관점에 따라, 마음의 성숙도에 따라 나타나며, 그대가 진보하면 할수록 그런 의문들은 일어나지 않을 것입니다.

존재하는 것은 의식입니다. 의식과 존재는 다르지 않습니다. 존재는 의식, 순수한 의식, 절대적 의식과 같습니다. 그대는 제가 몸을 의식한다는 등으로 말하지만, 순수한 의식은 이 모든 것을 넘어서 있습니다. 그것은 절대적 의식입니다. 무의식에서 지고의 순수한 의식으로 옮겨가는 일은 없습니다. 자아의식과 무의식이라고 하는 이 두 가지를 포기하면 그대는 자연적 의식, 즉 순수한 의식 안에 머무르게 됩니다.

헌: 세계의 존재는 거짓이고 하나의 환幻, 즉 마야(Maya)라고 합니다. 그러나 우리는 매일 세계를 봅니다. 어떻게 그것이 거짓일 수 있습니까?

바: 거짓이라고 하는 말은, 세계라는 개념이 실재 위의 한 덧씌움이라는 의미입니다. 마치 어두운 곳에서[무지 속에서] 뱀이라는 관념이 밧줄이라는 실재 위에 덧씌워지듯이 말입니다. 그것이 마야, 곧 환幻입니다.

헌: 마야가 무엇입니까?

바: 얼음을 물로 보지 않고 얼음으로만 보는 것이 환幻, 곧 마야입니다. 따라서 마음을 죽인다느니 뭐 그런 식으로 말하는 것도 아무 의미가 없습니다. 왜냐하면 결국 마음도 진아의 불가결한 부분이기 때문입니다. 진아 안에서 휴식하는 것, 곧 진아 안에 머무르는 것이 해탈이며, 마야를 없애는 것입니다. 마야는 별개의 한 개체가 아닙니다. 빛이 없는 것을 어둠이라고 하듯이, 지知·비춤 등이 없는 것을 무지, 환幻 혹은 마야라고 하는 것입니다.

헌: 삼매(samadhi)란 무엇입니까?

바: 마음이 어둠 속에서 진아와 합일되어 있을 때 그것을 잠(nidra)이라고 합니다. 즉, 마음이 무지에 잠겨 있는 상태입니다. 의식하는, 곧 깨어 있는 상태에서 잠겨 있는 것을 삼매라고 합니다. 삼매는 깨어 있는 상태에서 진아 안에 지속적으로 머무르는 것입니다. 잠도 진아 안에 머무르는 것이지만 무의식적인 상태에서 그러는 것입니다. 본연삼매(sahaja samadhi)에서는 그 합일이 지속적입니다.

헌: 합일무상삼매(kevala nirvikalpa samadhi)와 본연무상삼매란 무엇입니까?

바: 마음이 진아 안에 잠겨 있으나 그것이 소멸되지 않은 것이 합일무상삼매입니다. 여기에는 네 가지 장애가 있는데, 1) 마음, 2) 생명기운(prana), 3) 몸, 4) 견해(drishti)의 동요가 그것입니다.

합일무상삼매에서는 우리가 원습에서 벗어나지 못하고, 따라서 해탈을 성취하지 못합니다. 상습常習(samskaras-다생의 습)이 소멸된 뒤에야 구원을 성취합니다.

헌: 우리는 언제 본연삼매를 닦을 수 있습니까?

바: 바로 처음부터입니다. 설사 우리가 합일무상삼매를 다년간 계속 닦는다 해도, 원습을 뿌리 뽑지 못했다면 구원을 성취하지 못할 것입니다.

헌: 사람들이 말하기를, 진인조차도 발현업(prarabdha)[성숙된 과거업]의 효과에서 자유롭지 못하다고 합니다.

바: 예. 남들이 보기에는 진인도 마치 그들처럼 먹고 자고, 몸의 질병을 앓으면서 자신의 업(karma)의 결과를 겪고 있는 것처럼 보입니다. 이런 후과後果들은 엔진이 멈춘 뒤에도 플라이휠(flywheel)이 자기 힘으로 계속 돌아가는 것과 같습니다. 그러나 진인은 그에 영향 받지도 않고, 자신이 그로 인한 쾌락과 고통을 경험한다고 생각하지도 않습니다. 왜냐하면 그에게는 행위자라는 생각이 없기 때문입니다.

12. 물러남과 포기

헌신자: 저는 직무에서 물러나 늘 스리 바가반 곁에 머무르고 싶은 마음이 굴뚝같습니다.

바가반: 바가반은 늘 그대와 함께, 그대의 안에 있고, 그대 자신이 바가반입니다. 이것을 깨닫기 위해 직업을 그만둘 필요도 없고, 집에서 도망갈 필요도 없습니다. 포기(renunciation-출가)란 외관상 옷, 가족 인연, 집 등을 벗어 버린다는 의미가 아니라, 욕망과 애정과 집착을 포기한다는 의미입니다. 직업을 그만둘 필요는 없고, 모든 짐을 져주는 그분께 그대 자신을 내놓으십시오. 욕망 등을 포기하는 사람은 실은 세상에 합일되면서 자신의 사랑을 전 우주로 확장합니다. 신의 참된 헌신자에게는 포기보다는 사랑과 애정의 확장이라는 말이 훨씬 더 나은 표현일 것입니다. 왜냐하면 직접적인 인연들을 포기하는 사람은 실은 애정과 사랑의 연대를 계급·신앙·인종의 경계를 넘어 더 넓은 세계로 뻗어가게 하기 때문입니다. 외관상 자기 옷을 던져 버리고 집을 떠나는 출가수행자(sannyasi)는 가까운 친족들이 싫어서가 아니라, 자신의 사랑을 주위의 다른 사람들에게로 확장하기 때문에 그러는 것입니다. 이러한 확장이 일어날 때는 자신이 집에서 도망간다고 느끼지 않고, 마치 익은 열매가 나무에서 떨어지듯이 떨어집니다. 그러기 전에 집을 떠나거나 직업을 그만두는 것은 어리석은 일입니다.

헌: 누구나 신을 볼 수 있습니까?

바: 예.

헌: 제가 신을 볼 수 있을까요?

바: 예.

헌: 제가 신을 보도록 하는 안내자는 누구입니까? 저는 안내자가 필요하지 않습니까?

바: 그대를 라마나스라맘으로 이끈 안내자는 누구였습니까? 그대는 누구의 안내로 매일 세상을 봅니까? 신은 몸·마음·지성을 넘어선 그대 자신의 진아입니다. 그대 스스로 세계를 볼 수 있듯이, 만약 열심히 노력하면 그대의 진아도 볼 수 있을 것입니다. 그 탐구에서도 그대의 진아만이 그대의 안내자입니다.

형상 있는 신과 형상 없는 신

헌: 제가 이름과 형상으로 신을 숭배할 때마다 그렇게 하는 것이 잘못이 아닌지 묻고 싶어집니다. 왜냐하면 그것은 **한계 없는 것**에 한계를 지우고, **형상 없는 것**에 형상을 부여하는 것이 될 것이기 때문입니다. 그러면서도 저는 형상 없는 신에 대한 숭배를 한결같이 고수하지 못한다고 느낍니다.

바: (누가 부를 때) 그대가 하나의 이름에 대답하는 한, 이름과 형상을 가진 신을 그대가 숭배하는 것에 대해 누가 뭐라고 할 수 있겠습니까? 그대가 누구인지 알 때까지는 형상이 있든 없든 신을 숭배하십시오.

13. 몇 가지 놀라운 사건

1. 하루는 방문객들이 모두 점심을 먹기 위해 식당으로 갔을 때 한 브라민 청년이 거기서 쫓겨났다. 이것을 본 나는 앉아서 밥을 먹고 싶지 않았지만, 마음을 가라앉히고 식사를 했다. 그러나 그 사건에 몹시 마음이 상해서 그날 오후에 받은 쁘라사담(prasadam)[스리 바가반께 올린 음식을 당신이 조금 드신 뒤 사람들에게 조금씩 나눠준 것]은 하나도 먹지 않았다. 오후 3시경 원숭이 한 마리가 회당에 들어와 내 맞은편에 앉기에, 나는 지금까지 받은 쁘라사담을 모두 원숭이에게 주려고 했다. 스리 바가반이 나를 보시고, 만일 한 놈에게 주면 다른 게으른 원숭이 수백 마리가 아쉬람으로 몰려와, 아쉬람은 수행자(sadhakas)·진인·요기 등이 안거하는 곳에서 게으른 자들의 수용소가 될 것이라고 말씀하셨다. 이와 같이 분명한 말씀을 내 마음상태와 결부시키는 사람이라면 누구나, 바가반이 나의 불편해하는 마음에 위안을 전하면서 당신은 모두에게 일체를 예정해 두고 있고, 자신을 그런 불행들과 동일시하여 헛되어 당신의 행위에 대해 걱정하는 것은 전혀 쓸모없는 일임을 납득시키고 싶어 하신 것이라고 결론 내리지 않을 수 없을 것이다.

2. 나는 스리 바가반께 질문을 드리려던 참이었는데, 막 질문하기 시작했을 때, 스리 바가반께서 브런튼 씨의 『비밀의 길(Secret Path)』 73쪽, 두 번째 문단1)을 찾아보라고 대답하면서, 거기서 말하듯이 언어는 논의

---

1) *T.* "깊은 침묵 속에서만 우리가 영혼의 음성을 들을 수 있을 것이다. 논쟁은 그것을 덮어 가리며, 너무나 많은 언어가 출현하기를 멈춘다.···"

를 덮어 가리고 사상의 묵연한 소통을 방해할 뿐이라고 말씀하셨다.

3. 스리 바가반은 열 살이 채 되지 않은 아이들 몇이 당신의 산스크리트 작품 「가르침의 핵심(*Upadesa Saram*)」을 외우는 것을 고쳐주며 도와주고 계셨다. 나는 고도로 형이상학적인 이 시의 가장 기본도 이해하지 못하는 아이들을 가르쳐 봐야 헛일이라고 생각하며, 말하자면 속으로 웃고 있었다. 스리 바가반께서 한 마디 말씀 없이 나를 돌아보시더니, 이 아이들이 비록 이 시들의 의미를 알지는 못해도, 훗날 그들이 성년이 되어 어려움에 처했을 때는 그것이 그들에게 엄청난 도움이 될 것이고, 큰 위안과 즐거움으로 그것을 회상하게 될 거라고 말씀하셨다.

14. 세 번째 방문

나는 스리 바가반을 가능한 한 자주 찾아뵙고 싶다는 욕망과, 뭔가 구체적인 진보의 증거를 얻었다고 느낄 때까지는 가능한 한 오래 찾아뵙는 것을 미루고 싶다는 상충하는 두 가지 욕망을 늘 가지고 있었다. 하지만 그러는 동안에도, 분명히 당신의 은총에 의해서였겠지만 이런 저런 작용을 통해서 당신 앞으로 떠밀려 갔다. 처음은 내 직속상관을 통해서였고, 두 번째는 텔레파시로 부름을 받고 같은 날 당신의 오랜 제자들 중 한 사람이 보내온 편지로 그것을 확인 받았을 때였으며, 이번에는 다시 정부의 한 관리가 나와 함께 아쉬람을 방문하면 즐거울 것 같다고 해서, 더 정확히는 내가 빨리 스리 바가반을 찾아뵙는 게 좋을 거라고 그가 넌지시 암시해서였다.

이번에는 보름 휴가를 내어 스리 바가반 곁에 머물렀다. 나는 자신의 퇴보와 함께 금계禁戒(*yama*)와 권계勸戒(*niyama*)[수행의 예비단계로 간주되는 규율들]를 꾸준히 지키지 못했음을 의식하여, 이번에는 앞서 두 번의 방문 때 계속 그랬던 것처럼 스리 바가반 앞에 앉거나 서지 않았다. 그러나 스리 바가반은 오전 10시경과 오후 3시 30분경에 평소처럼 경내를 둘러보시다가 내 방 안을 엿보며 여러 가지를 물어보시곤 했다. 이때는 내가 아침에는 커피와 떡을 먹고, 오후에는 한두 움큼 정도의 단순하게 요리한 채소를, 그리고 밤에는 우유 한 잔을 먹으며 살고 있었다. 온 지 열흘쯤 지난 어느 화창한 아침에는 스리 바가반이 나에게 다음과 같이 물으시며 말을 거셨다. "아침에는 커피와 이들리로 족한가?" 이 말씀의 의미는 당신의 제자들—즉, 탐구(vichara)를 하는 사람들—은 그렇게 고행을 할 필요가 없다는 것임이 분명했다. 구도자들의 이해를 돕기 위해, 여기서 이렇게 말할 수 있을 것이다. 즉, 스리 바가반은 (식사와 관련하여) 구도자들에게 필요한 것은 어떤 음식이든 생기는 대로 **아주 적당한 양을** 먹으면서, 식사 문제에서 무엇을 규정하고 분별하거나 이것저것 고르지 말아야 하는 것이 전부라는 것, 그리고 육신의 질병을 방지하고 그것을 순수하고 건강하게 유지하여 집중 등에 도움이 되게 하려면 요가 수행이 필요하다고 하타 요기들이 주장하는 것과는 대조적으로, 탐구법은 만일 절대적인 일념의 마음을 가지고 지시받은 대로 엄격히 그것을 따르면 질병의 모든 맹아들을 그것이 언제 어디서 일어나든 모두 먹어치울 수 있다고 종종 말씀하셨다는 것이다. 당신은 또한 그런 탐구자들에게는 당신 자신의 경우에서처럼 금계와 권계가 자동적으로 다가올 거라는 견해를 가지신 것처럼 보일 것이다. 당신이 말씀하시기를, 당신이 구루무르땀(Gurumurtham-띠루반나말라이 읍내의 작은 사원)에 18개월 간 계실 때 드신 거라고는 하루 종일 한 컵의 우유 혼합물뿐이었다고 하셨다. 당신의 강조점은 지속적인 일념의 탐구에 두어지며, 심지어 초심자에게도 '끊임없는 기름의 흐름(thailadhara)'과 같은 탐구는 자동적으로 안정된 자세(asana)를 가져다주고, 배고픔과 갈증, 그리고 질병에서 벗어나게 해줄 거라는 것도 분명하다. 다만 초심자는 이런 상태를 쉽게 얻지 못하고, 동요하는 자신의 습習과 싸워야 한다.

이번 방문 중 나는 스리 바가반에 대해 또 한 번 놀랐다. 교육을 잘 받았으나 직장이 없는 젊은이가 아쉬람에 규칙적으로 오고 있었다. 그는 명상 자세가 워낙 안정되어 있고 한 번에 몇 시간씩 지속적이어서, 모두는 아니라 해도 일부 사람들은 그의 급속한 진보를 거의 시기하는 것처럼 보였다. 아마도 우리의 의심을 해소해 주려고 그러셨겠지만, 스리 바가반께서 어느 날 그 청년은 신이나 진아에 대해 명상하는 것이 아니라, 당신(스리 라마나)께 직장을 얻을 수 있게 은총을 달라고 기도하는 것이라고 말씀하시고, 자신의 욕망을 이루고 싶은 세간 사람들은 그것을 얻을 수 있는 곳에서 그것을 추구해야 하며, 당신은 그의 취업을 위해 아무것도 해줄 수 없다고 덧붙이셨다. "제가 여기 있는 사람들에게 일자리를 줍니까? 저는 아무 소유물도 직업도 없는 출가인입니다." 그 청년은 겉으로는 자기 주위에서 일어나는 일을 모르는 것처럼 보였지만 이 대화의 대부분을 들었고, 나중에는 스리 바가반이 하신 말씀이 전적으로 맞는 말씀이었다고 인정했다.

체류 기간이 끝나자 나는 띠루빠띠(Tirupati)·깔라하스띠(Kalahasti)1) 등지로 여행을 떠났다. 스리 바가반께서는, 어느 모로 보나 "나는 누구인가?"의 탐구법의 효능을 확신하고 신상 숭배·염송(*japas*)·만트라 등에는 2차적 가치를 부여하는 것으로 보이는 사람이 그런 여행을 떠나는 것을 반기는 기색이 아니셨고, 내가 떠난다고 말씀드리자 간단히 "그래, 그래" 하면서 가보라고 하셨다. 나는 일곱 산2), 빠빠비나삼(Papavinasam) 폭포3), 깔라하스띠, 스리 비야사 아쉬람4), 예르뻬두(Yerpedu), 까일라사나타 꼬나이(Kailasanatha Konai)[폭포들]5), 나가리 북기(Nagari Buggi) 사원6)과 폭포들, 띠루따니(Tiruttani) 사원 등지를 순례했다. 그러는 동안 내내, 바가반께서 말씀은 안 하셔도 명백히 이 여행에 찬성하지 않으셨다는 것

---

1) *T.* 띠루빠띠 동쪽에 있는 힌두 성지. '5대 원소' 사원들 중 하나가 이곳에 있다.
2) *T.* 유명한 순례성지 띠루빠띠의 띠루말라 벤까떼스와라 사원 주위에 일곱 개의 산이 있다.
3) *T.* 띠루말라의 사원 위쪽에 있는 저수지.
4) *T.* 띠루빠띠 남서쪽의 예르뻬두에 있는 사원.
5) *T.* 띠루빠띠 동남쪽에 있는 유명한 폭포.
6) *T.* 예르뻬두 남쪽, 나가리 인근의 북가(Bugga)에 있는 사원.

과, 당신의 가르침이 갖는 숭고함이 뇌리를 떠나지 않았다. 그래서 집으로 돌아오는 길에 다시 스리 바가반 앞에 섰을 때는 몸이 후들거렸다. 다행히도 당신의 미소 지으시는 표정과, 방금 나에 대해 이야기하고 있었는데 그 이야기가 끝나자마자 나를 경내에서 발견했다는 당신의 말씀은 적지 않은 위안이 되었다.

15. 맺음말

나의 경험과 스리 바가반의 가르침에 대한 회상의 이 이야기는 나 자신과 여타 구도자들의 이익을 위한 것이지만, 끝내기 전에 한두 가지 주의의 말을 덧붙이고 싶다. 왜냐하면 아스라맘을 찾은 일부 방문객들은 얕고 피상적인 인상들을 얻을 수 있는데, 그것은 때로 우리의 수행에서 큰 함정이 될 수 있기 때문이다.

1936년 12월경 아쉬람을 방문했던 한 타밀 빤디뜨는 나에게, 스리 바가반께서는 늘 보편적 사랑을 말씀하시는데, 나는 왜 계급·신앙·인종과 관계없이 마하르쉬님과 다른 헌신자들과 함께 어울려 식사를 하지 않느냐고 물었다. 나는 그에게 스리 샹까라짜리야와 그의 제자들 이야기를 상기시켜 주면서, 덧붙여 이런 이야기를 했다. '모든 탈것은 그것이 우마차든 자동차든, 전차든 기차든 어떤 형태의 도로를 필요로 하는데, 우마차는 진흙길이나 모랫길이나 덤불만 제거하면 어떤 길도 지나갈 수 있으나, 자동차는 최신 포장도로를 필요로 할 것이고, 십만 루피 이상의 가격에 시속 80킬로미터 이상으로 달리는 기관차는 잘 놓은 두 가닥의 레일뿐 아니라 꽉 잠근 철로 고정 볼트도 필요할 것이며, 비행기는 어떤 도로도 필요로 하지 않을 것이다. 비행기는 자신의 길과 목표를 알며, 자신이 공중에서 어떻게 회전하는지에 신경 쓰지 않는다. 마찬가지로, 우리가 이 세상에서 활동해야 하는 한 어떤 법칙, 어떤 관습에 속박될 수밖에 없으며(그 관습이 특정 시기에 우리의 마음에 들든 들지 않든), (식사 관습에 관한) 어떤 평등한 변화를 도입하지 못하는 한, 내가 혼란 상

태를 조성하는 당사자가 되지 않으려면 어떤 형식을 고수할 수밖에 없는 것 같다.'

나는 또한 10년 전에 읽은 어느 글에서 예언자 모하메드가 계시를 받은 직후 부인에게 말했다고 하는 내용을 떠올렸다.[1] 모하메드는 이렇게 말했다. "말할 수 없는 특별한 하늘의 은총에 의해 나는 이제 그것을 모두 알아냈으며, 더 이상 의심과 어둠 속에 있지 않고 그것을 다 보았다. 이 모든 우상과 형식들은 아무것도 아닌 볼품없는 나무토막에 지나지 않고, 일체의 안에 그리고 위에 하나의 신이 있으며, 우리는 모든 우상을 떠나서 그를 바라보아야 한다. 신은 위대하며, 달리 위대한 것은 아무것도 없다. 그가 **실재**이다. 목제 우상들은 실재하지 않고, 그가 실재한다."

모든 철학, 우파니샤드의 정수는 거듭거듭 이 하나의 위대한 이상理想, 중심적 이상을 확인해 주고, 스리 라마나 역시 그렇게 하신다. 그러나 나는 이 나라의 우상들이 겪은 불운[2]이, 스리 바가반의 식사법은 모방하면서도, 음식이나 음료에 대한 어떤 생각도 없이 여러 해 계속된 당신의 다른 방식의 따빠스는 모방하지 않는 미성숙한 구도자들에 의해 다시 되풀이되지 않기를 기원할 뿐이다. 만일 그런 구분과 차별상이 숭배와 경앙敬仰의 주된 목표에서 우리의 시선을 분산시킨다면, 우리는 과거에 어떤 일이 일어났는지만 성찰하면 될 것이다. 이 문제가 이른바 실패한 관습[3]에 대한 얼마간의 증오심과 함께 공개적으로 제기되었기에, 여기서 이것을 인용하지 않을 수 없었다. 스리 바가반은 비행기에 비유할 수 있지만 나 같은 사람들은 최상의 자동차 이상은 아닌데, 어쨌든 이런 차

---

1) *The World Liberator*, June 1927, p.13, edited by George Chainey, 362 Ximeno Ave., Long Beach, California.
2) *T*. 식민통치나 외래 종교의 영향으로 전통 힌두교의 신앙 관습이 약화된 것을 뜻한다.
3) *T*. 인도의 카스트 제도를 가리킨다.

들은 모두 그것들을 위해 부설된 어떤 길이 필요하고, 그것을 따라가야 한다.

또 일부 구도자들은 지식기관(jnanendriyas)과 행위기관(karmendriyas)[4]을 제어하는 것과, 모든 존재들에 대한 사랑과, 자비, 자선, 겸손 등을 계발하는 데 주의를 기울이지 않을 위험이 있다. 스리 바가반께서 이런 것들을 지겹도록 반복해서 말씀하시는 것 같지는 않지만, (당신이 하시는 말씀만큼이나 간략하지만 풍부한 의미를 지닌) 당신의 짧은 저작들 모두를 주의 깊게 읽어보면, 당신이 그런 것을 배제하기는커녕 순수와 자선의 삶을 권장하셨다는 것이 분명히 드러날 것이다(「아루나찰라 8연시」, v.5 등을 보라). 우리가 탐구를 하려고 정말 본격적으로 앉아 보면, 구도자들의 삶과 수행 속에서 그것의 필요성이 거듭거듭 대두될 것이다.

스리 바가반은 **절대자**와 하나가 되셨기에, 당신이 단 하나 되풀이하여 강조하시는 것은 **진아**를 깨달으라는 것이다. 당신께는 "신을 사랑하는 것은 곧 그를 깨닫는 것"이며, 깨달음이 최고의 헌신(parabhakti)이다. 신과 **진아**가 하나라는 깨달음은 확실히 영혼의 보편성에 대한 깨달음을 가져다 줄 것이고, 모든 증오·질투·전쟁 등을 없애 줄 것이다. 그러나 이것을 깨닫고 당신의 최고의 가르침을 따르기 전에, 보통의 일상적 세계와 관계되는 사소한 세부사항들에 대해 생각하고 말하는 것은 쓸데없는, 아니 해로운 일일 것이다. 만일 우리가 여느 위대한 예언자의 가르침과 같지만 더 평이하고 간결하며 직설적인 당신 가르침의 중심 주제를 놓친다면, 우주에 의해 거듭나고 풍요로워진 스승, 위대하신 스리 라마나의 독특한 가르침을 놓치는 것이다.

---

[4] T. 지식기관은 보고, 듣고, 맛보고, 냄새 맡고, 감촉하는 오관이고, 행위기관은 말하고, 걷고, 붙잡고, 배설하고, 쾌락을 즐기는 성대, 발, 손, 항문, 생식기를 말한다.

당신이 어떤 이름을 내세우지 않고, 어떤 도그마적 이론도 설하지 않으며, 누구에게도 어떤 종교의 무수한 신들 중 누구를 숭배하라고 하지 않으시는 것은 분명 서로 다투는 논쟁과 논란을 피하기 위해서이다. 여기서 당신의 진아에 대한 풍부한 체험을 확인할 수 있다. 마두라이 근처의 어디에선가 온 한 출가수행자가 스리 바가반께, 급식소인가 뭔가 하는 것을 위한 모금용 공책에 당신의 이름을 써 달라고 청했다. 당신은 이렇게 반문하신다. "제 이름이 무엇입니까?"

그 스와미가 말한다. "스리 라마나입니다."

스리 바가반: 당신이 그렇게 말하지요. 저는 이름이 없습니다.

어떤 질문을 해도 마찬가지다. 예컨대 한 친구는 사람이 죽은 뒤에 어떤 일이 일어나는지 여쭈었는데, 이런 답변을 듣게 된다. "누구에게 무슨 일이 일어납니까?" "그대는 누구입니까?", "누가 죽습니까?", "그대는 결코 죽지 않습니다."

하루는 내가 잠자리에서 늦게 일어나는 바람에, 아침이면 맨 먼저 스리 바가반께 하던 오체투지를 하지 못했다. 그러나 목욕하는 저수지로 가다가 당신을 뵙자 당신 앞에서 오체투지를 했다. 스리 바가반께서 물으셨다. "왜? 왜 한 육신이 다른 육신에게 절을 하나? 누가 절하지? 누구 앞에서? 스승도 없고 제자도 없다네. 그대가 누구인지를 깨닫게." 당신이 노력하시는 한 가지는, 당신의 질문자들, 헌신자들, 제자들에게 늘 당신 깨달음의 중심 주제, 즉 신과 진아의 동일성을 주지시키려는 것이 아닐까 싶다.

교훈적 성격의 일화가 몇 가지 더 있으나 여기 기록하지 않은 것은 본서의 분량이 늘어날까 싶어서였다. 그리고 스리 바가반이 말씀을 아주 적게 하시기 때문에, 우리가 아쉬람을 아무리 오래 다니고, 당신의 입에서 떨어지는 말씀을 다 모으려고 아무리 열심히 애를 써도 많은 자료를 모으기는 정말 어려운 일일 것이다. 그래서 만약 어떤 구도자가 여기 기록한 일화와 대화들이 적은 것이 불만이라면, 나는 『까타 우파니샤드 (Katha Upanishad)』 저자의 다음 말(III:14)을 읽어 보시라고 할 수 있을 뿐이다.

Uttisthata jāgrata prāpya varān nibodhata:
깨어나라! 일어나라! (그리고) 위대한 분을 찾으라!

위대하신 분, 스리 라마나,
당신의 손에서 생명의 빵을 맛보고
지혜를 얻으라!

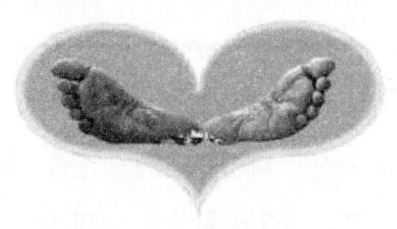

옴 따뜨 사뜨(*OM TAT SAT*)
스리 라마나께 몸을 던져 절합니다.

용어 해설

Abhimanam	'나'라는 관념. 아상我相.
Abhyasa	수련. 수행修行. 수행으로서의 '공부'.
Advaita	비이원론. 불이론不二論.
Aham	'나'(我).
Ahamkara/Ahankara	에고(성). '나'라는 생각.
Aham sphurti	아한 스푸르띠. 심장에서 느껴지는 진아의 맥동 또는 광휘. 아한 스푸라나라고도 한다.
Aham-vritti	'나'라는 생각. 아상我相.
Ajnana	무지無知. 자신의 참된 성품을 모르는 것.
Ajnani	무지인無知人. 자신의 참된 성품을 모르는 사람.
Amrita nadi	암리따 나디. 사하스라라에서 심장중심에 이르는 영맥.
Anahata chakra	아나하따 차크라. 가슴 한복판에 있는 차크라.
Ananda	아난다. 실재의 한 측면으로서의 지복. 행복.
Anatman	비아非我. 비진아.
Anubhava	실재 혹은 진아에 대한 체험. 합일슴―체험.
Aparokshanubhuti	진아에 대한 직접적 체험.
Aroodha	아루다. '드높아진 상태'. 영적인 성취(싯디) 상태.
Artha-Vada	보조 이론. 특정한 목적에 맞게 제시된 설명적 논의.
Arul	[타밀어] 신의 은총.
Asan	자세(아사나). 특히 명상 때 취하는 자세.
Ashram	아쉬람. 인도의 진인이나 도인(ascetic)이 사는 처소.
Ashramas	힌두 문화에서 인생단계, 또는 그에 따른 직무. 학생기, 가주기家住期, 임서기林棲期, 유행기遊行期가 그것이다.

Ashraya	지지물. 모든 활동과 움직임이 일어나는 바탕. 실재.
Ashtanga Yoga	아쉬땅가 요가. 8지肢 요가, 곧 금계禁戒·권계勸戒·지감止感·조식調息 등 8단계로 이루어진 라자 요가.
Atma/Atman	아뜨마/아뜨만. 진아眞我.
Atma-jnani	진아지를 성취한 사람. 진아지자眞我知者.
Atmalabha	진아성취. 문자적으로는, '진아를 얻기'.
Atmanadi	아뜨마나디. 암리따 나디와 같다.
Atmanishta	진아안주. 완전한 깨달음의 상태.
Atma-Sakshatkara	진아 깨달음.
Atmasthana	진아의 자리.
Atma-vichara	자기탐구(진아탐구). '나는 누구인가?'를 알기 위해 '나'라는 느낌을 면밀히 추구하거나 그에 주의를 기울이는 수행법.
Atma-vidya	진아지眞我知(Self-knowledge).
Bandha	속박인. 무지에 속박되어 있는 사람.
Bhajana	신이나 스승에게 바치는 헌가獻歌를 부르는 것.
Bhakta	헌신자(devotee).
Bhakti	헌신(devotion).
Bhakti marga	헌신의 길.
Bhavana	관법觀法. 심상관心像觀. 신과 같은 어떤 이미지를 마음속에 그리거나 "나는 브라만이다"와 같은 일정한 태도를 지니고 하는 명상.
Bhedabhava	차별감. 서로 다르다는 느낌. 특히 자신이 신과 별개라는 느낌. 분리감.
Brahma-jnana	브라만의 지知.
Brahman	브라만. 절대적인 비이원적 실재.
Brahmana	브라만을 아는 자.
Brahmastra	문자적으로, '브라마의 아스뜨라'. 힌두 경전에서, 우주 최강의 미사일형 무기.

Chaitanya	만물에 편재하는 의식. 브라만과 같다.
Chakra	차크라. 몸 안의 여섯 군데에 있는 요가적 중심.
Chetana	의식. 정신.
Chidananda	순수한 의식의 지복.
Chit	찌뜨. 진아의 성품인 순수한 의식.
Chit-jada-granthi	의식-몸 매듭. 순수한 의식인 진아와 지각력 없는 몸 사이의 매듭.
Dehatma-buddhi	육체아肉體我 관념. "나는 몸이다"라는 느낌.
Dhyana	명상(meditation).
Dvaita	이원성(duality). 이원주의의 원리(이원론).
Giripradakshina	산 오른돌이. 성산聖山을 오른쪽으로 걸어서 도는 일.
Gita	『바가바드 기타』. 가장 유명한 힌두 경전의 하나.
Grihasta	재가자. 가정생활을 하는 사람.
Gunatita	구나(*gunas*), 곧 성질들을 넘어선 자.
Guru	신 혹은 진아와 하나인, 진정한 영적 스승. 원뜻은 '어둠을 몰아내는 자.'
Guru-kripa	스승의 은총.
Hridayam	진아인 심장(Heart).
Hridaya-Granthi	심장 매듭.
Hrit-guha	심장동혈. 심장 속의, 진아가 거주하는 곳.
Iswara/Ishwara	이스와라. 힌두교에서 말하는 하느님. 타밀어에서는 간단히 '이샤(*Isha*)' 또는 이샨(*Ishan*)이라고도 한다.
Iswara-svarupa	신, 즉 이스와라의 성품.
Jada	지각력 없는 것, 곧 육신. 정신에 대하여, 물질.
Jagrat	생시. 생시의 상태.
Jagrat-sushupti	생시-잠. 아무런 생각이 없지만 '내가 있다'라는 존재-

	의식을 완전히 자각하고 있는, 깨어 있는 잠의 상태.
Japa	염송念誦. 진언이나 신의 명호를 암송하는 것.
Jiva	개아個我. 개인적 영혼.
Jivanmukta	생전해탈자. 몸을 가지고 살아 있는 동안 해탈한 자.
Jivanmukti	생전해탈生前解脫. 몸을 가지고 살아 있는 동안의 해탈.
Jnana	지知, 특히 진아에 대한 지知. 진지眞知.
Jnana Siddha	냐나 싯다. 진지眞知 성취자.
Jnana-vichara	지知 탐구. 진지, 즉 진아지에 이르는 탐구.
Jnana Yoga	지知 요가. 지知의 길에서의 수행, 곧 자기탐구.
Jnani	진인眞人. 진아지를 성취한 사람. 원뜻은 '지자知者'.
Kaivalya	『해탈정수解脫精髓』. 남인도의 비이원론 저작의 하나.
Karma yoga	행위 요가. 사회적 활동을 통해 신에게 다가가는 길.
Karma yogi	행위 요기. 그의 행위 동기가 개인적 이익을 얻으려는 욕망이나 다른 형태의 집착이 아닌 사람.
Kevala nirvikalpa samadhi	합일무상삼매. 일시적인 진아합일의 상태.
Kumbhaka	지식止息. 숨 멈춤.
Lakshya	주시처. (주의를 집중하여) 계속 바라보는 표적.
Laya	*Manolaya*의 준말.
Manolaya	심잠心潛. 마음의 일시적 가라앉음.
Manonasa/Mano nasha	심멸心滅. 마음의 소멸.
Mantra	만트라. 진언眞言. 염송(*japa*)에 사용되는 신성한 연구.
Marga	영적인 길.
Maya	마야. 환幻. 망상(delusion).
Moha	어리석음. 미혹.
Moksha	해탈解脫(liberation).
Mouna/Mounam	침묵. 평안.
Mukta	해탈자.
Mukta Purusha	해탈존자. 해탈을 성취한 사람.

Nama	명호名號. (신의) 이름.
Nama-japa	명호염송名號念誦. 신의 이름을 계속 염하기.
Namaskar	절. 복종의 행위.
Nirvana	열반. 해탈 혹은 무아無我(egolessness)의 상태.
Nirvikalpa samadhi	무상삼매無相三昧. 진아합일의 상태.
Niyama	권계勸戒. 요기가 지녀야 할 긍정적 습관.
Ojas sthana	오자스의 자리. 아유르베다에서, 사람의 생명력의 정수 (*ojas*)가 있는 곳. 심장을 가리킨다.
Pakvi	진보된 수행자.
Panchadasi	『빤짜다시』. 비디야라니야(14세기)의 비이원론 저작.
Parama Atman	빠라마 아뜨만/빠라마뜨만. 지고의 실재.
Prajna	반야. 깨달음의 본성적 지혜. 우주적 의식.
Prajnana	완전지. 순수한 의식.
Prana	쁘라나. 생기. 생명 기운.
Pranava	쁘라나바. '옴' 소리.
Pranayama	조식調息. 호흡제어나 호흡조절.
Prarabdha	발현업發現業. 금생에 경험하게 되어 있는 과거의 업.
Prasad/Prasadam	쁘라사드. 은사물. 스승이나 신에게 올린 음식의 일부를 축복의 표시로 헌신자(들)에게 되돌려 준 것.
Puranas	뿌라나. 주로 신화적인 내용의 힌두 경전.
Purusha	뿌루샤. 우주를 구성하는 지성적 원리.
Purusha Sukta	리그베다의 찬가의 하나(제10장 90절).
Rajas	라자스. 활동성. 세 가지 구나(*gunas*), 즉 자연의 성질 중 두 번째. 들뜸, 욕망, 격정의 성질.
Raja Yoga	라자 요가. 아쉬땅가 요가와 같다.
Rishi	리쉬. 선인仙人. 현자 또는 진인(Sage).
Sadguru	참스승. 진아를 완전히 깨달은 스승.

Sadhana	수행修行. 영적인 진보를 위해 채택한 수단.
Sadhaka	수행자修行者.
Sahaja jnani	본연적 진인. 진아지를 성취하여 본연상태에 안주하는 사람.
Sahaja nirvikalpa samadhi	본연무상삼매. 영구적이고 본래적인 삼매의 상태, 곧 완전한 진아합일.
Sahaja nishtha	본연안주. 본연적 상태에 자리 잡고 있는 것.
Sahaja samadhi	본연삼매. 본연무상삼매의 줄임말.
Sahaja-sthiti	본연적(자연적) 상태(natural state).
Sahasrara	천 개의 연꽃잎으로 비유되는 두뇌 속의 차크라.
Samadhana	선정禪定.
Samadhi	삼매三昧. (바가반이 49쪽에서 정의하듯이) '내가 있다'는 느낌만 있고 다른 생각이 없는 진아합일의 상태.
Samatva drishti	평등견平等見. 만물을 평등하게 보는 소견.
Samsara	세간연世間緣. 윤회계적 삶. 세간적인 활동 혹은 세속적인 삶의 상태, 또는 세간. 원래는 '윤회'를 뜻한다.
Samskaras	상습常習. 전생부터 지속되는 마음의 인상이나 경향성.
Samvit	의식.
Sankalpas	산깔빠. 욕망.
Sannyasa	세속을 등지고 출가한 상태, 또는 그런 삶의 단계.
Sannyasin/Sannyasi	산야신/산야시. 힌두교의 출가수행자.
Sarveshwara	만물의 하느님.
Sastras/Shastras	경전. 베다(Srutis) 다음 가는 힌두 경전들. 교전敎典.
Sat	사뜨. 참된 존재.
Sat-chit	사뜨-찌뜨. 존재-의식.
Sat-chit-ananda	존재-의식-지복. 실재의 세 가지 측면을 총칭하는 말.
Sattva	사뜨와. 순수성. 세 가지 구나(gunas), 즉 자연의 성질 중 첫 번째. 고요함, 착함 및 순수성의 성질.
Sattvic	순수성(sattva)의 성질을 가진.
Sayujya	의식하는 합일의 상태. 실재와의 합일. 사유자.
Shakti	샥띠. 절대자(시바)의 힘의 측면.

Shivoham	시보함("시바가 나다"). 만트라의 하나.
Siddha	싯다. 영적인 성취자. 특히, 싯디를 가진 사람.
Siddhis	싯디. 신비한 능력. 초능력.
Soham	소함. 만트라의 하나. 문자적으로는, "내가 그것이다."
Sri Bhagavata	크리슈나의 생애를 위주로 설하는 뿌라나 경전의 하나.
Srutis	베다. 베다 중에서도 특히 우파니샤드를 의미한다.
Sthita-prajna	반야안주자般若安住者. 진아지의 상태에 확고하게 안주하는 사람.
Sthita Prajnatvam	반야안주. 확고한 깨달음.
Suddha-sattva	순수한 사뜨와. 청정순수성. 오염되지 않은 순수성.
Suddha-sattva svarupa	순수한 사뜨와의 형상.
Sunya-vadin	공空의 도리를 설하는 사람. 신이나 궁극적 실재의 존재를 부정하는 무신론자.
Sushumna nadi	수슘나 나디. 척추 한가운데에 있는 중심적 영맥.
Sushupti	깊은 잠. 꿈 없는 잠.
Swabhava Samsthiti	자성동주自性同住. 자성과 함께하는 상태. 진아 깨달음.
Swapna/Svapna	꿈의 상태.
Swarupa/Swaroopa	스와루빠. 참된 형상 또는 성품으로서의 실재.
Tamas	따마스. 나태성. 세 가지 구나 중 세 번째.
Tapas	따빠스. 업을 소멸하고 영적인 성취를 위해 하는 고행.
Tattva-jnani	원리지자原理知者. 실재를 아는 사람.
Thevaram	『떼바람』. 타밀 지역의 옛 시인성자들인 냐나삼반다르, 아빠르, 순다라르의 시들을 한데 모은 책.
Triputi	'아는 자, 알려지는 대상, 앎', 또는 '보는 자, 보이는 대상, 봄'과 같은 인식의 3요소.
Truth Revealed	「실재사십송」의 영문 번역본의 하나.
Ullam	[타밀어] 울람. 은총. 심장 또는 실재를 뜻하기도 한다.
Upadesa	가르침. 특히 제자를 입문시킨 뒤에 주는 가르침.
Upasana	수행.

Upanishads	우파니샤드. 후기 베다의 보다 철학적인 부분들.
Vairagya	무욕無慾.
Vasanas	원습原習. 습기習氣. 전생부터 계속되는 마음의 습習.
Vasana-kshaya	원습소멸. 모든 원습의 파괴.
Vastu	실재 혹은 궁극적 본체. 현상들에 대해 불변의 '바탕'.
Vedas	베다. 힌두 경전 중에서 가장 오래된 것.
Vedanta	베단타. 우파니샤드의 철학.
Vedanta Chudamani	『베단타 쭈다마니』. 남인도의 비이원론 저작의 하나.
Vichara	탐구. 특히 자기탐구(Atma-vichara).
Vichara-marga	자기탐구의 길.
Vijnana	완전지. 깨달은 자의 지知.
Vikalpa	상상.
Visishtadvaita	한정비이원론限定非二元論의 원리. 한정불이론不二論.
Viveka	영원한 것과 영원하지 않은 것 간의 분별.
Vritti	상相. 생각이나 마음의 한 양상.
Vritti Jnana	상지相知. 지知로서의 깨달음, 곧 자신이 진아임을 앎으로써 무지를 소멸하는 지知.
Who am I?	스리 라마나의 저작 중 하나인 「나는 누구인가?」.
Yoga	요가. 문자적으로는 '결합' 또는 '합일'. 일반적으로 파탄잘리(Patanjali)가 상술한 라자 요가의 길을 뜻한다.
Yoga marga	라자 요가(raja yoga)의 길.
Yoga-maya	요가 환술幻術. 어떤 것의 본성을 가리고 환상적 겉모습을 창조하는 힘.
Yoga nidra	요가 수면. 심잠(manolaya)에 빠진 상태.
Yoga-sastras	라자 요가의 길을 설명하는 경전들.
Yoga Vasishtha	고대의 진인 바쉬슈타가 라마에게 가르침을 주는 내용으로 되어 있는 힌두 경전. 지知의 길을 설한다.
Yogi	요기. 요가의 달인

옮긴이의 말

　바가반 스리 라마나 마하르쉬는 20세기 전반, 세계의 영적 지형을 새롭게 정의한 하나의 빛나는 중심이었다. 그가 머무르던 남인도의 성산 **아루나찰라**는 위대한 진리가 설해지는 성스러운 터전이었다. 인도는 물론이고 세계 각지에서 수많은 구도자들이 이 큰 스승을 찾아가서, 명료한 언어로 방사되는 진리의 빛살을 흡수하여 영적으로 성장했고, 그 중 많은 이들이 진아를 깨달았다. 또한 그의 친존親存과 가르침에 감화된 무수한 진리 추구자들이 세계 도처에서 그의 가르침을 확산하기에 이르렀다. 힌두 문화와 전통에서 나왔으되 그 틀을 넘어선 그의 보편적 가르침은 모든 종교를 아우르면서 초월하는 근원적 원리들을 표현하고 있기에, 우리는 마하르쉬에게서 진리 추구의 정점 혹은 종교의 완성을 보게 된다 해도 과언이 아니다. 그래서 그의 말씀 한 마디 한 마디가 보석과 같고, 우리 모두를 영적으로 고양하고 깨우치는 '복된 가르침'인 것이다.

　마하르쉬의 가르침에 따르면, 우리는 한 개인이 아니라 **순수한 의식**이자 순수한 존재인 유일한 **실재**, 곧 진아일 뿐이다. 그러나 우리는 자신을 하나의 몸·마음과 동일시하는 무지로 인해 스스로를 별개의 개인으로 인식하고, 목전에 거대한 현실로 나타난 이 세계 안에서 온갖 괴로움을 겪으며 살아간다. 그러나 이 세계 혹은 현실은 생시라고 하는 마음의 한 상태 안에 나타난 겉모습이며, 궁극적으로 실재하지 않는 하나의 꿈 또는 환幻일 뿐이다. 따라서 이 환의 세계로부터 진아의 자각으로 깨어나는 것—진아 깨달음, 곧 해탈—이야말로, 생사윤회 속의 모든 문제와 고통에 대한 유일한 근본 해결책이고, 영혼의 진정한 구원이며, 궁극적 진리의 성취이다. 그리고 그것을 이루는 가장 직접적인 방법은 "나는 누구인가?"의 자기탐구를 통해 내면으로 뛰어드는 것이다.

바가반 스리 라마나가 강조하는 점은, 우리가 바깥의 대상들을 알려고 하기 이전에 자기 자신, 즉 '나'가 누구인지 알아야 한다는 것이다. 왜냐하면 지성을 통해 수집한 바깥 세계에 대한 모든 지식과 정보는 몸과 마음이 소멸할 때 함께 사라지며, 삶과 죽음의 문제를 포함한 인간의 근원적 의문들을 결코 해결해 주지 못하기 때문이다. 또한 세계는 그것을 '보는 자' 없이 성립되지 않기 때문에, 한 개인이 사라지면 그에게 존재했던 모든 세계는 그와 함께 사라진다. 따라서 인간의 근본 문제들을 해결하기 위해서는 바깥 세계로 향해 있는 시선을 안으로 돌려, 우리 자신을 내관하는 것이 필수적이다. 인간 삶 속의 모든 문제는 마음에서 비롯되며, 마음은 그 뿌리인 에고, 즉 '나'가 일으키는 것이기 때문에, 이 '나'의 근원을 추구하여 밝혀내는 것이 모든 종교적·영적 탐구의 궁극적 귀착점일 수밖에 없다. '나'의 근원을 꿰뚫으면 몸·마음과 동일시되던 그 '나'가 사라지고, 순수한 의식인 진아가 빛을 발하게 된다.

본서는 기존의 『마하르쉬의 복음』 번역을 일신하는 한편, 미처 소개하지 못했던 몇 가지 소책자를 새로 번역하여 한 권으로 묶은 것이다. 『마하르쉬의 복음』은 1939년 말 바가반의 '자얀띠'(탄신일)에 맞추어 처음 간행된 것으로, 1935년 초부터 공식적으로 기록되기 시작한 마하르쉬와의 "대담" 중 일부를 먼저 간추리고 다른 내용도 함께 넣어서 간행한 마하르쉬 생전의 어록 중 하나이다. 4년여에 걸친 그 "대담"들은 1955년에

『라마나 마하르쉬와의 대담』이라는 제목으로 출간되지만, 『마하르쉬의 복음』에는 『대담』에 없는 내용도 많이 들어 있고(특히 제2권), 같은 내용도 표현이 조금 다르거나 때로는 『대담』보다 더 자세하며, 몇 군데에서는 서로 다른 "대담"에서 문장들을 가려 뽑기도 했다(『대담』의 해당 부분들은 각주에서 밝혀주었다). 그런 점에서 이 『복음』은 그 나름의 독자성을 갖는 알찬 어록이라고 할 수 있다. 이 텍스트를 엮은이는 폴란드 출신의 헌신자 모리스 프리드먼으로 알려져 있다(그는 『아이 앰 댓』의 기록자이기도 하다). 엔지니어였던 그는 인도에 오래 살았고, 특히 마드라스(첸나이)에서 회사를 경영할 때는 주말마다 아쉬람으로 마하르쉬를 찾아가곤 했다. 그러나 그의 이름이 이 책에 나오지는 않는다.

험프리스의 『마하르쉬의 삶과 가르침에 대한 견문』은 여기 수록된 책들 중 연대가 가장 앞선다. 험프리스는 1911년 말과 아마도 그 이듬해에 **아루나찰라**를 찾아가서 당시 30대 초반의 마하르쉬를 친견하고, 비록 분량은 적지만 당신의 비교적 초기 가르침과 생활 모습을 전하는 자료를 영국으로 보낸 편지 형식으로 남겼다. 그것이 단행본 소책자로 처음 간행된 것은 1925년이었고, 그 내용 일부가 『라마나 마하르쉬와 진아지의 길』에서 인용된 이후 1961년부터 라마나스라맘에서 간행되고 있다.

기록자가 'K.'로만 표시된 「해탈요담」은, 바가반의 제자였던 가나빠띠 무니의 제자이자 그 자신 바가반의 헌신자이기도 했던 까빨리 샤스뜨리(Kapali Sastri)가 1912년 이후 자신이 바가반과 나눈 '대담'을 주로 기록한 것으로, 바가반의 「실재사십송」에 대한 그의 주석서 『실재직견소實在直見疏(Sat Darshana Bhashya)』(초판 1931) 맨 앞에 수록되어 있다. 이 '대담'은 『실재직견소』 자체와 별개이며, 수행자들이 의문을 갖는 다양한 주제에 관해 간결하면서도 깊이 있는 문답을 전개하고 있다.

나라싱하 스와미의 『스리 라마나 기타』는 가나빠띠 무니가 산스크리트 운문체로 엮은 원래의 『스리 라마나 기타』(1917)를 1930년경에 실제 대화 형태로 복원한 것으로, 근년에 그 원고가 발견되어 2013년에 소책자로 간행되었다(두 버전을 구분하기 위해 우리는 이것을 '나라싱하본'이라고 했다). 운문체로 간략히 표현된 문답을 실제 같은 문답으로 복원하기가 쉽지 않았겠지만, 그 과정에서 바가반에게 확인 받은 것이 많고, 추가적 질문으로 보완한 부분들도 있어 일정한 권위와 진정성(authenticity)을 갖추었다. 이어지는 「마하르쉬와의 대화」는 역시 함께 발견된 나라싱하 스와미의 미간행 원고 자료의 하나로, 이례적으로 긴 '대화'를 보여주고 있다.

끝으로 라마나난다 스와르나기리의 『바가반의 친존에서 얻은 가르침』은 인도인 헌신자의 구도적 열정을 보여주는 기록의 하나인데, 독자들은 특히 여기에 수록된 바가반의 가르침에 주목하게 될 것이다. 인도의 전통적 식사 관습과 관련된 저자 자신의 입장 설명도 있으나, 바가반의 가르침에 대한 1차 자료의 하나로서 중요한 책으로 간주된다(이 책의 일부 내용은 발췌되어 폴 브런튼의 『의식하는 불멸』에도 수록되었다). 한편 권말의 '용어 해설'은 『마하르쉬의 복음』에 있던 '용어 해설'을 토대로 본서의 다른 부분에 나오는 용어들을 대폭 추가하여 내용을 보완한 것이다.

깨달은 스승들의 진리의 말씀은 우리의 존재를 실질적으로 고양하는 힘이며, 우리의 닫힌 안목을 열어주는 지혜의 빛이다. 바가반 스리 라마나 마하르쉬의 그 지혜의 말씀들을 다시 한 번 많은 분들과 공유하게 되어 기쁘다. 이 책이 나올 수 있도록 배려해 주신 라마나스라맘 관계자들과, 이 책을 열심히 읽어 주실 모든 독자들께 감사드린다.

2019년 8월 옮긴이 씀